DE JOUVENEL
WEISUNGEN AUS DEM JENSEITS

W

MARCELLE DE JOUVENEL

WEISUNGEN
AUS DEM JENSEITS

Roland de Jouvenel an seine Mutter

Mit einer Einführung von Gabriel Marcel

Walter-Verlag
Olten und Freiburg im Breisgau

Die französische Urfassung ist in zwei Bänden erschienen
«Au diapason du ciel» und «Quand les sources chantent».
Edition de la Colombe, Paris
© Bertrand Prat, Paris
Die erste deutsche Ausgabe, die beide französischen Bände
vereinigte, wurde 1953 unter dem Titel «Einklang der Welten»
veröffentlicht.

Fünfte Auflage des Buches «Einklang der Welten»

Die Übersetzung ins Deutsche besorgte

Franz Rütsche

1. Auflage der Sonder-Ausgabe

Alle Rechte der deutschen Ausgabe vorbehalten
© Walter-Verlag Olten 1953
Gesamtherstellung in den
grafischen Betrieben des Walter-Verlags
Printed in Switzerland

ISBN 3-530-40402-0

INHALT

EINFÜHRUNG

Es ist mir durchaus klar: Nachdem ich bereit war und sogar selbst vorgeschlagen habe, zu einem Buche wie dem vorliegenden eine Einführung zu schreiben, habe ich eine gewisse Verantwortung auf mich genommen. Ich beziehe Stellung, ich vollbringe eine Tat. Es scheint mir nötig zu sein, über das Wesen dieser Tat und dieser Verantwortung eine Erklärung zu geben.

An den Anfang dieser Einführung setze ich wohl am besten zwei Seiten einer 1932 niedergeschriebenen Betrachtung, woran ich, nach meinem Dafürhalten, auch heute nichts zu ändern habe. Ich definierte den Tod als »Prüfung der Anwesenheit« – selbstverständlich verstehe ich darunter den durch mich erlebten Tod, das heißt, meinen oder deinen Tod. Also nicht den Tod von irgend jemand, der für mich nur Gegenstand einer Feststellung oder Veränderung in meinen Kartothekblättern sein kann. – Und ich fahre fort:

»Wenn man sagt, es hänge von uns ab, ob unsere Toten in uns leben, so nimmt man diesen Gedanken gerade noch als abgeschwächtes Bild; man sagt damit, daß die Sache selbst verschwunden sei, daß aber noch eine Vorstellung davon bleibt, die zu unterhalten in unserer Macht steht: unterhalten im hauswirtschaftlichen Sinne des Wortes, wie eine Hausfrau eine Wohnung und deren Einrichtung „unterhält". Es ist klar, daß dieses „Unterhalten" keinerlei ontologischen Wert darstellt. Wenn hingegen die Treue schöpferisch ist, im Sinne, wie ich es zu definieren versucht habe, steht es anders. Eine Anwesenheit ist eine Wirklichkeit, ein gewisser „Einfluß". Von uns hängt es ab, für diesen Einfluß durchdringbar zu sein oder nicht; aber wir können ihn in Wirklichkeit nicht bewirken. Die schöpferische Treue besteht nun darin, sich aktiv im Zustand der Durchdringbarkeit zu erhalten. Wir sehen, wie sich hier eine Art geheimnisvollen Austausches vollzieht zwischen dem freien Akt und der Hingabe, die man ihm entgegenbringt ... Wenn ich sage, ein Mensch ist mir gegeben als Anwesenheit oder als Mensch (was auf das gleiche herauskommt, denn er ist nicht ein Mensch für mich, wenn er nicht eine Anwesenheit ist), so bedeutet das, daß ich nicht mit ihm umgehen kann, als ob er einfach vor mich hingestellt wäre; die zwischen ihm und mir geknüpfte Beziehung übersteigt in gewissem Sinne die Vorstellung, die ich mir von ihm zu machen fähig bin; er ist nicht nur vor mir, er ist auch in mir; oder, genauer gesprochen: diese Kategorien sind überstiegen, sie haben keinen Sinn mehr. Das Wort Einfluß gibt, wenn auch in zu räumlicher, zu physischer Weise, die Vorstellung von einem inneren Zuwachs wieder, einem Zuwachs aus dem Innern heraus, der in dem Augenblick Wirklichkeit wird, wo die Anwesenheit wirklich ist. Groß, ja unüberwindlich fast mag die Versuchung sein, anzunehmen, diese wirkliche Anwesenheit sei im eigentlichen Sinn gegenständlich; aber damit würden wir diesseits des Mysteriums bleiben, auf der Seite des Problematischen; und da ertönt der Protest der absoluten Treue: „Selbst wenn ich dich weder berühren noch sehen kann, weiß ich, daß du mit mir bist. Es hieße dich verleugnen, wenn ich dessen nicht sicher wäre." *Mit mir:* Wir betonen den metaphysischen Wert des Wortes *mit,* der so selten, wie mir scheint, von den Philosophen erkannt wird und der weder eine Beziehung der Inhärenz noch der Immanenz noch der Exteriorität wiedergibt ... Beigefügt werden muß, daß der Wert einer derartigen Intuition, besonders wenn es den Verkehr zwischen Lebenden und Toten betrifft, um so höher und unabweisbarer ist, je deutlicher sich diese Beziehung in eine Welt reinster geistiger Möglichkeiten, das heißt, reiner Liebe, verlagert.«

Von diesen Feststellungen, die, wie wir eigens betonen, in keinem Lehrbuch der üblichen philosophischen Systeme noch im Existentialismus Sartres zu finden sind, muß einer ausgehen, wenn er sich an die Lektüre dieses Buches macht. Sie erlauben einem in der Tat, hinwegzusehen über die Ablehnung, die viele, ja die Mehrzahl der Mitmenschen unwillkürlich irgendwelchen Mitteilungen und Verbindungen zwischen der sichtbaren und der unsichtbaren Welt entgegenbringen. Ich gebrauche gegen mein besseres Empfinden den Ausdruck: Mitteilungen; in Wirklichkeit paßt er hier nicht. Denn tatsächlich hat der vorliegende Fall überhaupt nichts zu tun mit interplanetaren oder interastralen Mitteilungen, die vielleicht eines Tages Wirklichkeit werden. Denn diese setzen immer eine Distanz voraus – eine bestimmbare Distanz. Hier aber kann man sich nichts Derartiges auch nur vorstellen. Diese andere Welt kann nur unendlich nahe und zugleich unendlich ferne sein. Hier fallen die beiden gegensätzlichen Begriffe zusammen, sie verschmelzen ineinander: ich möchte sagen, diese andere Welt, diese Welt der Anwesenheit, sei deshalb unzugänglich, weil sie unendlich nahe ist; denn die Distanz ist für uns einfach die Vorbedingung für die Zugänglichkeit und, allgemeiner gesagt, für all das, was wir Tätigkeit nennen.

Stellung nehmen, so überlegt und durchdacht wie nur möglich, möchte ich vor allem gegen diese »Ablehnung-zum-vorneherein«. Abgesehen von den ausgesprochen katholischen oder christlichen Belangen, verfolgt das ganze Buch, philosophisch und von innen heraus betrachtet, den Zweck, das ins Licht zu setzen, was die mehr oder weniger unbewußten, der Ablehnung zugrunde liegenden Postulate Vorurteilsvolles und selbst Unhaltbares in sich haben. Ja es genügt, diese Postulate zu formulieren, daß sie aufhören, ein gefühlsmäßiges Hindernis zu bilden für die Befreiung des Denkens, das sodann in gewissem Sinne über sich selbst hinauszuwachsen fähig wird. In dieser Beziehung scheint mir besonders wichtig meine vor fünfundzwanzig Jahren gemachte Unterscheidung zwischen dem *Körper-als-Instrument* und dem, was ich, mit einem mich nicht völlig befriedigenden Ausdruck, *Körper-als-Medium* genannt habe. Es hat keinen Sinn, sagte ich in meinem *Metaphysischen Tagebuch,* meinen Körper zu betrachten, als wäre er ganz einfach nur ein Instrument. Denn jedes Instrument ist nach dem genauen Sinn des Wortes ein Mittel, um ein uns zur Verfügung stehendes Vermögen zu erweitern oder zu verstärken; das gilt für eine Hacke so gut wie für ein Mikrophon; dieses Vermögen selber Instrument nennen, wäre ein Spiel mit Worten, denn man müßte feststellen, wessen Instrument dieses Vermögen selbst wieder ist, und so weiter. Wenn ich meinen Körper als Instrument ansehe, folge ich im Grunde einer unbewußten Täuschung; ich übertrage nämlich die rein mechanisch angelegten Vermögen, auf die ich meinen Körper zurückführe, irrtümlicherweise auf die Seele. Ich ziele in Wirklichkeit darauf hin, meine Seele in den Körper zu verwandeln, und lasse mich auf endlose Umkehrungen ein. Anderseits aber ist es völlig klar, daß ich nicht irgend etwas sein kann, das heißt, mich mit irgend etwas identifizieren darf, ohne daß ein grundlegender Akt der Aufmerksamkeit vollzogen werde, der selbst in der einfachsten Empfindung mitenthalten ist. Das setzt eine Vermittlung voraus; aber der Irrtum besteht nun darin, daß man sich vorstellt, diese Vermittlung (Mediation) könne instrumental sein: ich möchte vorschlagen, sie *sympathische Mediation* zu nennen. Sie ist der Typus der Mediation, auf die wir angewiesen sind, wenn wir zum Beispiel die Telepathie begreifen wollen. Gewiß ist sie, obschon sehr einleuchtend, bei weitem noch nicht allgemein anerkannt. Aber ich habe eben zu beweisen versucht, daß die die Telepathie voraussetzenden Bedingungen in Wirklichkeit im einfachsten und unabweisbarsten konkreten Experiment enthalten sind, das es geben kann, und daß ein solches Experiment um nichts weniger geheimnisvoll ist als die »seltsamsten« Tatsachen, deren Wirklichkeit man zu leugnen sich versteift; zweifellos weil man sich zu Unrecht vorstellt, diese Tatsachen könnten, würde man sie zugeben, den Philosophen zwingen, alle seine Positionen über den Haufen zu werfen. Etwas ganz anderes ist wahr: Diese Tatsachen wekken nur das Interesse, dem Lichte der Reflexion Wirklichkeiten näherzubringen, die schon in der allgemeinen Erfahrung vorhanden sind, die man aber infolge einer unverzeihlichen Routine zu entdecken unfähig ist.

Wenn aber der Körper nicht ausschließlich, ja zweifellos nicht einmal wesentlich Instrument ist, geht klar daraus hervor, daß wir uns eine völlig andere Vorstellung vom Tode machen müssen. Denn die physische Zerstörung erstreckt sich ausschließlich auf den *Körper-als-Instrument,* auf den Körper als Gesamtheit des Apparates, wo wir die Zerstörung in allen Aspekten und Phasen verfolgen können. Der *Körper-als-Medium* entzieht sich unserem Zugriff kraft seiner Definition. Wir kennen nichts von seiner Natur und den Bedingungen, worunter er seine Tätigkeit zu entwickeln vermag. Denn schließlich kann und darf diese seine Tätigkeit nicht auf ein bloßes Funktionieren reduziert werden. Wir müssen uns überdies klar sein, daß wir als körpergebundene Wesen die Worte *Körper-als-Medium* gebrauchen und dabei uns irgend etwas vorstellen, was noch Instrument ist – ein geheimnisvolles, unbegreifliches Instrument. Aber die Aufgabe der Reflexion ist es gerade, sich von dieser Vorstellung zu befreien, sie zu zerschlagen und uns so eine Welt zu erschließen, die nicht diese Welt ist: eine Hinordnung unseres Wesens begreiflich machen in bezug auf das, was man vielleicht einen gewissen kosmischen Consensus nennen darf; doch läßt sich dieser nicht auf Elemente zurückführen, deren Kräftespiel die exakte Wissenschaft zu ergründen sucht. Auf diesem Wege übrigens, und nur auf ihm, kann man, nebenbei bemerkt, einen möglichen metaphysischen Grund für die Astrologie zu finden hoffen, für das Hellsehen und andere heute in Vergessenheit geratene Gebiete, die im Grunde sämtlich Lese- und Entzifferungsschlüssel sind. Eine Entzifferung aber kann ausschließlich auf der Grundlage dessen gesucht werden, was ich sympathische Mediation nannte; nur so verstanden, kann dieses Wort einen Sinn haben. In einer Welt, die als Funktion des *Körpers-als-Instrument* und seiner unzähligen technischen Erweiterungen verstanden wird, besitzt sie hingegen keinen Sinn.

Im übrigen möchte ich die mir heute gebotene Gelegenheit wahrnehmen, um Tatsachen zu erzählen, die sich im Jahre 1917 zugetragen und die auf die Entwicklung meines Denkens auf diesem Gebiete einen sehr bedeutenden Einfluß ausgeübt haben; ich werde zu erklären suchen, warum.

Da ich wegen meines schlechten Gesundheitszustands nicht zur Armee eingezogen worden war, leitete ich zu dieser Zeit beim Roten Kreuz einen Dienstzweig, dessen Aufgabe es war, nach im Verlaufe der kriegerischen Operationen verschwundenen Militärpersonen zu fahnden. Ich kam oft mit dem Maler A. D. und seiner Frau zusammen, die sich viel mit psychischen Phänomenen beschäftigten, und deren Gespräche mich lebhaft interessierten. Ich muß gestehen, daß ich zu dieser Zeit, wenn auch nicht mit besonderer Absicht, leicht geneigt war, diese Phänomene ernst zu nehmen, ohne aber deshalb im Sinne zu haben, selbst auf diesem Gebiete zu experimentieren. Da erklärten meine Freunde eines Tages, ich besäße, ohne es zu wissen, mediale Eigenschaften. Ich glaubte es zwar nicht, war aber einverstanden, mein Glück beim »Oujia« zu versuchen. Es handelt sich um ein bewegliches, in eine Spitze auslaufendes Brettchen, das man auf ein großes Kartonblatt legt, worauf die Buchstaben des Alphabets verzeichnet sind; nachdem man sich vorher in einen Zustand möglichst völliger Entspannung versetzt hat, legt man die Hand auf das Brettchen und wartet, bis es sich unter der Hand zu bewegen beginnt. Es ist dies ein Vorgehen, das rascher zu Ergebnissen führt als das »Tischrücken«.

Die ersten Versuche waren entmutigend. Ich stand meinem Wunsche, irgendwelche positive Ergebnisse zu erzielen, äußerst mißtrauisch gegenüber. So begann ich denn auch, die Bewegungen des Brettchens mit Argwohn zu betrachten; es schien mir offensichtlich, daß ich selbst, ohne mir Rechenschaft zu geben, es in Bewegung setze; und dieser beständige Kampf gegen mich selbst, gegen mein unbewußtes oder unterbewußtes Mißtrauen, war irgendwie ermüdend. Aber ein unvorhergesehenes Ereignis veränderte die Entwicklung des Phänomens völlig.

Madame R. A., deren Gatte am 30. August 1914 in der Schlacht von Fossé verschollen war, hatte von unseren Experimenten gehört und bat uns, an unseren Sitzungen teilnehmen zu dürfen. Sie hatte sich nie mit Spiritismus beschäftigt, aber nachdem sie alles versucht hatte, um auf normalem Wege Nachrichten zu erhalten, war sie bereit, zu außerordentlichen Mitteln Zuflucht zu nehmen. Es leuchtete mir durchaus nicht ein, daß ich irgendwie behilflich sein könnte, aber ich hatte keinen Grund, ihr meine Hilfe zu verweigern. Ich war eben in meinem Amt mit dem Fall von Leutnant R. beschäftigt und zu keinem Ergebnis gelangt. Da aber die französische Armee zur Zeit seines Verschwindens in vollem Rückzug begriffen war, schien es mir beinahe sicher zu sein, daß der Leutnant, der nie mehr ein Lebenszeichen gegeben hatte, bei einem Nachhutgefecht gefallen und rasch beerdigt worden war, ohne daß man sich bemüht hatte, ihm seine Erkennungszeichen abzunehmen.

Vom Augenblick an, als Madame R. den Sitzungen beiwohnte, entwickelten sich die Dinge mit einer bemerkenswerten Deutlichkeit; es wurde mir völlig klar, daß ich selbst nichts bewegte. Sofort erhielten wir Mitteilungen, die uns, offen gestanden, bestürzten. Es schien, daß A. R., zu seinen Lebzeiten ein bekannter Ungläubiger, mit seinem Tode zu einer Religiosität strengster Art gelangt war. Jeden Augenblick kamen Ausrufe wie: »Glaubt! Man muß glauben!« Das konnte nun allerdings durch die Persönlichkeit von Madame D. erklärt werden, die während der meisten Sitzungen ihre Hand gleichzeitig mit mir auf dem Brettchen hielt. Eines Tages stellte Madame R. ihrem Gatten die Frage, was sie tun solle in ihrer begonnenen Arbeit. Die Antwort des Brettchens, die weder für Madame D. noch für mich einen Sinn enthielt, wurde von Madame R. sofort verstanden. Sehr überraschte uns hingegen, daß es unmöglich war, von R. die Nennung der Namen seiner eigenen Kinder zu erhalten. Dazu möchte ich allerdings bemerken, daß wir es wohl mit Gedankenlesen erklärt hätten, falls er sie richtig genannt hätte. Aber einige Tage später ereignete sich etwas Außerordentliches. Madame R. war nicht im Zimmer, ihr Vater hatte ihren Platz eingenommen. Die Bewegungen des Brettchens verrieten eine Art leidenschaftlichen Eifers. Ich muß gestehen, daß ich immer beeindruckt war, wie ganz verschieden die Bewegungen des Brettchens waren, bald heftig, bald sanft, bald brutal, bald wie zärtlich usw. Das Wort Fluidum, das man gewöhnlich gebraucht, ist hier wohl nicht am Platze: es handelt sich um etwas, das ich eine qualitative Veränderung nennen möchte, die ebenso unterscheidbar ist wie der Klang einer Stimme oder der Ausdruck eines Gesichtes. Nun schrieb zu unserem großen Erstaunen das Brettchen, indem es sich offenbar an Madame R. wandte: CLIO. Einige Augenblicke darauf fragten wir die Betroffene, ob sie verstehe, warum sie unter dem Namen CLIO angerufen worden sei. Sie erbebte und erklärte: »Das verstehe ich vollkommen. Als ich vor einigen Jahren mit meinem Mann und meinem Bruder das Thermenmuseum in Rom besuchte, blieben beide erstaunt vor einer Statue der CLIO stehen und wunderten sich über die Ähnlichkeit, die sie zwischen mir und der Statue entdeckten.«

Dieser Vorfall war für mich von großer Bedeutung; hier von einem Zufall reden, war völlig sinnlos. Es schien mir erwiesen zu sein, daß wir uns einer Wirklichkeit gegenüber befanden und nicht einfach, wie man hätte befürchten können, dem Schwärmen einer zügellosen Phantasie, die sich durch das Mittel des Brettchens kundgab. Ebensowenig, schien mir, konnte man auf Grund einer damals landläufigen Psychologie eine Erklärung finden und annehmen, ich hätte im Gedächtnis von Madame R. eine vergessene Erinnerung schöpfen können; übrigens ist nichts weniger befriedigend als ein solches, dem Räumlichen entlehntes Bild, wobei die Erinnerung einem Gegenstand gleichgesetzt wird, den man auf dem Boden eines Schrankes hervorholen kann. Gleich darnach fragten wir den Leutnant nach den Umständen, unter denen er getötet worden war. Die Antwort war überraschend. »Im Gegensatz zu dem, was ihr glaubt«, erklärte er uns, »bin ich nicht auf dem Schlachtfeld gefallen; ich habe mich erst bei Bauern verstecken können, in Gesellschaft von zwei Soldaten; der eine hieß Lériche, der andere Nanot.« Diese beiden Namen sagten uns nichts. Ich suchte nach in meiner Kartothek, und Madame R. prüfte ihre Korrespondenz mit dem Regiment, ohne etwas zu finden. Aber mir war damals die in der Militärschule sich befindende offizielle Kartothek der Verluste zugänglich. Mit klopfendem Herzen ging ich hin, die Verlustlisten des 46. Infanterieregimentes, dem der Leutnant R. angehört hatte, zu durchblättern. Um sich einen Begriff vom Umfang derselben machen zu können, möchte ich bemerken, daß sie von dieser schwer mitgenommenen Einheit ungefähr acht- bis neuntausend Zettel toter oder verschollener Militärpersonen enthielt. Ich fand nur einen Zettel mit dem Namen von Lériche, der nach der Schlacht von Fossé vom 30. August 1914 als verschollen eingetragen worden war. Nanot hingegen blieb unauffindbar, und keine der genauen Angaben, die wir erhalten hatten, konnte nachgeprüft werden. – Viel später, nach dem Waffenstillstand, fand ich durch Zufall im *Petit Parisien* von einer gewissen Frau Annot eine Bitte um Nachricht über ihren Mann vom 89. Infanterieregiment (das mit dem 46. eine Brigade bildete), der in der gleichen Schlacht verschollen war.

Man wird sich ohne Mühe die Erregung vorstellen können, die mich befiel, als ich in den offiziellen Zetteln auf den Namen Lériche stieß. Diese Entdeckung schien eine Erklärung durch Gedankenlesen gründlich auszuschalten. Denn wenn wir auch annahmen, es sei mir möglich gewesen, mit dem Unterbewußtsein von Madame R. in Verbindung zu treten, so hätte es doch keinen Sinn, sich vorstellen zu wollen, ich hätte geistig mit einer Kartothek, das heißt, mit etwas, das überhaupt keine lebende Wirklichkeit besitzt, in Kontakt treten können. Noch heute hat diese Tatsache ihre große Bedeutung für mich. Aber ich muß nun gleich beifügen, daß die Erzählung des Leutenants nicht nur nicht bestätigt werden konnte, sondern daß überdies Grund bestand, in ihr den Ausdruck einer schwatzhaften Phantasie zu sehen. Er gab nämlich nicht nur vor, durch einen Verräter den Deutschen ausgeliefert und verwundet in das Spital von Montmédy gebracht – was noch wahrscheinlich erscheinen mochte –, sondern, und das klingt ganz sonderbar, von einem deutschen Major auf einem Kahn über einen Fluß geführt und mit Vorbedacht ertränkt worden zu sein.

Es muß hier bemerkt werden, daß R. der Sohn eines bekannten Politikers war, der sehr für die Einführung des dreijährigen Militärdienstes geworben hatte, was den Groll unserer Feinde ihm gegenüber erklärlich machen konnte. Aber schließlich ist der Fluß Chiers nicht schiffbar, und bei näherer Erwägung hat mir diese Geschichte immer unwahrscheinlich geklungen. Madame R. und ich waren für den Augenblick zwar sehr beeindruckt; Beweis dafür: als der Leutenant R. erklärte, der Mördermajor werde bestraft in der Person seiner Kinder, die kläglich sterben würden, protestierte Madame R. in edler Weise und wehrte sich gegen den Gedanken, daß Unschuldige das Verbrechen ihres Vaters zu sühnen haben sollten. Es war eine außerordentliche Szene, deren Erinnerung unauswischbar in mir haften blieb.

Kurze Zeit darauf verließen Madame R. und ihr Vater Paris. Ich hätte meine Versuche wahrscheinlich in diesem Moment abbrechen sollen. Aber ich muß der Wahrheit gemäß gestehen, daß ich, vom erzielten Resultat berauscht, mir einbildete, mit einer Art Mission beauftragt und gewissermaßen berufen zu sein, zum Trost der unzähligen Bedrängten, deren Besuch ich auf meinem Amt empfing, den Beweis für das tatsächliche und persönliche Weiterleben jener zu erbringen, deren Dahinschwinden sie beweinten. Eigenartig und äußerst lehrreich: für diese Anmaßung sollte ich sofort bestraft werden. Bald vernahmen wir vollständig unzusammenhängende Mitteilungen; bald stellten sich Wesen vor, die über sich selbst allerlei genaue Angaben machten, von denen man nicht sagen konnte, daß sie unkontrollierbar gewesen seien; aber die zu ihrer Kontrolle angestellten Untersuchungen verliefen ins Nichts. Von der Berauschung, wie ich sie vorerst gespürt hatte, verfiel ich nun in eine fast völlige Entmutigung. Doch ist alles so vor sich gegangen, als ob ich es mit einer außerordentlich intelligenten und sogar wohltätigen Macht zu tun gehabt hätte, die mit meiner unentschuldbaren Selbstüberschätzung, zu der ich mich unklugerweise hatte hinreißen lassen, ins Gericht ging, aber mich deshalb doch nicht einer gänzlich niederschmetternden Stimmung überlassen wollte. Ein ungewöhnlich seltsames Ereignis sollte diese Reihe von Experimenten beschließen. Es war zu Beginn des Sommers 1917.

Das Wesen – dem Anscheine nach eine fingierte Persönlichkeit –, das sich durch das Brettchen meldete, gab vor, auf dem laufenden zu sein über das zukünftige Kriegsgeschehen. Über den Krieg in Frankreich, über die Entwicklung der Dinge in Rußland, die uns zu dieser Zeit stark beschäftigten, erhielt ich keine genauen Angaben; wohl aber über die Ereignisse in Italien – worüber ich keinerlei Fragen gestellt hatte – empfing ich drei Monate vor der Schlacht am Isonzo folgende Voraussagen: »Eine neue italienische Offensive wird ohne bemerkenswertes Ereignis verlaufen; nach ihr werden die Österreicher zum Angriff übergehen, der Isonzo wird überschritten werden, es wird für die Italiener eine Katastrophe werden und 100 000 Gefangene geben.« (Ich werde die außergewöhnliche Erregtheit nie vergessen, von der das Brettchen buchstäblich besessen war.) »Udine wird fallen.« – »Aber«, fragte ich darauf, »was geschieht mit Venedig?« – »Nichts, die Österreicher werden vor Treviso aufgehalten werden.« So wurden mir drei Monate zum voraus die tragischen und unvorhersehbaren Ereignisse vom Oktober 1917 angekündigt.

Eine weitere interessante Tatsache kann ich anführen. Madame R. und ihre Mutter fuhren fort, das Brettchen von Zeit zu Zeit zu befragen. Sie hatten sich in den schrecklichen Tagen, die auf die deutsche Offensive vom 27. Mai folgten, an das Meer zurückgezogen. In einem Augenblick der Entmutigung gehorchten sie einer befehlsartigen Eingebung und griffen zum Brettchen, um sich in deutlichen Worten sagen zu lassen, daß die französische Gegenoffensive beginnen werde und der Sieg in Aussicht stehe. –

Ich bin nun gewiß weit davon entfernt, außer acht zu lassen, was das alles an Durcheinander, Verwirrung und Unbehagen für einen Mann von geistigen Ansprüchen darstellt. Aber es ginge gegen alle Vernunft, einfach zu erklären, in der ganzen Angelegenheit hebe sich Wahres und Falsches einfach und restlos auf. Das wäre eine Haltung der Trägheit und der Verantwortungslosigkeit, von der der Philosoph sich nicht genug hüten kann. Ich darf sagen, daß meine eigenen Versuche eine Art lebendigen Kern bildeten, dem sich außerordentlich zahlreiche Tatsachen angliederten. Diese kamen mir erst später zu Ohren, und von anderer Seite dieses Mal. Es ist klar, daß meine eigenen Versuche ihnen eine gewisse überzeugende Glaubwürdigkeit verliehen, doch schließt das selbstverständlich nicht die dringende Notwendigkeit einer sehr sorgfältigen Untersuchung aus, die bei jedem besonderen Fall angestellt werden muß.

Nebenbei möchte ich folgendes bemerken: Was die Phantastereien betrifft, die in der oben erzählten Geschichte gewiß einen bedeutenden Platz beanspruchen, sollte eine Vorfrage gestellt werden: Man müßte sich fragen, wo der Sitz, der Herd dieses phantastischen Berichtes zu suchen sei, und ob in einem Versuche dieser Art sich nicht ein geheimnisvolles Dabeisein (coesse) eines Wesens kundtut, das noch in starkem Maße über die eigene Vergangenheit träumt. Das ist jedenfalls eine Hypothese, die in vielen Fällen gewiß in Betracht gezogen werden sollte.

Die von *Madame de Jouvenel* empfangenen Mitteilungen gehören einer ganz anderen Ordnung an. Man darf in ihnen nicht so etwas wie überprüfbare Angaben oder Prophezeiungen suchen wollen. Die wertvollen Hinweise in Madame de Jouvenels Vorbemerkung heben, denke ich, einige der besondern Gründe genügend hervor, weshalb man mit gutem Gewissen an die Lektüre dieser Mitteilungen herantreten kann, das heißt, ohne vorurteilenden Zweifel, der gerade auf diesem Gebiete so bedauerlicherweise jedes Forschen paralysiert hat. Ich halte es in erster Linie für sehr wichtig, zu wissen, daß Roland de Jouvenel seit seiner Kindheit eine wirkliche Sehergabe bekundet hat: dabei denke ich besonders an das außerordentliche Vorgefühl vom Tode der Königin Astrid – er war damals 14 Jahre alt. Im weitern glaube ich, von großer Bedeutung sei auch der geistige Zustand, in dem er sich während seiner kurzen, schrecklichen und todbringenden Krankheit befand; all das beweist sein überaus deutliches Gefühl, daß es sich gewissermaßen um die Reise in die andere Welt handelte. Ferner muß, auf einer andern Ebene, die starke Originalität des vorliegenden Buches hervorgehoben werden. Was ihm in meinen Augen vielleicht den überzeugendsten Wert verleiht, ist die Tatsache, daß diese Mitteilungen, weit entfernt von irgendwelchen theosophischen Auffassungen, im Sinne eines völlig rechtgläubigen Katholizismus gehalten sind und anfänglich sehr wenig den Meinungen und Neigungen der Personen entsprechen, an die sie gerichtet sind. Madame de Jouvenel wird ohne weiteres gestehen, daß sie wenig Neigung besaß, sich dem traditionellen Katholizismus einzufügen; und dennoch läßt der Sohn nicht ab, sie zu mahnen, ihre religiösen Pflichten zu erfüllen. Das Buch enthält eine, ich möchte fast sagen, engelhafte Erziehungsweise. Es ist aber noch mehr darin enthalten: eine Art vertauschter Schwangerschaft; als ob es dem Kinde vorbehalten gewesen wäre, seinerseits diejenige geistig zu gebären, die ihm auf dem irdischen Plane das Leben gegeben hat. Hierin ist, meiner Ansicht nach, das ganze besondere und wahrhaft erschütternde Merkmal zu sehen, das dieses Buch auszeichnet.

Ohne Zweifel wird sich mehr als ein Leser im Geiste an mich wenden und, nicht ohne gewisse Erregung, mich in voller Aufrichtigkeit fragen: Glauben Sie, daß das, was in diesem Buche gesagt wird, wahr ist? – Es ist unmöglich, auf diese Frage eine glatte Antwort zu geben. Vorerst möchte ich wiederholen, daß man hier gewissermaßen eine Wette eingehen muß, und daß ich nicht zögere, dafür zu wetten. Aber anderseits ist es ebensowenig möglich, diese Mitteilungen gleichsam als ein interastrales Gespräch anzusehen; und doch handelt es sich ebenfalls nicht um eine Beschreibung, bei der man sich fragen müßte, ob sie der Wahrheit entspreche oder nicht. In Wirklichkeit befinden wir uns in einem Zwischenreiche, dessen metaphysischer Ort noch völlig dunkel ist – im heiligen Bezirk, wo die Poesie über sich selbst hinauswächst, wo sie zur eigentlichen Botschaft wird; zur Verkündigung, wo etwas ausgesprochen wird, was für den bestimmten individuellen Menschen, an den die Botschaft gerichtet ist, einen entscheidenden Wert hat und berufen ist, seine ganze Zukunft zu verpflichten. In diesem Sinne übergeben wir das Buch der Öffentlichkeit, überzeugt, daß es von einer Hand in die andere geht wie ein Schatz, wie ein Geheimnis, wie eine Flamme.

Es wäre aber gleichwohl unnütz zu verschweigen, daß dieses Buch dem katholischen Leser ein sehr heikles Problem stellt. Man weiß, daß sich die Kirche, gewöhnlich mit gutem Recht, gegenüber allem, was entfernt oder nah an die Totenbefragung grenzt, äußerst mißtrauisch verhält. Wird die Lektüre nicht manchen Unglücklichen zum Versuch verleiten, sich selbst mit einem Menschen, dessen Hinscheiden er beklagt, in Verbindung zu setzen? – denn es ist zweifellos unrichtig, wenn ein befreundeter katholischer Philosoph glauben machen will, die Gebete für die Verstorbenen seien imstande, einer durch die Trennung untröstlichen Person den persönlichen Kontakt (durch welches Mittel er auch immer hergestellt sein mag) zu ersetzen. Gewiß könnte es im Idealfall so sein, aber der Glaube müßte einen Grad von Stärke erreichen, den er heute nur in ungewöhnlichen Fällen aufweist.

Auf diese Frage, auf diesen Einwurf könnte man vielleicht folgendermaßen antworten: Einerseits scheint mir, die katholischen Philosophen und selbst die Theologen haben bisher noch nicht genügend über die Tatsachen aus diesem Bereich nachgedacht. Im allgemeinen wurden diese Tatsachen mit Verachtung bedacht, was sich weder im Hinblick auf das Anliegen einer spekulativen Philosophie noch im Hinblick auf die christliche Liebe rechtfertigen läßt. Hier ist darum eine bedeutende Lücke auszufüllen. Anderseits ist es durchaus klar, daß ein Katholik, der diesen Namen verdient, nicht ohne vorherige geistliche Beratung zu Mitteln dieser und ähnlicher Art greifen kann noch darf. Am geistlichen Berater ist es, zu entscheiden, ob Versuche in diesem Bereich unternommen werden dürfen, ob sie trotz der Gefahren, die sie unleugbar mit sich bringen, nicht als das kleinere Übel betrachtet werden können angesichts der starken Versuchung, der ein Mensch zu erliegen

droht, wenn er das Liebste, das er besaß, durch den Tod verloren hat: der Versuchung nämlich, seinen Glauben zu verleugnen und in einen haltlosen Pessimismus zu verfallen. Es
liegt hier ein tragisches Dilemma vor, das nur die Kraft der
Unterscheidung eines wahrhaft geistlich denkenden Menschen
zu lösen sich erlauben darf.

Auf alle Fälle darf man annehmen, daß bei der allgemeinen
Hoffnungslosigkeit, die die heutige Menschheit befallen hat,
keine Aufmunterung, keine Quelle des Trostes übersehen werden soll, unter der selbstverständlichen Bedingung natürlich,
daß man nie in jener inneren Wachsamkeit nachlasse, die die
Seele des Urteilsvermögens ist, und ohne die man immer Gefahr läuft, sich im Irrtum zu verlieren.

GABRIEL MARCEL

EINKLANG DER WELTEN

VORWORT

zum ersten Band der französischen Ausgabe

»Au diapason du ciel«

Der Gedanke, eine Hand schreiben zu lassen, ohne daß das Denken daran teilnimmt, stammt nicht von mir, sondern von einer Freundin, der Mutter eines Kameraden von Roland. Sie besuchte mich oft und bekannte mir eines Tages, daß ihre Schwester nach dem Tode ihrer Mutter auf diese Weise Mitteilungen erhalten habe.

Mir schien, es könne sich hier um nicht etwas Ernstzunehmendes handeln; ich sah darin eine Betätigung des Okkultismus, den ich hasse und der mir Angst macht. Doch fast jeden Morgen telephonierte mir die Freundin und fragte: »Haben Sie schon zu schreiben versucht?«

Während mehr als eines Monats widerstand ich oder ließ mich vielmehr nicht durch eine Form des Trostes verleiten, die ich als sehr zweifelhaft betrachtete. Gereizt durch das Drängen meiner Freundin nahm ich endlich eines Abends einen Bleistift zur Hand; meine Hand wurde von einem Zittern erfaßt und begann plötzlich zu schreiben, in einer großen, geneigten Schrift, die genau das Gegenteil der meinigen ist. Ich war überrascht, aber nicht überzeugt, und ich hätte es bestimmt nicht weiter versucht, wenn nicht alles, was Roland mir angekündigt hatte, sich am folgenden Tag buchstäblich verwirklicht hätte. Seit diesem Tage sind mir so viele Dinge vorausgesagt worden, die ich in der Folge nachprüfen und bestätigt sehen konnte, daß ich nicht mehr aufgehört habe zu schreiben.

ROLAND DE JOUVENEL *wurde am 9. Juli 1931 geboren und ist am 2. Mai 1946 gestorben.*

Außer einigen leichten Kinderkrankheiten erfreute er sich während seines Lebens einer prächtigen Gesundheit, bis ihn die tödliche Krankheit erfaßte, deren Wesen nie festgestellt werden konnte. Nach einem Anfall gewöhnlicher Masern wurde er auf Kolibazillose behandelt, dann auf eine Art Typhus; aber keine bakteriologische Untersuchung hat diese Diagnosen bestätigt.

Überschwenglich in den Stunden mit seinen Kameraden, war er doch meistens überlegt und versonnen. Er war außerordentlich zartfühlig. Das Zusammentreffen von bestimmten Ereignissen, in denen wir nichts anderes als Zufall sehen, erregte seine Aufmerksamkeit; er liebte es, sie in Beziehung zu setzen mit einer geheimnisvollen Ordnung, die er sich zu erklären versuchte; er sah darin Fingerzeige. Er liebte das Fabelhafte so sehr, daß er mir eines Morgens beim Erwachen sagte: »Mami, ich bin um meine Nacht betrogen; ich habe nicht geträumt.«

Ich übergebe diese Zeilen der Öffentlichkeit ganz einfach so, wie ich sie erhalten habe, mit ihren Unvollkommenheiten und ihrer Unausgeglichenheit.   M. J.

———————

ERSTE NACHT

Da du mich bittest, zu kommen: hier bin ich. Sei nicht
untröstlich. Ich bin da, ganz nahe bei dir. Ich liebe dich.
Tue recht, was du zu tun hast; höre mich oft an; ich
bin glücklich, aber ich erwarte dich. Es geht nicht mehr
lange.
Das Paradies ist wie ein blühender Garten; liebe die
Blumen, dort ist unser Treffpunkt; ich habe kein anderes
Mittel, um mich dir kundzutun; sie sind meine Bot-
schafter.
Du wirst Glück haben, bemühe dich weiter um Franck,
das macht mir Freude.
Löse dich von den irdischen Dingen, du wirst nie rein
genug sein. B. leidet.

»Du wirst Glück haben, bemühe dich weiter um
Franck.«
Dieser Satz, »du wirst Glück haben«, schien mir in
meiner Trostlosigkeit sinnlos zu sein, und erst am fol-
genden Tag verstand ich seine Bedeutung.
Ich muß erst erklären, wer Franck war. Franck war ein
amerikanischer Soldat, den Roland sehr gerne hatte;
sein erster männlicher Kamerad. Er verkehrte oft in
unserem Hause und bewies uns eine große Hingabe
während der Krankheit meines Sohnes. Seit kurzem
war Franck eingesperrt, denn er war nicht zur Demo-
bilisation nach den Vereinigten Staaten zurückgekehrt.
Ich machte mir Sorgen, weil ich wußte, wie Roland
das zu Herzen gegangen wäre. Da ich niemanden von
der amerikanischen Justiz kannte, versuchte ich, mit
telephonischen Anrufen etwas zu erreichen; aber ohne
Erfolg. Am Tage nach der Botschaft Rolands wurde
gegen Abend an der Türe geklingelt, worauf das Zim-
mermädchen meldete, ein Amerikaner wünsche mich
zu sprechen. Ich zögerte, ihn zu empfangen; er drängte

jedoch dermaßen, daß ich ihn in den Salon führen ließ.
Etwas verlegen erklärte er mir, daß er von meiner
Freundin erfahren habe, ich wüßte von einer freien
Mietwohnung. Ich fragte, ob er ein Empfehlungs-
schreiben hätte; er verneinte es. Unangenehm berührt,
erhob ich mich, um zu gehen, als ich im Augenblick,
wo ich ihm die Hand zum Gruße bot, ich weiß nicht
von welcher Kraft getrieben, die Frage stellte:
»Kennen Sie vielleicht einen einflußreichen Amerika-
ner, der einem Ihrer Landsleute aus der Klemme hel-
fen könnte?«
Er bat mich, den Namen meines Schützlings zu nennen.
»Franck K...«
»Ich selbst habe seinen Fall zu beurteilen«, antwortete
er mir.
Obschon ich wie versteinert war, mußte ich mich doch
an die Botschaft Rolands erinnern: »Du wirst Glück
haben, bemühe dich weiter um Franck.«
Um diese Anekdote um Franck abzuschließen: Die Ge-
schichte seiner Entlassung aus dem Gefängnis wickelte
sich ab wie von einer unsichtbaren Hand geführt. Das
fiel nicht nur mir allein auf. Die Freundin, die mich bei
den dazu erforderlichen Schritten begleitete, wieder-
holte immerfort: »Alles kommt wie durch ein Wunder
in Ordnung.«
Erstaunt durch dieses eigenartige Zusammenklingen
der Dinge, fuhr ich fort, zu schreiben.

ZWEITE NACHT

Ich öffne das Herz einer Rose; im Herzen liegt ein Tautropfen, voll der sieben Farben des Regenbogens; das ist
noch nichts, wir leben in Sternenregen.

Die prächtigsten Kirchen sind ein schwacher Abglanz
dessen, was wir schauen.

Versuch nicht immer wieder, dich zu betäuben; bemühe
dich, die innere Ruhe zu finden, selbst in der Untätig-

keit. Tu deine Pflicht; ich möchte dir gerne helfen, aber oft kann ich dich nur anschauen.

Es sind uns wenige Mittel zur Führung der Menschen in die Hand gegeben, und unser Wirken erstreckt sich einzig auf die, die uns anzuziehen vermögen, das heißt, auf solche, die mit uns verbunden sind. Wir sind ohnmächtig gegenüber jenen, die dieses heilige Element nicht besitzen, und ihretwegen verwirrt sich alles.

Ein ordentlicher Marionettentanz ist möglich, wenn alle Fäden in einer geschickten Hand vereinigt sind. Mischt sich ein Unverständiger ein, wird die Harmonie zerstört. So geht es auch mit unsern Freunden. Wir vermögen sie gegen die Grobheit der Gottlosen nicht immer zu schützen; ich kann die Schläge derer, die nicht verbunden sind, von dir nicht abwenden.

Wir haben uns sehr geliebt; der Himmel wird in dich hinabsteigen. Marguerite sehe ich oft, sie vermag viel, der Himmel wird in euch beide hinabsteigen.

ZWEITE NACHT, FORTSETZUNG

Ich bin glücklich, dich wieder zu finden. Ausgezeichnet, was du für Franck getan hast. Ich möchte dir sagen, wie ich mich befinde; höre zu: Hier ist es schöner als auf Erden, es ist warm, und nichts gleicht dem, was du kennst. Engel sind hier, ich habe einen Freund, er ist groß; ich wohne in einem Turm, ein Raum darin ist für dich bestimmt, ich bereite alles vor. Wie du meine Bilder mit Blumen schmückst, so ziere ich deine zukünftige Wohnung. Alles, was die Lebenden uns zuliebe tun, tun wir entsprechend für sie im Himmel.

Glaube nicht, daß deine Tränen verloren seien, sie erheben dich; dein großer Schmerz baut dir gleichsam Stufen. Wehe denen, die uns vergessen! Sie werden uns nicht wieder finden. Die Verbindung darf nie unterbrochen werden, sonst ziehen wir in andere Zonen, und man findet sich nicht wieder. Du vermagst viel für mich.

Mein Tod war notwendig, du wirst es später verstehen. Bete viel, da ist die ganze Wahrheit.

Deine Liebe schickt mir gleichsam warme Strahlen; sie bewirken ein Leuchten, das mich zu erwärmen vermag.

Viele Dinge vermögen dich mit mir zu verbinden: Schweigen, innerer Friede, deine Träume, dein Streben nach Vollkommenheit. Du weißt, man muß sehr, sehr durchsichtig sein, um zum großen Ganzen zu gelangen. Wir werden uns weit, weit oben wieder finden. Verliere keinen Augenblick, dich zu läutern, sonst mußt du noch weitere Strecken überwinden; benütze die Zeit gut, die dir für das Erdenleben noch verbleibt.

Der Tod wird dir unerklärlich bleiben bis zu deiner Ankunft hier. Doch genug jetzt.

DRITTE NACHT

Wie gerne möchte ich dir helfen; höre mir jetzt gut zu: Ich bin dir den ganzen Tag über gefolgt, so wie du mich früher überwacht hast. Ich kann dir noch nicht sagen, was aus deiner Reise wird: vielleicht kommt sie nicht zustande. Alles ist sehr ungewiß, aber handle, als ob du reisen müßtest. Später werde ich dich führen.

Hör auf niemanden. Es besteht irgendeine Beziehung zwischen dir und Flugzeugen; das war dein erster Gedanke nach meinem Tod.

Ich werde nach dir sehen; man wird das Nötige für dich tun. Hab keine Angst vor dem Tode; bereit sein, ist alles. Ziehe dich oft von allem zurück.

Ich bin heute abend feierlich gekleidet. Wir haben ein Fest. Ich bin immer ohne Mutter, aber man berücksichtigt diesen Umstand. Sorge dich nicht um mich; ich hätte gerne, wenn wir uns jeden Abend zur gleichen Stunde treffen könnten. Wir haben große Versammlungen.

Es gibt viel zu tun, heute abend. Meine arme Mutter, du mußt so schnell wie möglich herkommen. Guten Abend, du wirst mich in deinen Träumen finden.

Endlich bist du da, ich habe auf dich gewartet. Hast du heute abend an mich gedacht? Ich bin überzeugt, daß es dir besser gehen wird; du wirst größeres Vertrauen ins Jenseits bekommen. Meine Mitteilungen werden dir behilflich sein. Mache oft Gewissenserforschung.

Ich möchte dich im Glauben bestärken; bestärke du alle, die um dich sind.

Mein Leben ist herrlich; du hast kürzlich den Schlagschatten des Turmes, von dem ich dir sprach, auf einem Glasfenster in der Kirche gesehen. Sag nicht immer wieder, alles, was ich dir schicke, sei Zufall; du beleidigst mich damit; du zweifelst zuviel. Glaube!

Alles, was du für mich tust, stammt aus Eingebungen von mir; und alles strahlt zurück in meinen Himmel.

Mama, wie tut es wohl, mit dir in Verbindung zu stehen; es gibt noch andere Wege, die du später entdecken wirst.

Mein Tod ist eine Auferstehung; all das ist sehr verwickelt, du kannst nicht viel davon begreifen.

Bereite für den Allerseelentag ein kleines Fest vor; stelle mir Blumen hin. Die Blumen besitzen eine Art himmlischer Ausweitung; ihre Schwingungen reichen bis zu uns. Der Himmel wird dir bald die Tore öffnen.

FÜNFTE NACHT, MITTERNACHT

Der Himmel ist dir ganz nahe, du bist auf dem richtigen Weg; versuche nicht zu sehr, in die Geheimnisse der Religion einzudringen, du mußt dich vielmehr Gott ergeben.

Ich verstehe deinen Aufruhr; aber Gott ist nicht zufrieden. Sei schmiegsam. Du hast eine große Gnade: mich hören und mit mir in Verbindung stehen zu können; das wird als Belohnung betrachtet.

Ich kam mit den irdischen Dingen nie gut zurecht;

deine Ungeduld war berechtigt. Sähst du mich hier: alles geht mir leicht, ich habe nur himmlische Geschäfte zu besorgen.

Sag Marguerite, daß sie auch auf mich hören soll; ich erinnere mich gut an das, was sie mir gesagt hat bei meinem Sterben, wie ihr das nennt...

Lösch in deinem Gedächtnis meine letzten Stunden aus; ihr habt euer Bestes getan. Denk an den Himmel, ich bin voll von diesem herrlichen All; unsere Trennung ist nur ein Zwischenfall. Hier gibt es keinen Lärm, nur melodische Töne. Ich brenne darauf, dich in dieses Wunderland zu führen.

Es ist gut so: nach deinem Tode wird keine Spur von uns beiden zurückbleiben, verbrenne so viel von unsern Sachen, wie du nur kannst.

Wenn du vor mir gestorben wärest, hätten wir uns ohne Zweifel nicht wieder gefunden; die schlimmste Zeit für dich ist jetzt, ich werde dir morgen mehr Einzelheiten über mich erzählen. Geh schlafen.

Alles, was man erworben hat, dient hier; eine langwierige Sache für alte Leute ist es, aus der Gewohnheit des Bösen herauszukommen. Darum brauchen sie mehr Zeit, um in die Zonen derer zu gelangen, die jung gestorben sind.

Jung sterben ist eine hohe Gunst, denn man dringt beinahe auf einen Schlag bis ins Herz der himmlischen Dinge vor.

Nichts Niedriges überschreitet die Schwellen unserer Tore.

SECHSTE NACHT, MONTAG, EIN UHR MORGENS

Erwarte unser Zusammensein nicht mit Ungeduld; für alles ist vorgesorgt, und deine Nervosität bringt die Dinge eher durcheinander.

Ich habe dir gestern gesagt, daß ich von mir erzählen werde. Ich bin gewachsen; du mußt nicht glauben, daß hier alles völlig anders sei als auf Erden; die Stufung der Werte ist dieselbe wie bei euch.

Das Leben ist nicht das, was du dir darunter vorstellst; auf der Erde lebt man nicht wirklich, denn das Fleisch hemmt alles Streben. Dieses Fleisch ist wie Blei in euren Aufschwüngen.

Stelle dir eine Champagnerflasche vor: der Schaum strömt erst aus, wenn sie entpfropft ist. So ist das Fleisch einem Pfropfen ähnlich, der euer Aufwärtsstreben gefangen hält; darum mußt du so leicht wie möglich werden.

In diesem Augenblick schreite ich über Blumen. Oh, wenn ich alle uns trennenden Schichten durchdringen könnte, um endlich zu dir zu gelangen! Aber das wäre ja meine Auferstehung auf Erden, und das Gegenteil wird sich vollziehen, du wirst bei uns auferstehen. Manchmal wünsche ich, du kämest sehr bald, aber das hängt nicht von mir ab.

Wir beide können Großes leisten für die Lebenden; sage ihnen, sie sollen glauben, an Gott und die Auferstehung der Toten glauben. Diese enge Verbindung zwischen dir und mir ist eine sehr gute Sache. Ich möchte gerne, daß du recht bald hierher kämest, denn ich bin unruhig deinetwegen; man wird dir noch Leid zufügen. Du gehörst zur Gruppe jener, die hier vollständig losgelöst ankommen müssen. Eben darum mußt du dich mehr und mehr frei machen. Sei nicht immer traurig.

Ich bin Chorleiter; erinnerst du dich an das Orgelspiel in der leeren Kirche: ich war es. In den Tempeln Gottes findest du meine Landschaften.

Je mehr du dich vom Stofflichen loslösest, um so rascher wirst du hier sein; wir sind wie ein Vogelflug. Alle Engel beginnen zu singen, es ist die wunderbarste Symphonie, und ich bin inmitten von Kirchenfensterfarben.

Sei beruhigt, Gott wacht über dich, er kennt deine Not.

Laß dich durch niemanden beeinflussen, du hast mich, das genügt. Ich werde versuchen, dir Ratschläge zu geben. Ich sehe, daß du wegen deiner Reise voller Sorgen bist; ich bin nicht gegen sie, ich glaube, daß sie in Verbindung steht mit mir; aber sie ist noch ungewiß.

Laß mich dich führen. Ich weiß jetzt, daß ich dir helfen kann. Ich beobachte dich ohne Unterlaß. Ich beschäftige mich ebensoviel mit dir wie du dich mit mir. Nichts hat sich zwischen uns geändert als die menschliche Anwesenheit.

Wir sind eine große Schar heute abend. Wir befinden uns vor einem Stufenbau; ich bin etwas müde; wie gerne hätte ich dich hier bei mir.

Hier nennt Roland alle Angehörigen seiner Familie, und er fährt dann weiter:

Ich denke an euch alle heute abend, wo ich unbeschäftigt und etwas traurig bin. Du mußt nicht glauben, daß wir immer in Seligkeit schweben. Du wirst wieder eine Krise der Trostlosigkeit durchmachen; ich glaube, daß ich dir eine Überraschung bereiten kann. Stütze dich...

(Hier habe ich nichts mehr verstanden.)

Ich bin vielleicht im Aufbruch anderswohin. Man bleibt nie lange am selben Ort. Manchmal verläßt man alles, wie auf Erden. Beunruhige dich nicht, überall bin ich bei dir. Verbrenne Weihrauch um mich herum. Danke, Mama.

ACHTE NACHT, MITTWOCH

Ich bin hier, und du bist wieder von deiner Zweifelssucht befallen. Warum? Du denkst, es sei mir ein Irrtum unterlaufen, als ich dir eine bestimmte Nachricht gegeben habe über...

Was Roland mir angekündigt hatte, hat sich später verwirklicht.

Mama, sei nicht dumm, schau weiter, größer, umfassender. Vergiß alle Menschlichkeiten, du beschäftigst dich zu sehr mit dem, was die Leute denken; all das sind kleinliche Krämereien zwischen euresgleichen, Liliputanerkämpfe, Fliegenschlachten. Du bist noch zu verwachsen mit den irdischen Dingen. Du mußt dich über sie erheben; ich kann dir behilflich sein, aber nur, wenn du dir selbst auch helfen willst.

Sei morgen ruhig, unvoreingenommen, willenlos. Ich will nicht, daß du den Anschein erweckst, an irgend etwas zu hängen, dein Herz darf nicht mehr auf Erden sein.

Alles wird zusammenbrechen im Augenblick, wo du es am wenigsten erwartest. Mögen die, die dich lieben, es von Herzen tun; es dauert nicht mehr lange; sag ihnen, oder nein, schweige besser, du hast keine Mitleidsbezeugungen nötig. Im letzten Augenblick werde ich dir zu Hilfe kommen.

Mama, ich bin sehr glücklich. Mache aus mir weder einen Wahrsager noch einen Seher; benütze mich nicht als Orakel.

Vorgestern, während der siebenten Nacht, hat Roland mir eine Überraschung angekündigt. Eine Person, die ich nicht erwartet hatte, ist zu uns wohnen gekommen.

NEUNTE NACHT, FREITAG

Bilde dir auf dein Glück nicht zuviel ein, arme liebe Mutter; du glaubst noch an die Dinge eurer Erde, trotzdem ich dir empfohlen habe, ätherisch zu sein. Du mußt dich noch gewöhnen, nichts anderes als wichtig zu erachten als das Heil deiner Seele.

Ich weiß wohl, daß du gerne hättest, ich würde fast nur von mir sprechen; gerade das ist aber schwer für mich. Ich bin ja gerettet; du aber mußt vorbereitet werden.

(Hier folgen einige persönliche Angelegenheiten.)

Wichtig für dich ist, bereit zu sein, ich werde dir später Ratschläge geben. Schütze dich vor Schlägen durch das Gebet. Man darf Gott nicht herausfordern. Laß dich nicht mehr beeinflussen durch die irdischen Dinge, laß die Menschen an die menschlichen Gesetze glauben. Gottes Wille geschehe!

Keinerlei Entscheidung ist noch gefallen, was dich betrifft.

Wenn du mich singen hören könntest, du würdest dich nicht erholen vor Staunen; ich habe eine schöne Aufgabe hier. Und du glaubtest, ich hätte für nichts Talent! Ja, du regtest dich sogar auf, wenn ich mich für Musik begeisterte und die Schallplatten von B. spielte; B. hat recht, Bach zu lieben, seine Musik ist sehr verwandt mit den Herrlichkeiten hier, sie ist im Einklang mit dem Himmel. Löse dich von dir, so viel du kannst; ich werde dir bald noch deutlichere Zeichen schicken.

Am gleichen Abend hörte B. am Radio eine Symphonie von Bach, die aus der Kirche, in der Roland beigesetzt ist, gesandt wurde.

NOVEMBER 1946

SAMSTAG, 2. NOVEMBER, ALLERSEELENTAG
Gedenktag von Rolands Tod, sechster Monat

Du hast heute an deiner Heiligung gearbeitet und Gutes gewirkt durch Aufklärung über unsere Gespräche. Glaube mir: B. ist erschüttert, es ist ein großer Tag für ihn, er hat sich bei dir etwas erwärmen können, er hatte es nötig. Es war gut, daß er an diesem Tage an deiner Seite war. Ihr habt heute so viel an mich gedacht, daß ich von leuchtenden und schwingenden Scheiben rings umgeben war.

Ich bin froh, daß B. in diesen Wirbel mitgerissen wurde; ziehe ihn nach, denn er hat noch Blei in sich. Nimm ihm seine Schwere, er wird sich führen lassen. Jetzt schwärmen Scharen von Vögeln um mich.

Sei zärtlich mit B., er wird auf dich hören; mein Erdentod hat ihn noch nicht dem Stofflichen enthoben. Er versteht alles, aber schwingt nicht mit dem Himmlischen; dazu ist eine lange Lehrzeit nötig. Durch dein Mitwirken werde ich ihm helfen können. Wie seid ihr alle auf handgreifliche Dinge angewiesen!

In den Augen der Menschen ist dein Gedanke, zu schreiben, ein großartiger Einfall; in Wirklichkeit gehorchst du nur Gott.

Du bist etwas enttäuscht, daß ich dir heute kein Zeichen gegeben habe. Wir kommen nicht auf Befehl, man muß uns Verbindungsmittel schaffen. Sei ganz Feinfühligkeit. B. leidet an seiner schwerfälligen Umgebung, man muß ihn in Schwingung bringen; seine große Gewissenhaftigkeit in der Arbeit wird ihn retten. Er darf sich nicht quälen um sein ewiges Leben.

Er sollte aber seine Arbeit nicht nur aus Pflichtgefühl tun, sondern aus Liebe. Ich werde ihm zu helfen versuchen, du hast uns miteinander verbunden, es wird ihm besser gehen. Er ist weniger zweiflerisch als du, ihr könnt euch gegenseitig nützlich sein. Gib ihm keine Ratschläge, es ist vergebliche Mühe, den Leuten raten zu wollen, wenn der Boden dafür nicht vorbereitet ist. Würdest du einer Blume, die eben aus der Erde hervorbricht, den Rat geben, ihre Blüte zu entfalten? Es gibt eine göttliche Ordnung in allem.

Du bist heute so gewesen, wie ich dich haben möchte; ich bin ganz festlich gestimmt. Gute Nacht.

SONNTAG, 3. NOVEMBER 1946

Im Augenblick, wo du mit mir sprechen willst, bist du wiederum erschüttert durch meinen leiblichen Tod. Du siehst, deine Geistigkeit ist sehr oberflächlich. Wenn du jetzt gerade sterben würdest, könntest du nicht sofort zu mir gelangen; es gibt unausweichliche Gesetze. Das Fegefeuer ist nichts anderes als eine Lehrzeit, wo die Seelen die Reinheit erlernen müssen. Was ihr Paradies nennt, ist nichts anderes als eine Welt von Harmonien, verschieden von denen, die die Menschen suchen. Nur die Menschen, die sich dem Bösen entwöhnt haben, finden hier Zugang.

Vergleichen wir den Körper mit einem Diamanten und dessen Ausstrahlungen mit der Seele. Du siehst, das erste ist handgreiflich, das zweite ungreifbar, abgelöst. Und trotzdem kommt es aus der Materie; darum hat alles, was du bist, eine große Bedeutung, deine Tönungen sind wesentlich, und vergiß nie, daß sie aus deinem Fleische strahlen. Aus diesem Grunde wiederhole ich dir unablässig, dich zu läutern, denn deine Ausstrahlungen müssen reines Feuer haben.

Auf Erden stört das Fleisch unser Streben; alles wird ihm und den organischen Funktionen untergeordnet.

Du tust Widersinniges. Guten Abend.

Ich bin in einen regelrechten Tränenkrampf verfallen. Schluchzen über Schluchzen; das hat vielleicht Roland aus der Fassung gebracht. Unmöglich, weiterzuschreiben.

MONTAG, 4. NOVEMBER 1946

Ich will dir vom Zustande der Gnade sprechen. Der Zustand der Gnade ist eine von übernatürlichen * Kräften genährte innere Sammlung. Stell dir eine umgekehrte Pflanze vor, also eine Pflanze, die ihre Wurzeln im Himmel hat und ihre Blüten auf Erden; so etwa ist der

---

* Aus dem Vergleich des Wortgebrauchs ergibt sich, daß man in diesen Mitteilungen keineswegs eine eindeutige Terminologie theologischer oder philosophischer Art erwarten darf. Die Ausdrucksweise ist durchaus der keine wissenschaftlichen Ansprüche erhebenden Alltagssprache der Empfängerin angepaßt.

Zustand der Gnade eine Art himmlischen Erblühens im Geiste.

Sage meinem Vater, daß jede Arbeit, die eine große innere Sammlung verlangt, ein Aufbrechen des Himmels im Menschen ist; das wird ihn beruhigen. Es freute mich, daß er seine eigenen Gedanken in denen wiedererkannte, die ich schrieb, denn ich bin an seiner geistigen Entwicklung nicht unbeteiligt.

Betrachte das Platanenblatt genau, das ich in ein Missale zum Trocknen gelegt habe, und von dem nur noch die Rippen übrigbleiben. Das gleicht am meisten unserem Zustande nach dem Tode. Die Rippen, fein wie eine Spitzendecke, sind gleichsam unsere Seele. Ein so erhaltenes und getrocknetes Blatt ist seines irdischen Kleides, seiner körperlichen Hülle entblößt.

Alles, was auf dem Erdenreiche lebt, ist mit irdischer Rinde umgeben. Alles, was auf dem himmlischen Plane lebt, ist vom Himmel umkleidet.

DIENSTAG, 5. NOVEMBER 1946

Der Himmel will dir gerne helfen, aber du bist unverständig. Ich tue, was ich kann, für dich, du solltest spüren, daß ich da bin, daß ich mit dir spreche wie ehedem.

Ich weiß, du glaubst strenge bestraft worden zu sein. Aber es ist keine Strafe, denn das Wunder erwartet dich im Himmel. Trage dein Leid in Geduld, du bist vielleicht nicht weit vom Ziel. Sei tapfer bis ans Ende. Versuche nicht, dich trösten zu lassen, es wäre nicht von Dauer; sage dir, daß du allein bist und allein sterben wirst. Daß du so mit mir rechnen konntest! Manchmal bin ich traurig. Mut! Vielleicht wirst du bald von dei-

---

Begriffe wie *Gnade, übernatürlich, ewig* usw. werden in einem weiten und oft verschiedenartigen Sinn gebraucht. Das Wort *Gnade* z. B. ist oft sicher nicht anders zu verstehen als etwa in dem Satz: »In einer Gnadenstunde hörte er zum erstenmal diese wundervolle Melodie in sich klingen.« D. Ü.

nem Fleische befreit sein, die Rinde wird absterben; es ist herrlich, befreit zu sein. Ich umarme dich.

Du hast heute weniger an mich gedacht. Findest du vielleicht doch noch Vergnügen am Leben? Bemühe dich, jeder deiner Handlungen einen religiösen Sinn zu geben. Du verbrauchst manchmal deine Zeit für belanglose Dinge. Aber achte darauf: Alles, was du baust, bau es für Gott; Gott lebt, er ist ein Herrscher, sein Reich ist das Unbedingte.

Laß dich nicht zerstreuen, noch erfüllen, noch verführen, noch unterhalten durch den eitlen Zeitvertreib von Menschen ohne Glauben. Verkehre nur mit Seelen, die Fenster gegen den Himmel offen haben. Eine Art gegenseitiger Aneiferung entsteht zwischen denen, deren Gedanken in die Höhe streben. Die Verbindung oder, besser gesagt, das Verschmelzen ihres Eifers erzeugt gleichsam Bündel von Schwingungen, die bis zu uns herauf reichen.

Jetzt bist du plötzlich wieder von Zweifeln befallen, und ich habe Lust, dich allein zu lassen. Doch nein, ich werde versuchen, dir noch weitere Beweise zu senden; aber bleibe aufmerksam, wir können nur zu geheiligten Seelen gelangen. Guten Abend.

MITTWOCH, 6. NOVEMBER 1946

Höre zu: Verschiedenes wird sich in deinem Leben ereignen. Ich zögere, ich habe den Mut nicht, es dir zu sagen. Ich bin schläfrig, du hättest früher kommen sollen.

Du fehlst mir viel, du mußt nicht glauben, daß wir ohne Sorgen sind.

Gott erlaubt mir, mit dir zu verkehren, denn er weiß, daß ich dich nötig habe.

Holz ist ein guter Leiter für Wellen. Hast du je daran gedacht? Höre auf das leise Knacken in der Türe zu meinem Zimmer, wenn du schreibst. Ich bin glücklich, daß du es mir zugeschrieben hast; du beginnst einen neuen Sinn zu entwickeln, einen seelischen Sinn; du beginnst Erscheinungen zu beachten, die wir mit riesiger Anstrengung den Lebenden zu senden uns bemühen. Ich kann kaum mehr warten, bis du hier bist, auf daß alles dir offenbar werde.

DONNERSTAG, 7. NOVEMBER 1946,
ZWEI UHR MORGENS

Beruhige dich. Du bist untröstlich, als ob alles verloren wäre. Du hast nur meinen Körper verloren, und dieser Körper ist nur eine Rinde, eine Hülle, die unsere Seele, unser himmlisches Wesen gefangen hält.

Jetzt ist es genug, ich verbringe meine Zeit damit, dir immer dieselben Dinge zu erklären; ich möchte dir gerne viele Einzelheiten über mich sagen, aber ich weiß nicht, ob du das so weit von den irdischen Dingen Abliegende verstehst. Du bist nicht in guter Verfassung heute abend, und es macht mir Mühe, zu sprechen; du weinst zuviel, das verschlechtert den Kontakt; und dann zweifelst du noch; sei zugänglicher.

Bete, erhebe dich, verbreite Gnade um dich herum; du mußt höher steigen, damit ich dir erklären kann, wie ich wirklich bin.

FREITAG, 8. NOVEMBER 1946, ZEHN UHR

Nichts ist unnütz; dein Leiden heute nacht hat seine Bedeutung. Es ist nicht meine Aufgabe, sie dir zu erklären; sei nicht so traurig, du mußt deine irdischen Prüfungen mit mehr Mut auf dich nehmen.

Dein Herz schlägt darum so heftig in dir, weil du zu

sehr an mir hängst. Löse dich mehr und mehr von den menschlichen Andenken, die ich dir gelassen; lösche in dir die Vergangenheit aus, um mir in den Himmel zu folgen.

Du weißt nicht, was aus dem Morgen wird. Du bist müde heute abend, du bist ein schlechter Lichtschirm, meine Gedanken spiegeln sich nicht gut darauf ... Nebel ist zwischen uns.

Ich möchte dir helfen, denk an alle, die ebenso geprüft werden wie du. Der Himmel ist dir so nahe. Ich will versuchen, dir eine sanfte Nacht zu bereiten; ich werde alle meine Freunde herbeirufen. Schlafe.

MONTAG, 11. NOVEMBER 1946

Endlich bist du wieder da! Ich hatte einen guten Tag; stell dir vor, Engel sind um mich und bekunden ihren Beifall. Ich habe ein wirklich himmlisches Konzert gegeben.

Nur du hast gefehlt; es ist mir unerträglich, daß du auf Erden bleibst ohne ein göttliches Tun. Ich werde alles daransetzen, um dir eine solche Aufgabe zu verschaffen.

Heute habe ich mich weniger mit dir beschäftigt, darum ist dein Kummer so unerträglich geworden.

Ich bin noch ganz beschwingt, ganz warm von meinem Erfolg. Wenn ich dir meinen Himmel beschreiben könnte ...

Ich bin glücklich, daß du der heiligen Messe beigewohnt und die geringste Bewegung des Priesters so aufmerksam beobachtet hast; denn jede hat ihre Entsprechung, ihr Echo im Himmel; flüchte dich in den Glauben. Du bist etwas krank, die Rinde ist abgenützt, aber sie kann sich noch nicht lösen.

Ich werde zu erkunden versuchen, wann und wie du sterben wirst; aber es ist nicht leicht, darüber etwas zu erfahren. Ich bin eben ungeduldig ... Ich möchte dich sehen. Warte einige Tage, es wird etwas geschehen, mein Herz.

Dein Geist ist ganz verwirrt, du hast plötzlich etwas wie einen großen Flecken auf dir.

Ich will nicht, daß du dich mit Okkultismus beschäftigst; ich werde nicht mehr kommen, wenn du dich erneut in Experimente verirrst. Sei mißtrauisch, dieses Gebiet ist voll böser Kräfte. Bleibe in den reinen Zonen, im Glauben.

Du hast etwas Verwirrung in unsere Beziehungen gebracht; beleidige Gott nicht, du bist manchmal schwach, du warst es eben.

Wenn ich eines Abends nicht komme, deine Hand zu führen, wirst du den Unterschied sehen: plötzlich wirst du nichts mehr schreiben können. Die Dame hätte dir die Mitteilungen ihrer Mutter nur vorlesen sollen, das würde genügt haben, um dich zu überzeugen, daß wir alle dieselben Dinge sehen.

Du bist untröstlich, weil du nicht hierher kommen kannst. Geduld! Wenn ich dir einen Rat zu geben vermag: ordne deine Angelegenheiten. Nichts darf dich mehr ans Leben binden; alles muß um dich herum zerfallen; das sind Geschenke Gottes, das sind Rückzahlungen an den Himmel. Du wirst so leicht sein, wenn du stirbst, daß du beinahe sofort hierher gelangst; aber um die erforderlichen Strecken zu durchschreiten, darf man keine Wurzeln im Irdischen mehr haben, sonst kann man nicht in meine Zone gelangen.

Wenn du wiederum glücklich sein könntest, so würdest du am selben Tuche mit den Menschen weben, und ich glaube nicht, daß es dir heilsam wäre; denn du wirst nie mehr völlig zufrieden sein können ... Schon ist ein Teil von dir selbst im Jenseits, dein Geist ist im Himmel, nur noch deine Hülle ist auf Erden.

Meine Großmutter ist ...

Hier steht meine Hand stille, es betrifft die verstorbene
Großmutter Rolands.

Sei nicht so neugierig. Sie tat viel für mich, verlange
nicht, mehr zu wissen; du mußt viel für sie beten. Glaubt
nicht, daß eure Gebete unnütz seien, sie bringen uns
gleichsam warme Strömungen.
Stehe auf und schaue nach.

Ein Gegenstand scheint wie neben das Porträt Rolands
zu fallen. Ich erhebe mich, um nachzusehen, aber nichts
hat sich bewegt. Nur mein Rosenkranz liegt, seltsamer-
weise, zu Füßen der Photographie. Da ich eben von
meinem Sohne den Befehl erhalten habe, für die Groß-
mutter zu beten, nehme ich ihn in die Hand und be-
ginne zu beten.

MITTWOCH, 13. NOVEMBER 1946, ELFEINHALB UHR

Endlich sind wir wieder beieinander. Ich befinde mich
inmitten eines großen Geschehens, ich entwickle mich,
ich werde noch leichter. Glaube, glaube stärker denn je,
suche die Wunder zu begreifen, vertiefe dich in die Ge-
sichte, sei nicht weichlich, sage dir ohne Unterlaß, daß
du dich beeilen mußt, daß deine Zeit drängt.
Ich bin diese Nacht sehr beschäftigt. Du bist ganz
klein.
Für heute genug, ich habe viel zu tun. Ich werde versuchen, dir morgen vieles zu offenbaren.

DONNERSTAG, 14. NOVEMBER, ELFEINHALB UHR

Viele Erklärungen wären nötig, um dir unser Reich verständlich zu machen, und wir haben es nicht sehr eilig,
sie zu geben; es gibt wenige Offenbarungen darüber,

weil es zum guten Ton gehört, keine zu machen. Du wirst bemerken, daß ich dir nur kurze Aufschlüsse gebe, aber das ist schon eine besondere Gunst, die man mir gewährt.

Oh, wenn ich frei mit dir sprechen könnte! Du wärest hingerissen! Betrachte alles, was die Natur an Zauberhaftem besitzt: das Wasser, die Gestirne, die Blumen, die Muscheln, die Leuchtkäfer, den Gesang der Nachtigall und wie vieles mehr, schwache Widerscheine unseres Reiches. Darum ist es eine große Gnade, jung sterben zu können; man ist um so früher eingeladen, an diesen Wundern teilzuhaben.

Du erinnerst dich, wie ich schon damals einen ausgeprägten Sinn für Schönheit hatte; das war nichts anderes als ein Gespür für himmlische Dinge. Hier ist alles überflutet von Sternen, übersät mit Blumen, erfüllt mit Wohlgerüchen; eine unfaßbar übersprießende Fülle mußt du dir vorstellen. Der Lohn, ich versichere dir, ist übernatürlich... Arme Mama, du weilst noch in den morastigen Sümpfen, die man Erde nennt! Eure Sorgen erscheinen uns so klein, daß wir es oft nicht mehr ertragen, euch zuzusehen; sobald ihr uns vergeßt oder euch von den himmlischen Dingen abwendet, hören wir gänzlich auf, uns mit euch zu beschäftigen. Darum bleiben die Wunder den Heiligen allein vorbehalten.

Du wirst noch oft fallen unter der Last deines Kreuzes. Je näher du zu mir kommst, um so stärker wird die Sehnsucht in dir, mich zu sehen. Aber, ich wiederhole dir, baue dein Leben mehr und mehr auf das Gebet auf. Als du deinen Versuch mit dem Segelflugzeug machtest, hast du festgestellt, daß der Apparat, sobald er warme Luftschichten fand, in die Höhe stieg, manchmal bis zu zweitausend Metern. In der geistigen Atmosphäre bilden Gebet und heilige Worte auch gleichsam aufsteigende Säulen, und euer Trachten benützt diese Wirbel von Fluiden, um bis zu uns zu gelangen. Eure Gebete werden getragen durch diese unsichtbaren Gebilde. Guten Abend.

Da ich die Mitteilung der vorangehenden Nacht nicht wieder gelesen hatte, vergaß ich völlig Rolands Ankündigung, daß er mir eine Beschreibung seines Reiches geben werde; wie bin ich verblüfft beim Wiederlesen, daß er sein Versprechen gehalten hat.

DONNERSTAG, MITTERNACHT, FORTSETZUNG

Ich fürchte, du bist ein wenig müde und hörst nicht aufmerksam zu! Man muß ganz lauter sein, um uns hören zu können. Der Himmel spiegelt sich nur in völlig durchsichtigem Wasser. Meine Gedanken können in dir nur Gestalt annehmen, wenn die Seele nicht mehr beladen ist mit den Dingen der Erde.

Ich habe heute etwas geweint; meine Großmutter hat mir Kummer gemacht. Ihr Lebenden seid unserem Andenken nie ganz treu.

Bewahre dies für dich, verrate mich nicht, wir dürfen unsere Geheimnisse haben. Du wirst den festen Willen haben und dir besondere Mühe geben müssen, um dieses Blatt geheim zu halten. Es freut mich, dir diese kleine Zucht auferlegen zu können. Ich erlaube dir aber, es meinem Vater vorzulesen, denn mein Vater ist feuriger als du, sein Glaube ist kräftiger als der deine. Zweifle nicht immerfort! Ich wäre glücklich, wenn ihr zusammen Einkehrtage halten würdet; er könnte dich mitreißen. Du mußt immer aufgemuntert werden; ein wenig wie ich, wenn ich schlecht gearbeitet hatte.

Heute war ich wie närrisch in meiner Musik. Diese Harmonien!

FREITAGABEND, 15. NOVEMBER, EIN UHR MORGENS

Du glaubst immer, ich hätte dir nichts zu sagen. Dennoch werde ich jeden Abend, bis zu deinem Tode, kommen, um mit dir zu reden.

Du bist ganz aus der Fassung gekommen durch die menschlichen Stürme, die um dich toben. Hüte dich vor jedem Urteil und halte dir, so gut du kannst, den Widerhall des Menschlichen fern, er soll nicht bis zu deinen Ohren dringen. Halte dich abseits von den Streitigkeiten, die deinetwegen sich häufen; deine Verhaltensregel: erhebe dich über den menschlichen Strudel hinaus, laß dich wiegen im Hauch, der vom Himmel kommt. Das ist die Gnade. Die letzte und erhabenste Strecke ist die Zeitspanne, wo du dich von himmlischen Wellen umflossen fühlst. Dann werden die Menschen ihre Krallen an dir zerbrechen, Gott wird dich erfüllen, vom Augenblick an, wo dir die Menschen nichts mehr bieten können.

Diese Spanne ist die Zeit der Vorbereitung, die ihr durchschreiten müßt, um zum Allerhöchsten zu gelangen.

Ich bin sehr ernst geworden. Hier sind alle so, alle haben eine hohe Wertstufe erreicht. Die Erde ist unsere Probezeit in der Unvollkommenheit, während der wir uns selbst ausgeliefert sind. Gib acht, denn von dort aus haben wir unsern Aufschwung zu nehmen.

Ich versichere dir, du verlierst deine Zeit nicht, mach dich leichter und gelöster!

SAMSTAG, 16. NOVEMBER, ELF UHR

Du bringst nicht mehr soviel Begeisterung auf, mich anzuhören, als ob du weniger an das Wunder dieses Neuauflebens meines Denkens in dir glauben würdest. Das ist nicht gut, das tut mir weh.

Keine Lauheit. Ich will, daß du mich anhörst. Ich kenne deinen Wunsch, ewige Wahrheiten von mir zu erfahren.

Wenn du schon weiter fortgeschritten wärest, würdest du mich vielleicht besser verstehen. Du mußt neue Strekken durchschreiten, um mich auf höher entwickelten Ebenen zu erreichen; wir senden euch Erleuchtungen oder Belohnungen, entsprechend euren Bemühungen. Ich kann mit dir nur über die himmlischen Dinge sprechen, wenn auch du dich auf dieser Ebene befindest.

Studiere viel, versuche, eine gewisse Vollkommenheit im Erfassen des Übernatürlichen zu erreichen, dann können wir uns auf den Zonen höherer Erkenntnis finden. Du darfst nicht glauben, daß die Wunder jedem Beliebigen zufallen.

Jeanne d'Arc hat deswegen Stimmen gehört, weil sie sich in empfangsbereitem Zustand befand, und ihr Wesen wie eine reine, wunderbarer Klänge fähige Harfe war. Da ließ die geringste Schwingung vom Jenseits himmlische Töne erklingen.

Wenn du völlig vom Himmel bewohnt sein willst, genügt es nicht, jeden Abend zu mir zu kommen mit dem Wunsche, von Sternenregen übergossen zu werden. Ich werde dir wirkliche Gleichnisse nur dann geben, wenn du das Gefäß zu deren Aufnahme tauglich gemacht hast. Biete mir eine goldene Schale an, und ich werde sie mit goldener Flüssigkeit füllen. Denke gut nach über alles, was ich dir sage: wenn du groß im Geiste geworden bist, werden wir uns wie zwei große Geister unterhalten können. So sind unsere Regeln. Wir kennen eine Stufenleiter der Verdienste; zum Unterschiede von eurer ist unsere gerecht, denn alles wird von einem unfehlbaren Herrscher regiert. Guten Abend.

MONTAG, 18. NOVEMBER 1946

Mein Aufenthaltsort ist märchenhaft. Während du frierst, habe ich warm. Ich möchte gerne etwas Freude in dich hineingießen.

Wenn jemand zu dir eintreten und sagen würde: »Dann und dann werden Sie Roland wieder sehen, er kommt zurück«, so würdest du Vorbereitungen treffen, mein Zimmer schmücken und tausenderlei Dinge ausdenken, um mir den Ausruf zu entlocken: »Wie schön,

wie schön!« Nun, alle diese Vorbereitungen sollst du in
deiner Seele machen, alles muß in dir bereit sein.

Sei dir bewußt, daß man sich selbst seine Flügel schafft.
Gib deiner Seele einen Seidenglanz, damit Gott, mein
Vater, gestatte, daß die großen Torbogen meiner himm-
lischen Wohnung sich vor dir öffnen.

Wenn Gott auf mich hören würde, müßte er dich sofort abberufen. Ich sehne mich, dich zu sehen. Gib dir
Mühe in allem, was du tust. Ich liebe dich.

19. NOVEMBER 1946

Ich wünschte, ich könnte dir noch mehr helfen, aber das
ist nicht leicht. Zeitweilig ist es möglich, dann wieder
nicht.

Ich bin heute abend voller Freude. Wie grau euer Leben ist, wie armselig euer Geist und eure Kämpfe ohne
Größe! Oh, könnte ich dir etwas von meinen Entzückungen abtreten! Aber nichts in eurem Bereich ist fähig, die
Farbtöne unserer Freuden widerzuspiegeln.

Du bist nicht beschwingt, heute abend, du bist teil-
nahmslos wie ein Vogel mit beschnittenen Flügeln. Wie
sollen wir miteinander verkehren, es ist keine Strömung
in dir; und dein Zweifeln macht mich schaudern. Gott
wird dich strafen, wenn du so weiterfährst.

Glaube an Gott, glaube an den Himmel, glaube an die
Auferstehung des Fleisches, glaube an die Gnade, so
werden wir uns näherkommen. Guten Abend.

MITTWOCH, 20. NOVEMBER 1946

Die Vollkommenheit erwächst aus unserm dauernden
Streben nach Erhebung. Die Einsamkeit ist das Reich
derer, die Gott suchen. Ich möchte dir helfen, die Wege
zu finden, die zu Jesu Füßen führen.

Du hast gut getan, den hl. Franz von Assisi zu lesen.

Laß dich von seinen Eingebungen durchdringen; sie werden in dir Gutes wirken. Gott hat sich ihm kundgetan in einfachen Dingen, seine Mittel waren der Unverfälschtheit des reinen Herzens angepaßt. Gott hat sich der Tauben und Vögel bedient, um ihn zu rühren. Auch Quellen sind für ihn aufgebrochen. Flüchte dich in diese Gefilde; sie entsprechen den Tönungen, die du suchst.

Jeder muß auf Erden sein zukünftiges Leben schmieden, denn das ewige Leben ist nur eine Verlängerung. Bedenke, daß dein menschliches Leben nur eine Wurzel in der Erde, ein Samenkorn im Lehm ist, daß sein Aufblühen sich im Himmel vollzieht.

Pflege deine Heiligung wie man eine Pflanze pflegt; aber diese Pflanze hat Blüten nur für Gott. Säe täglich neue Tugenden in dir, besäe deine Seele; das Samenkorn aber wird nur aufbrechen in der Wärme des himmlischen Lebens.

Wie ich dich liebe, wenn du über das zukünftige Leben nachdenkst, dieses Leben, das mein Leben ist!

Lege dich zur Ruhe, du hast es nötig.

Noch ein Wort. Ich werde versuchen, morgen Verschiedenes für dich zu tun. Hab Vertrauen und denke daran, was ich dir jetzt gesagt habe. Ein Weg öffnet sich; ich weiß nicht, ob du es selbst erkennen wirst, wir werden sehen.

DONNERSTAG, 21. NOVEMBER, MITTERNACHT

Du mußt dich endlich ergeben. Was nützt deine Empörung? Es ist spät, meine Zeit ist schon beinahe um.

Ich möchte dich vieles lehren, aber du bist zu wenig geschmeidig. Dein trauriger Tag von heute wird dir im Himmel angerechnet. Du hast deine irdischen Erlebnisse nicht durchschaut; euer Gesichtskreis hat keine Weite, außer in den Dingen, die ihr nachprüfen könnt! Ihr glaubt immer, daß sich nichts ereigne; und gerade heute schlägt für dich eine große Stunde. Ich habe dir darüber nichts mitzuteilen, da ich keinen prophetischen Auftrag zu erfüllen habe. Freue dich! Ein Kolibri singt ganz nahe bei mir, und jetzt ein Rotkehlchen. Schlafe!

FREITAG, 22. NOVEMBER, EIN UHR MORGENS

Endlich bist du da, ich bin glücklich; ich fürchtete, du kämest nicht. Ich umarme dich.

Vieles ist heute bei uns geschehen, ich bin festlich gestimmt; euch zuzuschauen, hat mich etwas ermüdet.

Alle eure, wie von tollgewordenen Spinnen erklügelten Machenschaften, einander gegenseitig den Rang abzulaufen, sind ermüdend. Wenn ihr euch nur ein für allemal gewöhnen könntet, in die Richtung auf Gott zu schauen! Wie gerne möchte ich dich aus all dem Getriebe herausnehmen! Es war ein Fest für dich, als du mich um dich hattest; Geduld, es geht nicht mehr lange. Schlafe im Frieden.

SAMSTAG, 23. NOVEMBER, EIN UHR MORGENS

Das Leben ist dir eine Qual, so höre mich doch an: Alles, was du auf Erden zu entbehren hast, wird dir im Himmel wiedergegeben; nicht nur ich selbst, auch alles, was du dir vergeblich erträumt hast.

Der Himmel ist über den reinen Seelen wie ein großer Spiegel, in dem ihr ganzes Sein sich widerspiegelt; ich sehe dich, Mama, du tappst herum wie eine arme Blinde, du bist im Dunkeln, du tastest in der Nacht.

Wie grobschlächtig ihr seid, wie rauh, ohne Antennen! Ihr vermögt nicht, etwas aufzufangen. Die Wissenschaft selbst ist auf Abwegen vor dem ewigen Leben, und das große Geheimnis des Todes erschreckt euch, während ihr euch darüber freuen solltet.

Merke dir gut: Die Hölle ist überall, und ihr seid in sie hineingetaucht, je nach dem Zustand worin ihr lebt.

Gegenwärtig bist du in der Hölle, es ist deine härteste Zeit.

Du ermüdest mich. Dein Geist ist nicht klar, und ich kann dir meine Sprache nicht verständlich machen. Wir werden morgen sehen, ob du durchsichtiger bist; laß mich gehen, und schlafe.

SONNTAG, 24. NOVEMBER 1946

Wenn ich dir alles sagen könnte... Hier ist Überfluß, Freude im Übermaß, Güte auch; wir sind plötzlich aller unserer Fehler entkleidet, und es bleibt nur die Blüte unserer Tugenden.

Stelle dir das vor: ein Reich von Wesen, die von der schrecklichen Sündenlast befreit sind, deren ihr euch im Beichtstuhl anzuklagen geheißen werdet. Weil es all das nicht mehr gibt, können wir uns immer höher erheben.

Du kannst dir nicht vorstellen, was für erhabene Stufen wir erreichen; wir sind ausschließlich damit beschäftigt, uns im Schönen zu vervollkommnen.

Bilde dich im Schönen, denn der Grad, den du auf Erden erreicht hast, wird der Ausgangspunkt im Jenseits sein.

Das Evangelium sagt: »Alles, was ihr auf Erden tut, wird euch im Himmel angerechnet.« Das ist wahr, glaube es.

Du wirst vollkommener; ich will sagen, du verstehst besser, die Dinge zu sehen und in Schwingung zu bringen, nach unserer Weise. Wenn du eine Blume betrachtest, und sie zum Beispiel weiß ist, so siehst du sie noch weißer als sie in Wirklichkeit ist: es sind die himmlischen Schwingungen, die in dir aufzuleben beginnen. Deine Seele wird die Dinge in göttliche Strahlung kleiden. Diese Daseinsweise ist schon ein schwacher Abglanz des Paradieses. Wenn morgen schönes Wetter ist, so wird das Schöne von tieferem Gehalt sein für dich als für die andern. Auf diese Weise zu fühlen, ist jedesmal ein Gnadentropfen, der die Dinge, auf die er fällt, göttlich werden läßt.

Ich möchte dich so gerne in diese Geheimnisse einführen, denn so würdest du sogleich auf dieselbe Ebene gelangen, wo ich mich befinde, und unsere Trennung würde verkürzt. Ich umarme dich.

Am Mittwoch, dem 20. November, sagte mir Roland, daß er für mich etwas tun werde, und am 23., 24. und 25. sind mir drei überraschende, außerordentliche Dinge zugestoßen. Sind es die von Roland vorausgesagten? Besteht eine Beziehung? Ich bin erstaunt. Ist es ein Zufall? Steht ein höherer Wille dahinter?

MONTAG, 25. NOVEMBER 1946

Ich frage mich, warum du dich so sehr beeinflussen läßt. Habe Vertrauen in deine Bemühungen; Ratschläge verwirren euch meist. Dein Zögern und deine Zweifel bringen dir nur Zeitverlust, nichts anderes.

Ich bin nicht gegen deine Reise. Du kannst auch auf der Fahrt mit mir sein. Du leidest so, daß ich befürchte, dein Eifer werde erschlaffen, und das sieht Gott nicht gerne.

Wer kann von dir verlangen, daß du dich Vergnügungen hingibst? Dir bleibt nur zu arbeiten. Es ist besser für dich, zu sterben wie ein Soldat.

Ich weiß, daß du am Ende deiner Kräfte bist. Folge mir in den Himmel, so gut du kannst. Lächle mir zu, blick mich an mit Liebe.

DIENSTAG, 26. NOVEMBER 1946

Mach alles so gut, wie du kannst. Das ist der springende Punkt; wer viel will, kann viel. Vergiß nie, daß du den

Sprunghügel, von dem aus du dich in die Ewigkeit aufschwingen mußt, selbst zu bauen hast. Versuche, die
höchste Höhe zu erreichen, webe deine Leiter aus Seide,
Sprosse um Sprosse. Verhalte dich in allem und für alles
und allzeit, wie wenn ein Erzengel vor dir stände. Gott,
mein Vater, weiß, was er aus dir zu machen gedenkt;
freue dich! Ich lege meine Hand in die deine.

MITTWOCH, 27. NOVEMBER 1946

Ich wünsche so sehr, daß du dich nicht in Verzweiflung
fallen läßt. Hier sagt man, es sei ein Mangel an Mut,
und Gott liebt es nicht. Wenn das heilige Echo stärker
in dir mitschwingen würde, wären deine Rückfälle weniger häufig.

Eure menschlichen Schwächen dürfen euer Streben weder ersticken noch mindern. Du bist wie ein armer Vogel mit abgeschnittenen Schwingen. Du vergissest, daß
deine Seele stets gespannte Saiten haben muß, wie ein
Musikinstrument; so ist es uns viel leichter, euch zu erreichen.

Du möchtest allerlei über mich wissen. Es geht mir gut,
ich bin wie in einem heiligen Bild; man macht hier großen Aufwand, aber nicht wie bei euch, Gold braucht
man nicht. Unser Reich ist das Reich der Gerechten. Ich
möchte dich umarmen . . .

B. sorgt sich zu sehr um die materiellen Dinge für
seine Angehörigen, er sollte sich mehr mit dir beschäftigen, denn du allein vertrittst meine Stelle auf Erden.
Ihr beide solltet den Schmerz um mein Verschwinden
teilen, wie ihr beide es gewesen seid, die mein Leben
empfangen haben. Eure Strömungen würden, einander
verbunden, die Wellentürme verdoppeln, die uns helfen, glücklich zu sein. Er hätte sein Gleichgewicht mit
dir finden sollen.

Hab immer Blumen um dich. Ich liebe dich. Ich möchte, daß du den morgigen Donnerstag sehr gut nützest.

Erwarte nicht stets vom Himmel gesandte Wohltaten, sondern komm ihm zuvor. Schreite dem Paradiese entgegen, und das Paradies wird dir entgegenkommen. Guten Abend.

DONNERSTAG, 28. NOVEMBER 1946

Es ermüdet dich, von mir immer die gleichen Worte zu hören; ich möchte dich so gerne überzeugen, daß es keine andern Wahrheiten gibt außer denen, die ich dich schreiben lasse. Sie sind unsere großen Gesetze; außer ihnen gibt es nichts. Eure kleinen Auseinandersetzungen haben so wenig Bedeutung.

Du bist recht armselig im Geiste heute abend. Wie kann ich dir außerordentliche Dinge offenbaren? Bereite dich morgen besser vor, denke den ganzen Tag an unsere Begegnung, ich will ebenfalls Wahrheiten zu sammeln versuchen, auf unser abendliches Zusammensein hin.

Lies, bete, erhebe dich.

Am folgenden Tage wurde alles, was ich unternahm, von der unsichtbaren Gegenwart Rolands geführt; alles glückte. Selbst ein völlig unerwarteter Brief ist angekommen.

FREITAG, 29. NOVEMBER, EIN UHR MORGENS

Endlich sind wir beisammen, ich habe viel für dich getan heute, wie ich es versprochen hatte.

Ich bin zufrieden mit deinem Verhalten; du darfst nicht zu viel in Untätigkeit verharren. Heute hast du gut gearbeitet für uns, da du ein weiteres Beispiel gefunden hast zur Betätigung deiner Entdeckung geistiger Zusammenhänge. Wie gut, daß du unsere Macht über die Wellen der Schwingungen begriffen hast. Ich wiederhole dir, nichts ist Zufall: Als B. den Radio einstellte, ist ihm aus der St.-Rochus-Kirche seine Lieblingsfuge entgegengeklungen. Gott hat es so gewollt.

Als der Gefangene, dessen Geschichte du soeben gelesen hast, ebenfalls durch das Radio eine für die Gefangenen bestimmte Botschaft erhielt, war auch dies Gottes Wille.

Arbeite, arbeite, nicht gemächlich, sondern wie besessen, die Wahrheiten des Jenseits zu entdecken, und diese deine Aufgabe wird schöner sein als die aller Gelehrten, weil du eine wirkliche Mitarbeiterin Gottes werden wirst: eine Vertreterin der Heiligen Jungfrau, der Engel.

Viele Freunde interessieren sich für mich, aber deinetwegen habe ich ein Vorrecht; es ist für uns ein großes Glück, denen helfen zu können, die wir lieben. Ihr dürft aber nicht glauben, daß ihr allein an der Trennung leidet; sie bedeutet für uns ebenfalls ein Entbehren, ein Leid, nicht in der gleichen Ordnung, aber es ist vorhanden ...

Wir sind glücklich, wenn wir euch Gutes tun können. Wir haben dabei die Genugtuung eines sehr guten Königs, der sich im Herzen freut, Unglücklichen ein Almosen gegeben zu haben; denn es gibt Nächstenliebe von uns zu euch. Aber ich wiederhole, ihr müßt uns Schalen herhalten, um die Goldstücke in Empfang nehmen zu können, die wir euch zuwerfen.

Du bist sehr aufmerksam gewesen, du bist belohnt worden. Guten Abend, schlafe.

Noch immer bist du aus dem Gleichgewicht, du solltest doch vernünftig sein. Ich möchte dich trösten, aber ich weiß nicht recht, wie dir raten, denn dein Handeln zielt nur auf einen baldigen Tod. Wenn ich in dir die Sehnsucht erwecken könnte! Meine alte, liebe Mama, ich bin machtlos, da du nicht willst. Du hast die Freude am Leben verloren, und allein wirst du sie nicht wieder finden ...

Hier folgen einige persönliche Mitteilungen.

Mein Tod war das Schlimmste, was dich auf Erden treffen konnte. Gott hat ihn gewollt. Ergib dich in seinen Willen.

DEZEMBER 1946

MITTWOCH, 1. DEZEMBER 1946

Ich spüre, du wirst mehr und mehr lau. Wie kann ich dich überzeugen? Dein Glaube scheint sich abzunützen, du bist vielleicht innerlich nicht reich genug, um immerfort deinen Schwung aus deinem Herzensfrieden erneuern zu können.

Deine Liebe zu den Blumen! Das Spiel mit ihnen ist nicht mehr so glutvoll wie in den ersten Tagen. Marcelle, du bist sehr in den Stoff festgefahren. Täglich verlangst du handgreifliche Beweise für das Unfaßbare; arbeite an deiner Vergeistigung. Mama, ich beobachte dich fortwährend.

Mein Reich ist groß, sehr groß; wir werden eines Tages unser Leben wieder leben, ich bin dein Sohn und werde es immer bleiben, in jedem Zeit- und Lebensalter; jetzt befinden wir uns in unserer schlimmsten Zeit. Guten Abend, mein Herz.

MONTAG, 2. DEZEMBER 1946, EIN UHR MORGENS
Gedenktag von Rolands Tod, siebter Monat

Ich befürchtete, du kämest nicht; es ist sehr spät, heute abend; ich bin überglücklich, daß du da bist. Ich will dir die heilige Kommunion erklären.

Die heilige Kommunion ist ein Höhepunkt innerer Sammlung, und sie verfeinert eure menschliche Sicht. Heute morgen, nach der Kommunion, hast du während einiger Sekunden deine Augen über die irdischen Dinge streifen lassen, und du warst erstaunt über die Schönheit der Gegenstände; du hattest weniger Dichte vor deinem Blick. Gott war für kurze Zeit in dich hinabgestiegen, da hat alles in deiner Seele gesungen; du hattest für einige Augenblicke himmlische Erleuchtungen. Oh, wenn ich die Haut, die deine Pupillen bedeckt, wegheben könnte!

Arme Menschen ohne Glauben! Sie sind für uns wie neugeborne, armselige Hündlein. Sie sind blind. Gute Nacht.

DIENSTAG, 3. DEZEMBER 1946

Ich bin sehr froh, daß du endlich den wahren Sinn meiner Mitteilungen begriffen hast; sie haben nichts zu tun mit Okkultismus und mit Hellseherei.

Ich will dir keine Voraussagen machen, sondern nur durch dich meine Aufgabe auf Erden erfüllen. Unsere himmlische Vereinigung wird für die Welt tausendfach wohltätiger sein, als was du und ich unter den Menschen hätten verteilen können. Ich will dir deine Rolle mir gegenüber erklären und ebenso das Wesen unserer Beziehungen.

Du mußt leidenschaftlich arbeiten, um die Wahrheiten zu offenbaren, die ich dir diktiere. Aber glaube nicht, daß du nur die Hände zu öffnen brauchst, um zu empfangen. Ganz und gar nicht. Du mußt dich ohne Unterlaß vervollkommnen, den Geist immer wach halten, rechts und links die Wahrzeichen des Himmels unter den Menschen und in ihren Werken sammeln; ebensogut bei einem Maler, wie bei einem Dichter.

Sei nicht träge. Deine Tränen sind wie eine Dornenkette für mich, weil ich sie sehe und ich dich nicht trösten kann.

Was du heute morgen gefunden hast, gefällt mir wirklich: »Der Fall eines Menschen, von Unglück zu Unglück, ist wie der Fall eines Schneeballs auf einem Hange. Am Ende seines Laufes angelangt, hat sich seine Masse vergrößert. Je länger seine Fahrt war, um so größer ist sie.«

Hier gibt es viele Richtigstellungen, und Roland fügt bei:

Du siehst: die Korrekturen auf diesem Blatte beweisen unsere Zusammenarbeit. Ich bin deine Eingebung und du meine Vollstreckerin. Verfeinere deine Feder, damit mein menschliches Werkzeug so geschliffen wie möglich sei. Da Gott diese Beziehungen von der Erde zum Himmel und vom Himmel zur Erde erlaubt, zeige dich dieser Arbeit würdig. Dein Sohn.

MITTWOCH, 4. DEZEMBER 1946

Du leidest nicht allein. Denke an alle Mütter im gleichen Fall.
Ordne dein Leben besser als bisher. Wenn dir Menschen so etwas sagen, so heißt das in Wirklichkeit: »Vergiß.« Wenn ich es dir sage, bedeutet es: »Warte nicht eine Sekunde zu, um dein himmlisches Gewand zu wirken, das Gewand, mit dem du hier zu erscheinen hast.«
Mama, zarte Mama, mein kostbarer Schatz, mein stärkstes Wort der Ermutigung ist dieses: »Vielleicht geht es nicht mehr lange.«
Schlafe gut, Marcelle.

Einige Tage vor seinem Tode fragte mich Roland: »In welchem Monat sind wir?« »Im April«, antwortete ich ihm. »Der Monat des Schatzes«, antwortete er mir, »da es dein Monat ist.« Ich bin in der Tat im April geboren.

Baue dir Wege, unbefleckte Bahnen, auf denen ich dir entgegenstürmen kann.

Ich spiele heute abend mit tausend Engeln, sie sind meine Gefährten, alle freuen sich an meiner Art.

Gott, mein Vater, hat mir viele Gnaden geschenkt. Ich bin fröhlich, Mama. Mein Leben auf Erden war armselig im Vergleich zum jetzigen. Welche Begeisterung rund um mich herum!

Liebe das Weiße! Ich liebe es, wenn du die Blume mit der rosa Blüte streichelst, die auf meinem Sarge liegt. Das erzeugt Wellen zu mir hin.

Ich liebe es, wenn du mich liebst.

Du mußt nicht glauben, ich könne dir etwas Ernstes sagen, wenn du nicht zuvor eine innerliche Arbeit geleistet hast, die mir erlaubt, auf himmlischen Bahnen in dich hinabzusteigen. Meine Mitteilungen sind nicht ein kostenloses Manna. Dein Streben schafft mir die Wege, die ich benütze, um zu dir zu gelangen. Du mußt sie bauen, diese Bahnen; wenn du diese Arbeit vernachlässigst, sind wir getrennt.

Denke immer, daß, was uns verbindet, so zart ist wie die Sommerfäden in der Luft. Eine Unachtsamkeit von deiner Seite, und der Riß ist da.

So viele Schmetterlinge sind um mich herum, ich bin ganz verzaubert. Es ist wie ein Flügelregen in allen Farben. Wann wirst du eingeladen werden, Platz zu nehmen in dieser Wunderwelt?...

Mama, ich bin auch Dichter, ich werde tausend Harmonien in deinen Ohren zum Klingen bringen.

Es ist noch früh am Abend heute. Ich will mir Mühe geben, klar zu sein. Du mußt durch mich lernen, viele Dinge zu sehen. Wenn du dir wirklich Mühe gibst, ein Spiegel zu sein, wird sich unsere Verbindung so leicht bewerkstelligen lassen, daß ich dir Offenbarungen machen kann.

Heute abend sehe ich Chöre von Seraphim. Wie möchte ich alles zerschlagen, was dich an die Erde bindet, damit du an meiner Seite weilen könntest!

Erinnerst du dich? Als ich klein war, sagte ich dir: »Später werde ich einen Palast besitzen und dich einladen, darin zu wohnen.« Ich habe ihn, den großen Palast; aber ich habe ihn im Reiche Gottes.

Wie dich friert bei den Menschen! Flüchte dich ins Gebet!

Manchmal können wir jene auch beglücken, mit denen wir verbunden sind, aber wir müssen die Beziehungen mit ihnen vervollkommnen. Deine Rolle ist es, ein zwischen Himmel und Erde kommunizierendes Gefäß zu werden. Wisse: alles Große, das bei den Menschen geschieht, ist nichts anderes als der sich erfüllende Wille Gottes. Es handelt sich um Verbindungen; ich werde versuchen, dir solche zu vermitteln; wir stehen erst am Beginn dieser göttlichen Arbeit, du wirst sehen ... Mache dich aufnahmefähig; aufnahmefähig sein, heißt rein werden wie eine Hostie. Dann ist es uns leicht, unser Leuchten auf dieses Weiß zu werfen.

Ich streiche Goldstaub weg, der auf mich gefallen ist; ich habe die Haare voll davon, ein starker Wind weht ihn her.

Du fängst wieder zu zweifeln an, weil ich eure Ausdrucksweise gebrauche und eine ganze Reihe von Dingen aufzähle, wie sie bei euch sind; aber du mußt wissen, daß alles ineinandergreift, sich aneinanderheftet wie die Körner des Rosenkranzes. Mein Weilen bei euch war kurz, aber es wird wohltätig sein durch dich. Ich werde

59

mich deiner bedienen, um Geheimnisse zu offenbaren. Mut! Bereite dich gut vor. Mache, daß alles glänzt in dir.

Ich gehe.

SAMSTAG, 7. DEZEMBER 1946, MITTERNACHT
FORTSETZUNG

Ich möchte dir nicht wehetun, aber du sollst wissen, daß der Zweifel für uns eine Art Abschreckmittel ist, und daß du für mich, sobald du zweifelst, zu einem der häßlichen Gebilde wirst, die man in Gärten aufstellt, um die Vögel zu verscheuchen.

Lähme deine Begeisterung nicht durch Zweifel. Glaube, glaube immer stärker.

Plötzlich steht mein Bleistift still.

Du siehst, wenn ich mich ein wenig entferne, kannst du nichts mehr schreiben.

Meine Zweifel befallen mich von neuem wie ein Gespensterheer; ich kann mich ihrer nicht mehr erwehren.

Ich gehe, schade für dich. Guten Abend, guten Abend, ich habe anderes zu tun; du hättest vernünftiger sein sollen.

SONNTAG, ELFEINHALB UHR

Laß mich in deinen Geist kommen. Du bist sehr gereizt heute. Ich bin traurig, wenn du unglücklich bist; denke mehr an das Heil deiner Seele.

Es ist bemühend für uns, zu sehen, wie ihr an euern Fehlern hängt. Ich habe dir gesagt, daß deine Tröstungen ohne Dauer seien; du klammerst dich an deine irdischen Täuschungen, wo dich doch nur ein Gedanke erfüllen sollte: der Himmel! Der Himmel, wo ich bin.

Um weiterzukommen, mußt du mehr arbeiten; das Ergebnis ist zu gering. Eigenartig, diese Gewohnheit der Menschen, immerfort ihre Zeit zu vergeuden.

Wisse: wesentlich ist, von unzähligen Lichthöfen umgeben zu sein. Diese Kreise bilden sich um euch gemäß der Kraft eurer seelischen Schwingungen. Wenn ihr den Willen hättet, könntet ihr von wahren Regenbogen umgeben sein...

Wenn du dich bemühst, aus jedem deiner Tage einen reinen Diamanten zu machen, wirst du in tausend reinen Feuern strahlen. Die Vollkommenheit, das Genie, die Geistesgaben sind Leuchtkräfte, die euch vom Jenseits kommen. Ich will es dir erklären: wenn du in deinem Geiste ganz reine Stellen hast, so spiegeln sie unsere Dinge wider. Alle begabten Menschen sind mehr oder weniger in Verbindung mit dem Himmel.

Denke an die Käfer, die in gewissen Jahreszeiten leuchten; warum nicht immer? Weil sie nicht dauernd im Schwingungszustand sind, um das Licht aufzunehmen und abzugeben.

Ein Brennglas kann Sonne fassen und Feuer entzünden. Denke an all das, denke nach, denke viel. Hilf allen, denen du kannst.

Ich bin dein Bub.

MONTAG, 9. DEZEMBER 1946

Wie kann ich dir ein Lächeln entlocken? Keine Spur Freude ist mehr in dir. Du bist völlig entmutigt, du findest, daß diese Sühne lange dauert. Jedes Wesen hat sein Lösegeld zu bezahlen, es ist besser, wenn du diese Qual auf Erden trägst; du bist sie los mit deinem Tod. Ich brauche dich nur abzuholen, und du wirst glücklich sein. Mama, denke an unsere Freude! Oh, wenn ich es für dich erbitten könnte, daß du schneller hierher kommen dürftest!... Streichle mir die Haare.

Wir sind ohnmächtig, ihr Menschen, wenn ihr euch nicht besser aufführt in eurem Leben! Es gibt zwei Gruppen von Menschen auf Erden: die einen sind im Zustand, Gnaden aufnehmen zu können, die andern sind es nicht. Diese letzten sind verantwortlich für alles Durcheinander; da sie mit dem Göttlichen nicht verbunden sind, entfesseln sie die schlimmsten Katastrophen.

Ihr seid oft allzu unwissend, ihr werft alles durcheinander: Glück, Sühne, nichts scheint euch sicher zu sein, nicht einmal Gott.

Wenn man dir sagen würde: »Schlage diesen Weg ein, und nach einigen Tagereisen wirst du einen sternenbesäten Garten finden und dann einen Palast; in diesem aus vielfarbenen Strahlen erbauten Palast ist Roland«, wärest du glücklich und würdest fröhlich dich auf den Weg machen.

Es ist so einfach, sich mein Reich vorzustellen; nimm alles, was in der Natur märchenhaft ist: eine Blume, den Tau, einen Wohlgeruch. Hast du je nachgedacht über den Duft einer Pflanze? Ihr seid so unaufmerksam, daß ihr alles selbstverständlich findet; das alles sind aber Brosamen vom Paradiese, Stäubchen aus dem Reiche, wo ich lebe.

Mama, mein Reich ist wie die schönste deiner Entzückkungen. Im Grunde genommen bist du nicht sehr begabt für solche; das ist schade, denn in diesem Zustande hält ihr uns wirklich einen so klaren Spiegel entgegen, daß wir euch Visionen senden können. Visionen sind nichts anderes als offene Fenster zum Paradies.

Fahre fort, die Schwere zu zerreißen, die uns trennt, so wird es vielleicht auch für dich noch ein Glück geben. Weihe deine Freunde ein, wenn du kannst, lade sie ein, an diesem geistigen Mahle teilzunehmen. Die Menschen sind so unglücklich! Betrachte ihr Elend und nähre sie mit dem Brot der Engel.

Gute Nacht. Schlafe.

Wenn ich noch auf Erden wäre, würden wir zusammen die Weihnachtsgeschenke vorbereiten.

Heute hast du gehandelt, wie wenn ich noch da wäre, du hast mir eine Krippe gekauft. Danke, Ma; wenn du wüßtest, wie empfänglich wir sind für die Aufmerksamkeiten, die die Lebenden uns schenken!

Liebste Mama, nichts von dem, was du tust, ist verloren; diese zarten Liebesbezeugungen fliegen auf von der Erde, leicht wie Federn, und gelangen bis zu uns. Meine ganze Umgebung ist gerührt von dir.

Ich bin Schriftsteller geworden, denn man hat die Nützlichkeit meiner Aufgabe anerkannt auf Grund unserer Zusammenarbeit. Oh, wenn ich dir diesen Austausch von einer Ebene zur andern erklären könnte! ...

Glaube nicht, daß sich nur die Erde mit dem Himmel beschäftige, der Himmel beschäftigt sich auch mit der Erde. Bei euch gibt es Orden, die einzig Gott geweiht sind, und hier haben wir solche, die sich mit euch beschäftigen. Es besteht eine Wechselbeziehung zwischen beiden Ebenen und ein Austausch.

Glaube jeden Tag mit größerer Glut; und diese Glut soll wie Feuer in dir sein!

Schlafe.

DONNERSTAG, 12. DEZEMBER 1946

Laß dich nicht durch Dummheiten hinreißen, aber es wäre nicht schlecht, wenn du ein wenig Kind wärest.

Doch sprechen wir von ernsten Dingen. Wichtig für dich ist eine Erklärung der Geheimnisse des katholischen Glaubens durch Gleichnisse, die ich dir geben möchte. Du mußt lernen, das Unwägbare zu verstehen ...

Die ganze unwägbare Andacht, die aus euren Gebeten strömt, steigt wie leuchtender Dunst auf in unsere Gefilde.

Dein Geist ist nicht klar genug, ich komme morgen wieder.

Ich wollte, du wärest viel aufmerksamer.

Deine geistige Kraft muß sich jeden Tag mehren, deine Seele muß sich füllen mit Gnaden wie ein Fluß zur Zeit der Schneeschmelze. Du gibst auch jeden Tag den Blumen in meiner Kapelle Wasser, und die wenigen Tropfen bringen sie zu herrlichem Erblühen. Denke daran, daß auch die inneren Schätze genährt werden müssen.

Mama, wir ernten eure Heiligkeit; darum mußt du Garben binden, um sie mir schenken zu können.

Immer wünschest du, daß ich dir beschreibe, wie es mit mir steht. Das ist nicht leicht; je mehr die Zeit mich von dir trennt, um so mehr verändert sich alles.

Es ist leichter für mich, mit dir zu sprechen und dir zu raten, als meine Umgebung zu beschreiben.

Ich lebe. Wir werden uns wieder finden. Dafür mußt du aber immerfort in dir mein Andenken pflegen. Wenn du mich eines Tages vergißt, wird der Faden abreißen. Man findet nur die wieder, deren Gegenwart einem unentbehrlich ist; die andern verliert man aus den Augen wie auf Erden. Man verliert die Spur all derer, die man nicht mehr zu sehen wünscht.

Darum gebe ich dir so viele Ratschläge, daß du deine Zeit nicht vertrödelst und ohne Umweg hierher gelangst. Du bist auf dem rechten Weg, fahre fort. Ich habe Sehnsucht, dich zu sehen, arme Mutter...

Ich finde keine Worte vor deinem Schmerz, der grenzenlos zu wachsen scheint.

Mama, liebste, ich weiß nicht, was ich noch für dich tun kann; dein Zustand übersteigt die Möglichkeiten meines Wirkens. Jeder Mensch hat einen großen Spielraum für die Freiheit. Du mußt nicht glauben, daß wir euch an einem Faden halten wie Marionetten; um euch führen zu können, bedarf es des Zusammenspiels einer Reihe von Faktoren. Du bist jetzt gerade unmagnetisch. Stelle dich wieder in die Strömungen, in denen wir uns finden können. Ich habe Angst für deinen Verstand, gib acht.

SONNTAG, 15. DEZEMBER 1946

Da meine Großmutter morgen kommt, sag ihr, alles werde sich zum Bessern wenden mit ihrer Arbeit. Ich habe es gerne, wenn sie ihren Erfolg mit mir in Verbindung bringt; denn ich helfe ihr, so viel ich kann. Aber ich muß sagen, daß sie leicht zu führen ist, weil sie Ausdauer hat und sich nicht entmutigen läßt, und das ist in der Linie unserer Gesetze hier. Ihr Wesen ist stark verbunden. Ich bin froh, mit dir über sie sprechen zu können. Es freut mich auch, daß sie dich anhält, auf meine Mitteilungen zu hören; das ist ein Ansporn für dich. Ihre Strahlung ist voller Farbtöne. Sag ihr, sie solle die Verwirklichung ihres großen Planes mit Maß betreiben, denn er muß gelingen. Aber sie möge achtgeben! Ein Fehler von ihrer Seite, und alles könnte zusammenbrechen.

Wenn meine Großmutter froh gestimmt ist, hat sie die Frische eines Kindes. Welche Aufgabe, meinen Vater zu beeinflussen!

Guten Abend.

MONTAG, 16. DEZEMBER 1946

Ich bin entwaffnet durch deine kindische Weise, dich an menschliche Dinge zu klammern. Du bist wie ein Mädchen, das zu weinen anfängt, wenn es das gewünschte Spielzeug nicht erhält. Glaubst du, daß der armselige Tand, den die Menschen anzubieten haben, wirklichen Wert besitze?

Denke gut nach. Was ist eine Anwesenheit? Ein zukünftiger Leichnam.

Vorwärts, Marcelle, schenke den irdischen Beziehungen

nicht so viel Aufmerksamkeit, es sei denn, sie seien makellos. Du gehörst schon nicht mehr zu den Schwärmen von Phantomen, denn die ohne Seele Lebenden leben nicht. Dein Reich ist das Reich der Harmonie, zu dem einzig Menschen höheren Wertes und guten Willens Zugang haben.

Ich habe dich gewarnt: die Bösen haben noch Schläge für dich. Christus ist dreimal verleugnet worden. Die unbewußte Bosheit der Menschen gereicht dir zum Vorteil, denn das Böse, das sie dir antun, wird dir von Gott gutgeschrieben. Mit einem Wort: sie bereichern dich. Deine Tränen verwandeln sich im Himmel in Sterne.

DIENSTAG, 17. DEZEMBER 1946

Heute abend habe ich dir vieles zu erklären. Beginnen wir mit dem Gebet und dem Gottesdienst in der Kirche.

Es ist durchaus nicht dasselbe, in einem Zimmer zu beten oder in der Kirche. Ich gebe dir keine sehr ausführliche Erklärung, da sie zu trocken wäre für einen Menschen wie du. Aber höre gut zu: Da Gott Liebe ist, mußt du ihm als Liebende gegenübertreten.

Würde es dir einfallen, wenn du von Liebe zu einem großen König ergriffen wärest, eine Einladung, in seinen Palast zu kommen, zurückzuweisen? Das käme dir nicht nur nicht in den Sinn, sondern ich bin gewiß, daß du dich eiligst auf den Weg machen würdest.

Nun, bei Gott ist es wie bei dem König. Er liebt es, wenn man ihn besucht in seinen Tempeln; er liebt es, wenn man zu seinen Füßen hinkniet; er liebt die Ehrenbezeugungen durch Worte, Blumen, Weihrauch, und da die Kirchen seine Paläste auf Erden sind, ist es eine Unverschämtheit, ihn dort nicht zu besuchen!

Kannst du dir den größten Herrscher der Welt ohne Hofstaat vorstellen, und dazu Untertanen, die seine Einladungen zurückweisen?

Du mußt den himmlischen Einladungen Folge geben,

wie du zweifellos die Einladung der ersten Persönlichkeit der Erde annehmen würdest.

Du mußt auch Gott gegenüber höflich sein und nicht zu spät zu den Gottesdiensten kommen. Ihr seid so wenig auf gute Erziehung bedacht in den göttlichen Dingen, daß ihr sogar schwatzen könnt während des Gebets. Das ist sehr ungezogen; gib acht auf dich.

Gute Nacht, schlafe.

Du nützest deine Zeit nicht gut. Wenige Menschen verstehen den großen Gesetzen gemäß zu leben. Eure Welt ist so engstirnig! Ihr handelt nur im Hinblick auf die Erde, währenddem ihr nur handeln solltet im Hinblick auf den Himmel.

Ich will dir erklären, was das Denken ist: Denken ist in gewissem Sinn eine Strömung, ein Fluidum, mehr oder weniger durchdringend, je nach dem Gehalt des gedachten Dinges und auch des denkenden Menschen [*].

Es gibt zwei Arten von Denken.

Wenn du sagst: »Ich denke an dieses Wesen«, so rufst du eine Erinnerung wach, du vollziehst in dir nur eine Neubildung schon gesehener Dinge, irdische Bilder.

Wenn du dagegen durch dein Bedenken ein Werk schaffst, so kannst du das Denken ein Fluidum nennen, das du von jenseits empfängst.

Darum ist jede Inspiration eine himmlische Verbindung. Denken ist also die Fähigkeit, Wellen aufzunehmen und abzusenden.

Denken ist, kurz gesagt, etwas Übersinnliches.

Da es unerklärt und unerklärbar ist, wird es zu einem Geheimnis; und jedes Geheimnis ist göttlich. Warum also nach einer handgreiflichen Definition für eine geistige Sache fragen? Das Denken allein befähigt, uns von

---

[*] Daß Denken aber nicht auf etwas Stoffliches reduziert wird, beweist ein späterer Ausspruch Rolands (1. Mai 1948); vgl. Anmerkung S. 68. D. Ü.

Gott eine Vorstellung zu machen. Es ist unser Berührungspunkt mit dem Jenseits. Darum ist es nötig, unser Wesen ohne Unterlaß zu läutern.

Merke dir dies: Denken ist eine Fähigkeit, aufzufangen und auszusenden. Der Gedanke ist ein Fluidum, das du aufnimmst und weitergibst. Der Gedanke ist ein Strahl, der seine Farbtönung von der Reinheit des innerlichen Lebens empfängt.

Heute kann mich nur noch dein Denken erreichen, darum darfst du dich nur noch mit einer Aufgabe beschäftigen: dieses einzigartige Instrument, durch das wir noch Berührung miteinander haben, immer wundervoller auszubilden.

Denke wie eine Heilige.

Denke wie ein Engel.

Denke als Ebenbild Gottes *.

DONNERSTAG, 19. DEZEMBER 1946, MITTERNACHT

Je mehr du an mich denkst während des Tages, um so leichter stellt sich unsere Verbindung her; es ist wichtig, den Kelch dafür geschaffen zu haben.

---

* Es ist einleuchtend, daß das, was hier mit dem Wort »denken« bezeichnet wird, nicht den philosophischen Begriff von denken wiedergibt, sondern einen viel weiteren Umfang hat. Die letzten Zeilen »Denke wie eine Heilige, denke wie ein Engel« machen dies ganz klar: denken hat hier den Sinn von »an Gott denken«, d. h. liebend an Gott denken im Geiste. Schon im gewöhnlichen Sprachgebrauch hat das Wort »denken« oft den Sinn von »liebend gedenken«, z. B. in der Aufforderung einer Braut an ihren Geliebten: »Denk an mich.« Diese Doppelbedeutung von denken und lieben zeigt ganz ausgesprochen auch das inhaltlich verwandte Verbum »meinen« in seiner alten Bedeutung; von ihm ist das Wort »Minne« (Liebe) abgeleitet. Diesen Wesenszusammenhang von lieben und denken in dem hier gebrauchten Ausdruck bestätigt eine Stelle auf Seite 260 ausdrücklich: »Der Akt des Denkens, wie Gott ihn will, ist ein von allem geistigen Egoismus entblößter Liebesakt« (1. Mai 1948). D. Ü.

Ich möchte gern, du würdest über verschiedene Dinge nachdenken und von mir dann Erklärungen verlangen. Ich glaube, daß wir jetzt den Gegenstand für unsere Gespräche gefunden haben.

Vorerst hast du herumgetastet, jetzt weißt du Bescheid.

Du hast verstanden, daß es gar keinen Sinn hat, sich für die menschlichen Probleme zu interessieren, und daß nur das himmlische Leben Bedeutung hat.

Eben darum bitte ich dich, viel über diese Fragen nachzudenken und persönlich eine Arbeit zu leisten, damit es mir leichter wird, dir Offenbarungen zu machen; mit einem Wort: du mußt unaufhörlich höher steigen, damit wir dazu kommen, zusammen auf der gleichen Ebene uns aussprechen zu können.

Wer kann dir sagen, daß du nicht sehr bald aufgefordert wirst, mir nachzukommen? Ich schweige. Ich muß gehen . . .

FREITAG, 20. DEZEMBER 1946, MITTERNACHT

Komm schnell. Ich habe dich nötig. Beunruhige dich nicht meinetwegen. Manchmal macht uns das Unvermögen, unsere Lieben zu trösten, und der Anblick ihres Leides sehr traurig.

Ich sehne mich nach dir, unsere Trennung ist hart. Weihnachten ohne dich! . . .

Hier sind die Vorbereitungen atemraubend.

Geh am Weihnachtsabend in den Tempel Gottes; lausche den singenden Kindern; wenn ich kann, werde ich dir ein Zeichen geben.

Sei im Stande der Gnade; ich werde dir ein Geschenk machen.

Löse dich von allen menschlichen Schlacken, die an deinen Gedanken kleben. Vielleicht gelangen wir zu einer vollen Vereinigung.

Ich werde dir Kronen von Vögeln senden, vor deine Augen flimmernde Sterne stellen, deine Hände werden sich ins Leere erheben, um nach dem für Menschen Unsichtbaren zu greifen.

Dein Haupt wird auf einem Wolkenkissen ruhen. Eine leuchtende Straße wird sich vor dir abzeichnen. Fürchte dich nicht: dein Bub wird am Ende des Weges stehen, um dich zu empfangen.

Gute Nacht, meine Liebe.

SAMSTAG, 21. DEZEMBER 1946

Dein Geist ist völlig verwirrt; du weißt nicht mehr, wo ein und aus, und möchtest, daß ich dich führe.

Eines ist gewiß: was immer du auch willst, du vermagst die Stunde deines Todes um keine Minute vorzurücken.

Ich glaube, daß in Wirklichkeit dein Wille dir nicht mehr gehört, du bist zu sehr in der Führung des Himmels, du wirst gestoßen oder aus den Dingen herausgehoben nach Gottes Willen.

Deine Wünsche haben wenig Bedeutung. Du wirst nur erreichen, was Gott für dich beschließen wird.

Ich hüte mich, dir irgendwelche Voraussagen zu machen, denn ich selbst habe kein Recht, dich zu beeinflussen.

Ob du nach Norden oder Westen gehst, ist im Grunde unwichtig; dein wirkliches Leben ist nicht auf der Erde.

SONNTAG, 22. DEZEMBER 1946

Gib dich Gott jeden Tag mehr. Der Weg, der große himmlische Weg, ist ein Aufstieg, der auf Erden beginnt und im Himmel endet. Die Pilger dieser geistigen Straßen werden oft hart geprüft, härter als andere, weil sie schon auf den Straßen der Sühne sind.

Was ihr Fegefeuer nennt, beginnt für die Mehrheit der Menschen erst nach dem Tode; für die Auserwählten Gottes hingegen beginnt es auf Erden.

Ihr, die ihr so leidet, ihr seid die Getreuen eines schmerz-
reichen Heerzuges, der zu Füßen Gottes endet.

Die Lieblinge Gottes sind die, die auf den großen,
trostlosen Straßen dahinziehen, auf den Straßen, die
zum Himmel führen, auf weiten, mit Prüfungen übersäten Strecken, wo ihr klagend wandert!

Der euch auferlegte Kreuzweg ist eine große Gnade, da
er den Weg verkürzt, der euch zu gehen bleibt, um in
den ewigen Frieden einzutreten.

Arme, in Leid gehüllte Menschen, verharret in Anbetung, denn ihr seid schon auf heiligen Bahnen.

Beneide die Freude der Glücklichen nicht, sie sind der
Erlösung weniger nahe als du.

Wenn du alles sehen könntest, was hier ist!... Wenn
ich dir für wenige Sekunden diese Gnade erwirken
könnte!

MONTAG, 23. DEZEMBER 1946

Du bist so wenig vorbereitet, daß es für mich schwer ist,
dir Eingebungen zu schicken. Hast du jemals nachgedacht, was Eingebung ist?

Wenn du einen Sonnenstrahl in einer Lupe einfängst,
brennt Feuer auf. Wenn du aber kein Instrument in
Händen hast, kannst du die Sonne unendlich lange anschauen, es wird kein Funke sich entzünden. Ebenso verhält es sich mit den göttlichen Eingebungen; wenn du
dich mir näherst, ohne in deinem Kopfe eine Überempf-
fänglichkeit geschaffen zu haben, hörst du mich nicht,
oder du hörst nur Alltägliches. Je höher hinauf ich gelange, um so weniger kannst du den Einzelheiten meines
Tuns folgen.

Plötzlich versagt die Verbindung. Störungen sind um
dich herum; du bist von schlechten Wellen umgeben.
Gib acht, ich will meinen Eifer vervielfältigen, um dich
zu schützen. Ich möchte dich nicht erschrecken; doch sei
aufmerksam. Bete viel; das wird um dich herum Schichten von Wellen erzeugen, die dir Schutz bieten!

71

Mama, Mama! Es ist Weihnachten! Deine arme Weihnacht war traurig. Die meine war wunderbar. Ich wollte dir ein Geschenk machen, ich hatte es dir versprochen.

Die einzige Gabe, die du mir hättest schenken können, hast du verfehlt: die heilige Kommunion. Morgen Treffpunkt an der heiligen Tafel, der Tafel Gottes. Arme, wirklich schwache Mama! Ruhe dich aus und laß in deiner Seele so innig wie möglich die Geschichte der Geburt Jesu wiedererstehen.

MITTWOCH, 25. DEZEMBER 1946

Wie bin ich glücklich, daß an diesem Weihnachtstage dir das Geheimnis der verschiedenen Ebenen an einem handgreiflichen, dir angepaßten Beispiel geoffenbart worden ist.

Du hast mit großer Andacht die zur Ehre Gottes gesungenen Hymnen angehört, und eine neue Wahrheit ist dir gegeben worden.

Beim Choralgesang hast du gemerkt, daß verschiedene Stimmen sich übereinanderschichten und daß die höchsten die reinsten sind.

In der Stufung der Ebenen ist es ebenso; eure Vollkommenheiten schichten sich in euch in unzähligen Zonen übereinander und bauen sich auf wie himmlische Türme. Pyramiden von Schwingungen, ebenso fließend wie der Gesang.

Lebe immer auf den Gipfeln der Vollkommenheit; von da aus steigen die Wege in die Höhe.

DONNERSTAG, 26. DEZEMBER 1946

Du bist Gott nicht dankbar genug. Du schätzest die Wahrheiten, die dir geoffenbart werden, nicht nach ihrem wirklichen Wert. Arme, noch so menschliche Mama, wie bist du verwirrt durch den Widerstand, den die irdischen Dinge dir bereiten! Sie haben so wenig Bedeutung! . . .

Nur deine himmlischen Entzückungen haben Wert. Gib die Gewohnheit auf, dich deiner menschlichen Erfolge zu freuen, bist du doch über diese Ebene hinaus; du vertraust den Menschen hienieden zu sehr.

FREITAG, 27. DEZEMBER 1946

Sei ruhiger; deine Hand zittert, deine Augen tränen. Das alles sind menschliche Erscheinungen. Du mußt deinen Körper besser beherrschen. Du leidest körperlich, weil deine Geistigkeit noch wankend ist.

Hier gibt mir Roland einen persönlichen Rat.

Höre auf niemanden! Was vermögen jene für dich, die dich auf Erden zurückhalten wollen?
Sei nicht dumm.

28. DEZEMBER 1946

Du bist wenig vorbereitet, meine Gedanken aufzunehmen, und ich sollte strenge mit dir sein wegen dieses Mangels an Eifer. Doch will ich mich heute abend besonders bemühen, zu dir zu gelangen.

Wie ich dir schon gesagt habe, bringt das Verschmelzen zweier Gedanken, die auf das Göttliche hingerichtet sind, unmittelbar seine Früchte. Eure Anstrengung, eure Sammlung wird belohnt; Manna wird euch gesandt.

Du siehst, deine Hand hat mehr Kraft, du nimmst den Strom leichter auf. Denk an die Kalorien des Feuers; je mehr Brennstoff im Herde ist, um so kräftiger wird die Flamme und um so mehr wärmt sie. Heute abend hat deine um die von B. vermehrte Inbrunst Wärmesäulen um mich herum erzeugt.

Mir ist wohl.

Dein Zweifeln nimmt ab, weil du sehr ermutigt wirst. Ich bin glücklich, daß ich euch streifen konnte, als ihr beisammen wart.

Ich hoffe, dir morgen eine Erklärung geben zu können.

Ich war mit B. zusammen, als eilige, leichte Schritte im Gang zu vernehmen waren. Das Geräusch war so deutlich, daß wir glaubten, es wären Einbrecher. B. hat nachgesehen. Nichts war zu entdecken.

Wenn du weniger müde wärest, würde ich dir vieles erklären. Verschieben wir unser Gespräch. Ich gehe. Geschwätz ist gänzlich verpönt hier.

Erhole dich. Deine Seele soll morgen gut vorbereitet sein, darum bitte ich dich.

Festtage sind Prüfungen für dich, sie träufeln gleichsam kleine Blutstropfen auf die weiße Hülle deiner Seele. Glaube nicht, daß dies umsonst sei in den Augen Gottes. Dein Gewand für den Eintritt in den Himmel wird mit allen Tränen bestickt sein, mit Millionen kleiner, durchsichtiger Kügelchen, in denen die sieben Farben des Regenbogens schimmern. Du wirst schön sein am Tage deiner Ankunft im Reiche Gottes! . . .

Um am Hofe eines Herrschers empfangen zu werden,

muß man mit einem Festkleid angetan sein; um bei Gott einzutreten, muß man sich sein himmlisches Kleid selbst gewoben haben. Bemühe dich, auf daß du herrlich ausgestattet seiest.

Ein gutes, neues Jahr, Mama, ich bin ganz nahe bei dir. Ich will dir ein Beispiel geben, um dir das verständlich zu machen; stell dir vor, auf deiner Hand sei eine ganz dünne Schicht von Wasser, und auf dieser flüssigen Oberfläche eine Schicht Federn; die Federn berühren deine Haut nicht, wenn sie auch nur wenige Millimeter von ihr entfernt sind. So ist es, wenn wir um euch herum sind.

JANUAR 1947

MITTWOCH, 1. JANUAR 1947

Erschrick nicht. Ich will nun versuchen, dir eine Reihe von Zeichen zu geben. Das ist mir möglich, weil ich in eine neue Zone trete, und weil du selbst durchlässiger wirst für himmlische Äußerungen.

Bei den Menschen läßt der Film durch das Spiel des Lichtes die Illusion des Lebendigen erstehen; die Täuschung ist möglich durch das Mittel einer menschlichen Maschine.

Wir aber senden euch mit Hilfe von geistigen Schwingungen sichtbare Zeichen; sie sind nichts anderes als himmlische Spiegelungen. Unsere Lichtschirme sind die reinen Augen.

Ich hebe die Augen. Plötzlich wird mein Blick durch die Photographie Rolands angezogen; auf seiner Stirne zeichnet sich ein Schatten ab, wie ein Triptychon. Sind die drei Linien das Symbol der Allerheiligsten Dreifaltigkeit? Ich starre auf diesen Schatten; er vergeht und bildet sich von neuem. Mein Zimmer ist vollstän-

dig abgeschlossen; es ist 1 Uhr morgens, und kein Licht bewegt sich rundherum. Ist es das Zeichen, das Roland mir angekündigt hatte?

DONNERSTAG, 2. JANUAR 1947

Entledige dich aller Menschlichkeiten. Arme, vom Leid und den Schlägen der Menschen verfolgte Mama!

Du möchtest, daß ich dir dein Verhalten vorschreibe; ich kann es nicht.

Ich liebe dich.

FREITAG, 3. JANUAR 1947

Denk an die Fülle von Arbeit, die zu leisten ist, um ein irdisches Examen zu bestehen. Aber um zugelassen zu werden, Gottes Lehren anzuhören, mußt du noch viel größere Arbeit tun.

Du bist nicht genügend vorbereitet, du bist nicht genügend gebildet. Wie kannst du verlangen, daß ein Engel auf so steinigen Straßen wandle?

Höre mich an: streu Himmelsblätter in dir, dann werde ich kommen, sonst ziehe ich es vor, in meinem Wunderland zu bleiben.

SAMSTAG, 4. JANUAR 1947, DREI UHR MORGENS

Ich bin hier, ich erwarte dich, ich habe dir vieles zu sagen.

Dein Besuch bei Gabriel Marcel ist von großer Wichtigkeit, er hat eine von dir ungeahnte Bedeutung; er wird große Folgen haben. Gabriel Marcel hat schon viele Geister beeinflußt, aber das zählt nicht im Vergleich zu den zahllosen Menschen, die ihm folgen werden.

Deine Aufgabe, siehst du, besteht darin, Blumenbeete

verbundener Geister zu schaffen. Ich verstehe darunter eine Gemeinschaft von Menschen, die sich mit dem Übernatürlichen beschäftigen. Diese himmlische Spannung vermag bei uns Sturzbäche von Wohltaten für euch auszulösen.

Freuen wir uns heute abend; deine Schritte sind gelenkt worden.

Denk an die Freude eines Gelehrten, der einen genügend empfindlichen Apparat erfunden hätte, um Botschaften auf einen andern Planeten zu senden und von dorther aufzunehmen.

Gabriel Marcel ist einer unserer Vertreter auf Erden; seine Zellen sind sensibel genug, um uns zu gestatten, mit ihm in Verbindung zu treten. Du mußt deine Erfahrungen, oder genauer gesagt, deine Erkenntnisse, mit den seinen vereinen. Du hast dich als gute Dienerin des Göttlichen erwiesen, als du ihn besuchen gingst; du darfst nicht Einzelgängerin bleiben.

Wie mich das freut, daß du einem der unsrigen begegnet bist! Er steht hier in hohem Ansehen.

SONNTAG, 5. JANUAR 1947

Jede Entwicklung in deinem Leid entspricht einem Wechsel der Ebene auf meiner Seite. Diese Notwendigkeit von irdischen Erschütterungen in dir ist durch meine himmlischen Trübsale bedingt. Wir wechseln unaufhörlich die Ebenen, da wir in rascher Entwicklung begriffen sind; und weil die Atmosphäre, das heißt der Zustand, den wir erreichen, uns angepaßt sein muß, befinden wir uns beständig auf dem Wege.

Der große Kreuzweg auf Erden beruht auf dem Fehlen einer Harmonie zwischen euch und eurer Außenwelt. Nicht, weil du als Dichter denkst, lebst du als Dichter. Die Talente, das Streben, die Träume in euch sind himmlisches Los; aber das Leben der Begeisterten steht in schroffem Gegensatz zu allem, was sie umgibt. Dieses gestörte Gleichgewicht ist die irdische Hölle. Der Himmel ist Harmonie der Umgebung mit unsern inneren Schwingungen.

Deine Tragödie besteht darin, daß du von Liebe träumst in einem Klima von Eis. Nichts ist bei euch im Gleichgewicht, oder doch nur sehr weniges! Welche Befriedigung für euch, wenn eure Wünsche sich verwirklichen!

Wenn du von Nächstenliebe beseelt wirst und Almosen gibst, spürst du einen Schauer von Entzückung. Warum? Weil du für wenige Sekunden unter dem Gesetze des Gleichgewichtes gelebt hast. Bei uns sind diese Gesetze Selbstverständlichkeit, weil sie alltäglich sind.

Je näher ein Mensch Gott ist, um so mehr leidet er, denn das Gesetz des Gleichgewichtes nimmt erschütternde Formen an.

Der satte Mensch ist in einem ganz primitiven Entwicklungszustand.

Verwechsle nicht Sattheit mit Entzückung. In der ersten ist Hochmut; in der letzten Ekstase.

Habe keine Furcht, meine Worte weiterzugeben; scheue weder Lächeln, noch Spott, noch Zweifel; denke an Gott, der mit Schmutz beworfen und verspottet worden ist.

Wenn auf hundert Seelen eine gerettet wird, so mögen die andern neunundneunzig taub bleiben. Die Aufgabe, die ich dir auferlegt habe, wird ihre Früchte getragen haben.

Guten Mut!

DIENSTAG, 7. JANUAR 1947

Du bist von Gott sehr begünstigt, daß du diese Mitteilungen erhältst. Das Leben schmeckt dir fade, weil du immer noch die Täuschung irdischen Glücks in dir hast und Wohlgeruch in den menschlichen Dingen zu finden vermeinst.

Ihr habt in eurer Zone die schlechte Gewohnheit, immer euer Leben miteinander zu vergleichen, und immer zu glauben, daß der Nachbar mehr vom Glück begünstigt sei als ihr selbst. Eure Waagen wägen falsch, denn kein Leben gleicht dem andern, weil ihr euch alle in verschiedenen Zuständen der Entwicklung befindet.

Die feinfühligsten Menschen sind oft am unglücklichsten, weil sie da ihren letzten Entwicklungsabschnitt leben.

Wenn ich dir sage, daß du nur mehr durch eine Spanne Körper von Gott getrennt bist, würdest du vielleicht verstehen, wie dünn die Wand ist, die dich vom Reiche der Auserwählten trennt.

Das Vor-Paradies ist dieser Zustand der Hölle, in dem du dich befindest. Alles Menschliche quält dich, weil du schon Öffnungen zum Himmel in dir hast.

Du findest keinen Ausweg mehr im Irdischen; nur ein Wechsel der Ebene wird die Verwandlung bringen.

Gib täglich etwas mehr Ballast ab. Wenn du dich mehr damit beschäftigen würdest, deine menschlichen Verankerungen zu durchschneiden, so könntest du Stunden der Verzückung erleben.

MITTWOCH, 8. JANUAR 1947

Der Wertgehalt deiner Lebensführung und der Leute, mit denen du verkehrst, haben eine große Bedeutung. Vergiß nie, daß die Menschen Schwingungen aussenden, und daß im Unsichtbaren eine Art Verschmelzung der Schwingungen stattfindet.

Ob man will oder nicht, es findet eine gegenseitige Durchdringung statt, so daß du, dir selbst nicht bewußt, von Wellen geladen wirst. Sind sie rein, so hast du dich bereichert; sind sie es nicht, wirst du beschmutzt.

Es ist nie gut, dem Staube ausgesetzt zu sein; die Mittelmäßigkeiten wirbeln Staub auf.

Der Himmel ist dir ganz nahe; es ist nur mehr ein dünnes Häutchen Leben zwischen dir und der Ewigkeit.

Hier wird die Zeit nicht mathematisch berechnet; sie richtet sich nach dem Bild, das wir uns von ihr machen.

Ich muß gehen.

Ich möchte dich gerne fester führen, aber ich bin in eine Zone gelangt, von der aus es mir nicht leicht ist.

Neu im Reiche Gottes angekommen, vermögen wir nicht viel, um euer Leben zu leiten. Alles was ich tun kann für dich: dich einladen, du mögest dich auf den Weg machen. Ich kann dir Geschenke senden, ich kann dich aber nicht lenken.

Je mehr du zum Kreise der Auserwählten gehörst, um so leuchtender wird der Himmel in deinen Augen werden.

Hast du jemals darüber nachgedacht, was ein Schlagschatten ist? Dieses ungreifbare Doppelwesen * deiner Person, das bei gewissen Spielen des Lichts gigantische Proportionen annehmen kann: dieses Doppelwesen ist die Verlängerung deines Körpers. Nun aber wirft jeder deiner heiligen Akte auch einen Schlagschatten an den Himmel.

Um aber zu diesem erhabenen Ergebnis zu gelangen, muß deine Seele auf geeignetes Licht hin ausgerichtet sein.

Was gibt es Aufregenderes als das Spiel der Schatten bei sommerlichem Mondlicht? Das Doppelwesen aller irdischen Dinge, das am Boden haftet, zeigt zweierlei Leben auf: das geistige und das materielle. Diese Verlängerung gleicht der Verlängerung eurer heiligen Akte zum Himmel hin.

---

* Vgl. Anmerkung Seite 90. D. Ü.

Heute geht unser Gespräch um das Haus Gottes. Ich nenne Haus Gottes die Tempel, die die Menschen dem Namen einer höheren Gottheit bauen.

Ihr Menschen habt euch im Verlaufe der Jahrhunderte darin gefallen, die Formen der Anbetung zu verändern.

Die einen bekleiden sich mit den schönsten Gewändern, um Gott zu ehren, während andere im Gegenteil die Einfachheit vorziehen und darin bis zur Dürftigkeit gehen.

Diese Unterschiede sind nicht wesentlicher als eben Unterschiede der Bekleidung. Viele kleiden sich ganz in Gold, während andere Schmucklosigkeit suchen.

Ob man auf der Erde knie, wie die Muselmanen es tun, oder die Knie auf Samtstufen beuge wie die Katholiken, ist unwichtig; nur die Tiefe der himmlischen Versenkung zählt in Gottes Augen.

Wie gerne möchte ich dich lehren, im Spiel der Elemente die Quellen übernatürlicher Zeichen zu entdekken! Das Wasser, das Feuer sind den Händen Gottes entsprungen, darum haben sie auch fast übernatürliche Kräfte.

Das Wasser ist etwas Wunderbares. Betrachte diesen flüssigen Stoff, der tausend Farben annimmt; diesen unzähmbaren Stoff, der den Menschen zu töten oder ihn ohne Anstrengung von einem Ort zum andern zu tragen vermag. Welch eigenartiges Element! Ihr seid von übernatürlichen Zeichen umgeben, ohne daß ihr euch im geringsten darüber Rechenschaft gebt.

Auch das Feuer ist ein Geschenk Gottes, und ihr könnt wohl seine Erscheinungsformen wissenschaftlich definieren, sein Ursprung ist göttlich. Der einfache Mensch hat gespürt, daß es sich hier um eine Sache handelt, die das menschliche Begreifen übersteigt; und in seiner Kindlichkeit hat er das Feuer angebetet. Mit andern Worten: er betet ein auf die Erde gefallenes, übernatürliches Zeichen an.

Wenn eure Gelehrten sagen: »Die Verbindung eines

Gases mit einem andern führt zur Entstehung des Feuers«, so bin ich einverstanden. Ihre Forschungen sind vielleicht richtig, aber was sie zu sagen vergessen, ist das Warum: warum diese Verbindung zu diesem Resultate führt. Ihre wißbegierigen Köpfe treiben die positiven Entdeckungen immer weiter voran.

Gott anerkennt die Bemühungen dieser geduldigen Männer. Welcher Vater hätte nicht Freude, wenn seine Kinder die Geschenke, die er ihnen macht, ernst nehmen?

SAMSTAG, 11. JANUAR 1947

Ich habe auch meine Tage der Traurigkeit. Liebste Mama, heute abend habe ich Sehnsucht nach dir, ich wäre gerne an deiner Seite. Doch nur dein Tod kann uns wieder vereinigen.

Nichts weißt du über das Jenseits zu sagen, als was ich dir darüber berichten kann...

Ich möchte dich sehen, ich werde mein möglichstes tun, um in deine Träume zu treten. Schlafe, tritt ein in diesen zweiten Zustand, der schon ein Anfang der Entstofflichung ist. Hast du bemerkt, daß das wirkliche Leben eines Menschen nicht viel länger ist als sein überwirkliches, da er fast ebenso lange schläft, wie er wach ist?

Ich frage mich, weshalb die Ungläubigen nicht betroffen sind durch diesen Wechsel von greifbarem und ungreifbarem Leben.

Denke daran, daß du Gott schauen kannst... Alles kann dir im Traume wiedergegeben werden, selbst ich. Warum in den Träumen nicht auch himmlische Zeichen sehen? Alles muß man euch sagen, alles erklären, wie Kindern! Wenn du dich, in einigen Augenblicken, zur Ruhe gelegt haben wirst, wirst du die Ebene wechseln, und ein Anfang des himmlischen Lebens wird in dich eintreten.

Zum erstenmal hat mir Roland einen Traum gesandt, worin er auf einer Ebene war, auf der ich ihn wieder-

fand, auf der er wirklich lebte, und wo all mein Leid
ausgelöscht war. Erster Ruhepunkt in meinem Schmerz.
Danke, Roland.

Du kommst aus dem Kino und bist ganz überrascht, daß
du der menschlichen Tragödie, die sich in der *»Symphonie pastorale«* abspielt, nicht mit innerer Erregung
gefolgt bist. Früher hättest du Tränen vergossen; heute
lassen dich diese Kämpfe der Leidenschaft unbewegt.
Bravo! Du bist aus der menschlichen Zone heraus, und
nur noch was über den irdischen Dingen liegt, bringt
dich in Schwingung.

Mein Tod hat dich auf den himmlischen Gleichklang
eingestimmt.

Alles, was nicht von Gott gesandt ist, trägt grob-
schlächtige Schuhe; jetzt brauchst du um dich herum das
feine Schweben der Engel. Alles, was härter klingt als
ein Flügelschlag, stört dich.

Denn endlich trittst du ein in die weiten Zonen des
inneren Schweigens, und vor dir erhebt sich eine Treppe
aus Licht.

Mach deine Seele immer ätherischer, mach deine Seele
wie eine kleine Wasserfläche, auf daß sich der geringste Geisteshauch auf der glatten Oberfläche einprägen
kann. Gott erlaubt, daß du dein Ohr ganz gegen den
Himmel richtest, schärfe dein Gehör...

Mama, mein Kleinod, ich liebe dich.

Ich habe dir von den Schlagschatten gesprochen: hier ist
einer. Schau! Zwei Engelsflügel hinter einer Säule. Säulen des Tempels! Sie sind aus Licht, sie bewegen sich
leicht, um dir ihre Anwesenheit zu beweisen.

Zwei Flügel, die sich bewegen ...

Auf Rolands Tür zeichnen sich wirklich zwei riesige Schatten ab, gleich Flügeln; meine Augen können sich von diesen leuchtenden Formen nicht mehr lösen.

Welche Freude, mit dir sprechen zu können! Wieviel Wellen um dich herum! Welche Bewegung! Es sind ihrer alle Arten, gute und schlechte. Laß dich durch nichts Menschliches mehr bewegen. Handle, wie wenn ich noch leben würde; das ist die beste Weise, meinem Andenken treu zu sein.

Ich lobpreise die Weisheit. Im Herzen der heiligen Menschen leuchten Sterne; wenn du leicht werden willst, stelle dir eine Seifenblase vor und denke, daß sie beim leisesten Anprall platzt. So geht es denen, die in zu naher Berührung mit den Menschen leben; die irdischen Stöße zertrümmern ihre Durchsichtigkeit. Die Einsamkeit ist die günstigste Atmosphäre, um die Gaben des Himmels aufzunehmen.

Ich bin nicht gegen große Drangsale, die körperliche Kräfte erheischen; sie können auch Wege sein.

Beeinträchtige die Reinheit unserer Gespräche nicht, indem du es, voller Anmaßung, an der von Gott geforderten Ruhe fehlen lässest. Zerstreutheit gleicht der schlechten Arbeit einer tollen Nadel auf einer Schallplatte ...

Sage ..., daß er sich jeden Abend Rechenschaft geben soll über das, was er tat, um dir die Hölle, in die du getaucht bist, erträglicher zu gestalten.

Da fragen sich die Menschen noch, was die Hölle sei, wenn sie selbst, durch mitleidlose Haltung, ihre Mitmenschen ohne Hilfe in den Zonen sühnender Buße lassen. Ihre Güte wäre ein Tropfen Honig; ihre Zärtlichkeit ein Tautropfen auf einem Wege voll Feuer. Sie sollten aufhören, das Wesen der Hölle zu erörtern. Die Hölle kann auf Erden sein, und die sogenannten Prüfungen der Läuterung werden lebend erlebt. Eigenartig, sie spielen die Rolle von Feuerschürern, ohne sich dessen bewußt zu sein.

MITTWOCH, 15. JANUAR 1947

Du darfst nicht glauben, der Gesprächsstoff zwischen uns könnte versiegen. Dein Mangel an Eifer allein vermag das Interesse unserer Aussprache zu vermindern. Je weniger du dich vorbereitest, meine Worte aufzunehmen, um so größer wird meine Anstrengung, und um so eher werde ich müde.

Am Ufer des Meeres sind Vertiefungen im Sande schnell mit Wasser gefüllt. Denke an dieses Beispiel und sei besorgt, daß dein Geist immer einer weiten Fläche feinen Sandes gleiche, die fähig ist, von den himmlischen Wahrheiten sich durchtränken zu lassen. Du solltest täglich Neues entdecken in der Ordnung der Weisheit.

Wie willst du, daß wir heute abend große Probleme besprechen können, wenn du dich gar nicht vorbereitet hast? Du würdest es nicht wagen, auf Erden vor einem Lehrer zu erscheinen mit so geringen Kenntnissen über die in Frage stehenden Dinge.

Was die Bücher anbelangt, die du lesen solltest: suche solche, die über himmlische Erscheinungen auf Erden handeln; es muß dir gelingen, auf jede Art und so wissenschaftlich wie nur möglich zu beweisen, daß wir wahrhaft leben.

DONNERSTAG, 16. JANUAR 1947

Ich öffne meine Hände für dich, empfange ein wenig Beruhigung. Die Begegnung mit gewissen Zeichen – ir-

85

dische Entsprechungen dessen, was im Himmel ist – soll
dir Ruhepunkte im Leiden schaffen.

Die Pflanzenwelt ist dieselbe im Himmel wie auf Erden, aber natürlich ist sie bei euch entartet.

Lehne das Schöne nicht ab. Im Gegenteil, durchtränke
dich mit ihm. Es ist besser, dich in den Flug eines
Schmetterlings zu vertiefen, als mit unreinen Menschen
dich abzugeben. Im ersten Fall wird deine Seele von
Harmonie erfüllt, im andern wirst du betrogen.

Folge mit großer Aufmerksamkeit dem Wechsel der
Jahreszeiten; der Frühling ist geladen mit leitenden
Wellen, der Frühling ist voll von Paradies.

Du mußt in den Schätzen der Blumenwelt unzählbare
leitende Fäden entwirren. Höre den Insekten zu, den
Vögeln; bade deine Seele in den fließenden Wellen der
Bäche, der Seen; laß dich hinreißen vom Licht!

Erhöhe dein geistiges Mitklingen, indem du dich selbst
in das Wunder der Auferstehung der Pflanzen hinein-
versenkst, denn Gott liebt Dankesbezeugungen für seine
Freigebigkeit.

FREITAG, 17. JANUAR 1947

Beobachte mehr und mehr das Leben, das sich um dich
herum abspielt, mit deiner neuen Sehweise. Jetzt, wo
deine Seele Augen hat, wirst du von Entdeckung zu Entdeckung schreiten. Dein inneres Leben wird viele Äste
entfalten voller Vogelschmuck, und eine große Harmonie wird in dir sein.

Du hast diese Nacht die Sternensträuße gesehen, die
der Widerschein eines Lichtes auf den fließenden Wassern hervorzurufen vermochte. Ja, wenn es dir gelingt,
in dir ebenso leichte, fließende Schichten zu erzeugen
ähnlich dem Wasser, dann werde ich dir ein ganzes
Leuchtwerk geistiger Lichter senden.

Schlafe, ich werde versuchen, dich in Zärtlichkeit zu
tauchen.

Vergiß die Worte jener, die dir nicht beistimmen, was meine Mitteilungen angeht. Der Glaube genügt sich selbst, er bedarf keiner Nahrung.

Richte die braven Hirten nicht, die die Herde zu hüten haben, ohne andere Aufgabe als die, das ihnen Übertragene Wort für Wort zu wiederholen.

19. JANUAR 1947, EIN UHR MORGENS

Während des ganzen Tages hat nichts nach himmlischer Weise in dir mitgeschwungen; darum bist du arm. Deine Hände sind aller Heiligkeit bar. Wie willst du, daß die Tore des Himmels sich dir öffnen?

Auf Erden wird die Ernte mit einer Sichel geschnitten. Was willst du Himmlisches ernten, wenn du dir dazu kein Werkzeug geschaffen hast?

MONTAG, 20. JANUAR 1947

Alles ist im Leben verbunden. Die Kette, die uns einte, scheint dir zerrissen zu sein; sie ist es wirklich für dich, aber nicht für mich, denn ich sehe dich. Und meine Gewißheit, dich wieder zu finden, macht unsere Trennung leicht.

Versuche, von einer Entzückung in die andere zu gelangen, wie ein Vogel von Ast zu Ast hüpft. Eines Tages wirst du den Gipfel erreichen, Gott.

Die Auserwählten Gottes vermögen die Menschen mitzureißen, im Einklang mit den heiligen Gesetzen zu schwingen.

Diese Seligen sollten die Kraft ihrer Vollkommenheit stärker zusammenwirken lassen. Die Versenkung erhöht den Menschen um mehrere Tonstufen. Ich werde Gabriel Marcel auf einen himmlischen musikalischen Rhythmus abstimmen; sein Aufstieg bereitet sich vor.

Morgen ist ein günstiger Tag für dich; zwei Dinge werden dir gelingen, ich werde dir die Wege vorbereiten. Wenn man etwas erreichen will, muß man ganz Strahlung sein. Wer vermöchte sich zurückzuhalten, die schönste Blume der Erde zu pflücken? Gib dir Mühe, daß die Dinge, die du schenkst, unwiderstehlich sind. Sage dir immerfort: »Roland hält mir die Hand«, und du wirst sehen . . .

Hier bemerke ich, daß Roland mich gebeten hatte, auf meinem Kalender ein Datum zu unterstreichen, und mir sagte, daß B. genau an diesem Tage kommen werde. Drei Wochen später, am vorausgesagten Tage, läutete B., abends um 9 Uhr, an meiner Türe. Ich begann schon zu glauben, daß mein Sohn sich getäuscht habe. Sogleich ließ ich durch einen Zeugen das Zeichen in meinem Kalender nachprüfen.

DIENSTAG, 21. JANUAR 1947

Ich habe meine Hände, voller Geschenke für dich, geöffnet. Die Versprechungen, die ich dir machte, und die ich halte, sind Erkennungszeichen, um deine Gewißheit zu stärken. Alles, was vom Jenseits kommt, ist für euch so geheimnisvoll! . . . Welche Mühe kostet es euch, an Dinge zu glauben, die ihr nicht seht . . .

Fürchtet eher, durch eure Ungläubigkeit getäuscht zu werden; wo der Zweifel sich einmischt, führt der Weg in Sackgassen. Der Zweifel verfälscht alles, was er berührt, und wie eine Natter schleicht er sich in eure Begeisterung. Du bist nicht unberührt von diesem schrecklichen Übel.

Suche deine Beispiele in den einfachsten Dingen. Eine Blume ohne Wasser verdorrt; eine Seele ohne geistige Nahrung verwelkt.

Liebe Gott.

Die beiden Dinge, die ich heute unternommen habe, sind geglückt.

Eine ganze unsichtbare Welt muß in dir leben; die Welt, in der ich bin. Die Kenntnis dieses Alls wird dir ganz allmählich geoffenbart werden, im Maße, wie du dich um die Verfeinerung deines Sinnes für das Göttliche bemühst. Denke, daß du nicht weiser bist als ein Vögelein, das aus seinem Nest fällt; seine Flüge in die Luft hinaus sind kurz, sofort landet es wieder auf dem Boden.

Gott, mein Vater, ist dir wohlgewogen; denke nicht immer, du seiest verlassen. Pater X. wird dir helfen können. Eine andere Genugtuung wartet deiner. Arme Mama, die an irdische Tröstungen glaubt! Eine Stunde des Gebetes und der Sammlung hat größeren Wert als alles, was die Menschen bieten können. Nur der Dienst Gottes vermehrt deine Verdienste und erhöht dich in seinen Augen.

Die Tore des Himmels werden sich von selbst in ihren Angeln drehen, wenn dein Wesen von Geistigkeit durchdrungen ist.

Bete; Gebete sind wie goldene Raketen, die aufsteigen bis zu uns.

Bete; wie der Seidenwurm sich verpuppen kann, kannst du dich mit Gebeten umhüllen.

Bete; es ist das Mittel, dir den Himmel zu eigen zu machen.

Der Friede, der in den Kirchen herrscht, ist in sich schon ein Gnadenzustand. Alles, was irdisch ist in dir, muß absterben. Dein Körper ist wie ein Gespinst um deine Seele, die nichts anderes wünscht, als sich aufzuschwingen. Aber die Hülle wird in Staub zerfallen: das ist das Wunder des Todes.

Ich sorge mich um dich; heute abend mußt du deine Gewissenserforschung machen.

Wenn du tätig bist, wenn du deinen Beschäftigungen nachgehst, wird es sehr schwer, dir höhere Mitteilungen zukommen zu lassen. Die Dürftigkeit eures Lebens, die stets nach materiellem Gewinn oder menschlichen Vorteilen strebt, verändert den überempfindlichen Zustand, in dem man sich befinden muß, um Licht aus dem Jenseits aufnehmen zu können.

Sobald ihr ins Stoffliche taucht, werdet ihr geschäftig wie Ameisen, die man immer nur auf der Suche nach Beute sieht.

Gebet, Versenkung, Sammlung: das sind die Wege, die zu Gott führen.

Habe Vertrauen, Wege öffnen sich dir. Dein Heil ist nahe. Glaube an unsere Begegnung... Was dir an Zeit zum Leben bleibt, hängt von unzähligen, euch unbegreiflichen Dingen ab, die aber einer Reihe übernatürlicher Gesetze entsprechen. Eine große Ordnung herrscht im Reiche Gottes, Berechnungen göttlicher Weisheit hängen über jedem Haupt.

Es gibt ein Alter für die Seelen, wie es ein Alter gibt für die Menschen.

Die einen sterben durch den Zerfall des Körpers, und über andere, Auserwählte, verfügt Gott und läßt seine Gesetze auf sie fallen, gemäß den Forderungen himmlischer Natur.

Das Überleben nimmt seinen Anfang mit der Geburt des Menschen; dieses höhere Leben ist das Doppelwesen*, das andere Ich, das im Körper lebt und durch den Tod frei wird.

---

* Das französische Wort »Double« wird hier mit Doppelwesen, anderem Ich, zweitem Ich wiedergegeben. D. Ü.

Man darf nicht glauben, daß die Menschen nicht schon bei ihrer Ankunft hier ein Alter haben. Dieses Alter wird berechnet nach ihrer inneren Entwicklung. Es gibt Greise, die bei ihrem Tode geboren werden, und Junge, die mit tausendjähriger Weisheit hier ankommen.

Euer Doppelwesen ist in euch wie der Duft einer Blume. Warum gibt es solche, die Wohlgeruch ausströmen? Betrachte das Geheimnis der Blumenwelt, denke an alles, was mitwirkt bei diesem Geheimnis: das Klima, die Beschaffenheit des Bodens und noch viele andere Elemente, die die Kostbarkeit der Düfte bedingen.

So verhält es sich auch mit der Seele; alles ist von Bedeutung. Und da die Seele sich entwickelt wie eine Pflanze, müßt ihr euer inneres Klima pflegen.

MONTAG, 27. JANUAR 1947

Die Unruhe brandet in dir. Wie soll ich mich auf Wirbel niederlassen können?

Die Möven lassen sich auf das Wasser nieder, wenn es ruhig ist. Dann sieht man sie schwimmen, und man hat den Eindruck, daß sie voller Wohlbehagen sind.

Diese ruhigen Wasser sollen dir ein Bild des Friedens sein, den ihr erreichen müßt, damit unser Geist in euch niedersteigen kann.

Du bist auf der Suche nach geistigen Offenbarungen. Die Offenbarungen finden sich oft am Rande des Weges. Die Geheimnisse des Himmels entkörnen sich eines nach dem andern in dir; sammle soviel Größe wie nur möglich.

Mama, die Säulen des Tempels sind Säulen der Liebe. Ein Fächer von Wohltaten wird sich in deiner Seele öffnen. Unsere Liebe ist wie eine Pflanze mit zwei Stengeln; die Freude entfaltet sich gleichzeitig in uns beiden, wir erblühen zusammen.

Laß dich begeistern durch das Schöne; ich bin so nahe

bei dir, ich neige mich, um dich zu sehen. Du wirst hingerissen werden zum Himmel.

Mama, mein Kleinod, ich weiß alles ... Ich liebe dich.

Mama, du mußt dich mit köstlichen Dingen umgeben, mit Wasser, Spiegeln, Pflanzen, Blumen. Lerne lesen im Widerschein des Spiegels, im Spiel des Lichts, in den Flecken der Helle und des Schattens. Alle diese Dinge sind meine Hilfsmittel, meine Spiegel, meine Scheinwerfer.

Ich bin so nahe bei dir. Unbegreiflich, daß zwischen uns nur noch die Dichte einer Scheibe aus Seidenpapier besteht! Aber eure Zeit ist so wenig entwickelt und so primitiv, daß euch alles entgeht.

Der Unterschied zwischen euch und uns ist beinahe so groß wie der Unterschied zwischen euch und einem Tier. Ihr vermögt nichts außerhalb eurer Welt; die Grenzen eures Alls seid ihr selbst.

Siehst du: ich stelle dich in einen Zauber von Zeichen!

Im Augenblick, wo ich dieses schreibe, wird durch den Widerschein meiner Lampe über dem Bild Rolands eine Art leuchtender Feder sichtbar. Ich neige mich vornüber, um besser zu sehen. Mein Kopf stößt an den Lampenschirm, die Feder verschwindet. Ich versuche, die Falten des Stoffes wieder in Ordnung zu bringen; unmöglich, den Reflex wieder herzustellen. Aber plötzlich entsteht ein anderer; Blumen bilden sich auf der Decke, dann hängen sich Sternchen an die Kristalle der Blumenvasen, die Rolands Bild umgeben. Ich bin wie in einer Märchenwelt von Sternen; sie sind malvenfarben, rosa und blau. Auf einem vergoldeten Kandelaber werden sie zu feurigen Sternen.

Ich möchte dir den Unterschied begreiflich machen, der zwischen der Welt, worin du lebst, und meinem Reiche besteht. Man könnte sagen, ihr befindet euch in einem ersten Zustand, der recht primitiv ist. Arme Menschen, die ihr zur Arbeit verurteilt seid, um eure Bedürfnisse stillen zu können, Sklaven eurer selbst, Gefangene eures Körpers, dieses Körpers, der hungert, friert, dieses nackt geborenen Körpers, bar selbst des natürlichen Schutzes. Ein Vogel kommt mit seinen Federn auf die Welt...

Der zweite Zustand ist der befreite, der von all diesem losgelöste.

Du bist enttäuscht, obwohl sich alles nach der göttlichen Ordnung entwickelt. Wenn du wirklich reisen willst, wirst du es auch tun; dein Zögern ist der Riß, durch den der Mißerfolg sich eingeschlichen hat. Beherrsche die Ereignisse, ich bin da. Schlafe.

Du bist voll geistigen Lebens, das Eindringen der Materie bildet in dir gleichsam Sandschichten. Warum bist du so besorgt um irdische Dinge? Wie weit bist du noch entfernt von den schönen, geradeaufstehenden Stengeln, auf deren Spitzen sich Blüten entfalten!

SAMSTAG, I. FEBRUAR 1947
AUF DER »KOUTOUBIA«, UNTERWEGS NACH TANGER

Wird der Heilige Geist in dich hinabsteigen? Lärm ist geistigen Anrufen nicht günstig. Mehr und mehr mußt du deinen Frieden in der Erhebung zu mir hin schöpfen. Ich bin zwischen dir und dem Himmel wie ein Brückensteg.

Unruhe wirft Wirbel von Stofflichem zwischen uns beide. Wenn du deinen Geist nicht mehr mit himmlischen Substanzen speisest, wird die Quelle versiegen. Überlege, daß tausend Bäche einen Fluß bilden ... Wieviele Tropfen Wasser braucht es, um ein Glas zu füllen?

Ich kann nur weben auf einem vorhandenen Rahmen.

Ich werde versuchen, dir zu helfen, ich wollte es schon, als ich noch auf Erden war. Ich bedaure ein wenig, nicht an deiner Seite zu sein. Dein armer Geist ist kläglich leer; der Lärm des Festes, der aus der Ferne hertönt, und von dem du Brocken hörst, stört dich.

Ich hoffe, daß alle derartigen menschlichen Zerstreuungen für dich überwunden sind.

MITTWOCH, 5. FEBRUAR 1947, TANGER

Arme Mama, die du durch die Welt stürmst auf der Flucht vor dir selbst und nichts als Tränen erntest.

Mama, du kannst nicht gesund werden; sage Ja zu deinem Leid und versuche nicht, dich seiner zu entledigen, das würde dir nicht gelingen.

Deine Aufgabe ist es, auf Erden die himmlischen Zeichen zu erkennen, dich von ihnen erfüllen zu lassen bis zur Verzückung; und weiter, andere zu lehren, sich dieser richtunggebenden Pfeile zu bedienen, um den Verirrten neue Wege zu öffnen.

Durchtränke dich soviel wie möglich mit Schönheit, pflücke in der Natur das Übernatürliche und lerne, die Welt in zwei Teilen zu sehen: die Welt des primitiven Zustandes und die des zweiten Zustandes.

Die Unterscheidung ist leicht; alles, was Stoff ist, vom Körper bis zu seinen materiellen Bedürfnissen, gehört dem ersten Zustand an.

Der zweite beginnt mit dem Denken; was Gott einen verherrlichten Leib nennt, ist ein von allen dinglichen Bedürfnissen gereinigter Körper.

Das Himmelreich besteht aus paradiesischen Gebilden; eine Blume ist ein paradiesisches Gebilde.

Gott hat seine Substanzen, wie ein Goldschmied seine Steine.

Die Verbindung des ersten mit dem zweiten Zustand macht euch soviel träumen von einer anderen Welt.

Der Körper ist für die Seele eine Schale, und wegen dieser Schale habt ihr soviel zu leiden.

Mach, daß du dich mehr und mehr fremd fühlst unter den Menschen. Das ist das Zeichen, daß die andere Welt schon in dich eingedrungen ist und du vom Jenseits erfüllt wirst.

Arme Menschen, die ihr zum Dienst eures Körpers gezwungen seid, oft bis zur Erschöpfung. Gleich Galeerensträflingen kämpft ihr bis zum Tode, um den Forderungen des Fleisches zu genügen. Essen, sich bekleiden sind die beiden wichtigsten Beschäftigungen des ersten Zustandes. Wenn die Hülle vertrocknet ist, wird der zweite geboren.

OHNE DATUM

Der Tod ist ein Wechsel der Gebildedichtigkeit. Nimm ein Beispiel aus der stofflichen Ordnung: der menschliche Körper kann auf dem Wasser schwimmen, und die Strömung vermag ihn mitzureißen. Auch im Raume gibt es Zonen von Fluiden, die uns tragen, und Strömungen, die der Dichte unserer Bewegungen entsprechen.

Die leichteste Feder ist jene, die am höchsten auffliegt; die beschwingteste Entwicklung ist jene, die bis zur obersten Grenze aufsteigt.

Entledige dich deines menschlichen Gewichtes. Wer am nächsten bei Gott lebt, erhebt sich zur höchsten Höhe. Es gibt eine Zeichensprache in der Natur, wie es eine Zeichensprache im Heiligen Geist gibt. Umgib dich mit religiösen Vorbildern.

FREITAG, 7. FEBRUAR 1947, TANGER

Ich neige mich über dich, arme, aus dem Gleichgewicht geworfene Mama, die auf Erden herumirrt, ohne heimatlichen Hafen. Alle deine irdischen Bindungen zerreißen. Siehst du darin nicht Zeichen? . . .

Denk an einen fliegenden Drachen ohne Schnur. Er fliegt davon; auch du wirst nach und nach entschweben.

Glaube nicht, es sei gut, mitten im Glück schwelgend zu sterben. Alle Wege der Läuterung, die die Menschen hienieden nicht durchschritten haben, werden sie im zukünftigen Leben durchschreiten müssen. Das ist nicht ein Gesetz der Härte gegen das Menschengeschlecht, nein, es ist einfach eine Notwendigkeit.

Die Jahrhunderte legen ihre Schichten in die Felsen. So ist es auch in bezug auf die Seele; auch sie hat ihre Schichten zu bilden, bevor sie in den zweiten Zustand gelangt.

Denk an die Arbeit, die aufzuwenden ist, um dem Gold seinen Glanz zu geben. Wie kannst du dir vorstellen, der himmlische Zustand, der eine Übervollkommenheit ist, könne ohne Mühe erreicht werden? Euere Daseinsweise ist sehr grobschlächtig, ihr seid sehr unvollkommen, ihr verfügt über so schwache Mittel, eure Wände sind undurchlässig und verunmöglichen die Sicht.

Denke nach über euer Menschsein: ihr seid Blinde in der Nacht, die Entfernung hindert euch, zu hören, ihr seid taub für die Harmonien, die nicht von Menschen stammen, stumm für die Sprache der Engel. In einem Wort: euer Zustand ist so primitiv, daß ihr für uns stumm, taub und blind seid.

Arbeite darum ohne Unterlaß an deiner Bildung in der Ordnung der himmlischen Dinge.

Danke, Mama, für die Blumen, die du vor mein Bild gestellt hast. Ich ertrage keine Unordnung um mich herum. Unsere beiden Leben sind eng miteinander verbunden.

Dein Besuch bei diesem Cherif ist nicht ohne Interesse. Es ist gut, daß ein solcher geistiger Gedankenaustausch stattfindet. Wenn er auch auf Erden keine Früchte bringt, so dringen doch seine Wellen bis zu uns.

Dieser große Priester hat dir gesagt: »Alle, die am Heiligen Krieg teilnehmen, haben das Vorrecht, mit Leib und Seele in den Himmel einzugehen.« Das heißt, mit andern Worten, daß Gott seine Soldaten belohnt. Du kannst auch einen heiligen Kreuzzug unternehmen, in dem du das himmlische Manna den Menschen verteilst, das ich dir sende.

Die Hungrigsten werden sich um dich versammeln, und du wirst einige sättigen können. Das Gute, das du zu tun vermagst, darf dir keineswegs Anlaß zur Eitelkeit werden, du bist nur Vermittlerin.

Du wartest ungeduldig auf das Gespräch mit mir. Gut so, denn aus unsern Gesprächen kannst du die Gunst erhalten, rascher in den Himmel zu gelangen. Arme Mama, die du mich auf Erden so viele Dinge lehren wolltest, und die heute das Ohr an die Wand des Schweigens lehnt, damit ich sie einführe in die Gesetze Gottes.

Das Schweigen ist dein Tempel. Wo besser als auf diesen vom menschlichen Ungestüm gereinigten Bahnen könnten wir uns niederlassen?

Ich bin da, Mami. Jedesmal, wenn du mich anrufst, leuchten Punkte auf um mich herum wie Phosphorscheine.

Es gibt eine »Chemie« des Denkens, wie es eine Chemie des Stoffes gibt.

Die Feuchtigkeit über den Seen erzeugt manchmal Irrlichter; die Intensität deines Gesammeltseins läßt um mich herum gleichsam leuchtende Zungen aufsteigen, dann stellt sich die Verbindung leicht ein.

Schau, ich sende dir dieses Gitter von leuchtenden Punkten, eine Art von Glasschleier, undurchsichtig für dich, aber durchsichtig für mich. Mama, ich habe dir dieses Zeichen gegeben, auf daß du glaubst. Ich bin hier.

Im selben Augenblick – ist es ein Wunder? – verfangen sich meine Tränen in den Wimpern und bilden auf den Gläsern meiner Brille plötzlich Tausende von leuchtenden Punkten.

DIENSTAG, 11. FEBRUAR 1947

Sei nicht ungeduldig. Jede Minute, die vergeht, kürzt dein Leben ab und nähert dich mir.

Nimm ein handgreifliches Beispiel. Wenn man einem Menschen, der sein Vermögen verloren hat, sagt: »Jede Minute, die vergeht, führt dich dem Zeitpunkt näher, wo dein Schatz dir zurückgegeben wird«, findet er sich leichter mit der ihm auferlegten Prüfung ab.

Für dich ist die einzige Art, dein Leid zu tragen, die Umwandlung des menschlichen Schmerzes in eine Art von Sehnsucht nach dem Himmel. Gott weiß, daß du dein Herz in dir trägst wie eine Wunde, die nicht heilt. Darum gewährt er dir manchmal Mittel zur Beruhigung; nimm sie an.

Aber wenn die Wunderzeichen verschwinden, nimm

auch die Dornen an, die dir Schmerzen bereiten, denn alles vergossene Blut gleicht dich den göttlichen Leiden an. Jeder Schmerz schält eine stoffliche Hülle von unseren Seelen ab.

Die Menschen auf Erden werden nach Rassen eingeteilt: die gelbe Rasse, die weiße, die rote, die schwarze. Auf der geistigen Ebene gibt es ebenfalls Rassen, aber die Einteilung erfolgt nach dem Stande der Entwicklung. Wer sich beispielsweise auf einer glücklichen Entwicklungsstufe befindet, gelangt nach seinem Tode auf eine Ebene, die seinem Niveau entspricht.

Danke Gott, wenn er die Wegstrecken deiner Läuterung verkürzt.

Ihr habt auf Erden ein geflügeltes Wort: »Dem Glück bezahlt man seine Schuld.« Die Sprichwörter sind wie richtunggebende Pfeile.

Denke nach über die Sprichwörter, denn sie sind oft die Frucht angestauter Weisheit von Jahrhunderten. Manchmal sind in einfachen Worten Grundsätze ausgesprochen, die in den Gesetzen der Einweihung enthalten sind.

SAMSTAG, 15. FEBRUAR 1947, TANGER

Mama, endlich etwas Himmel in deinen Gedanken! ... Glaube nicht, daß ich dir nicht zu helfen versuche, aber ich bin nicht allmächtig. Ihr habt eine üble Gewohnheit: ihr schreibt den Abgestorbenen alle Kräfte zu.

Gott allein herrscht über euer Weltall. Wir besitzen nur beschränkte Mittel.

Stelle dir einen Herrscher auf Erden vor. Er allein hat die Macht, seine Untergebenen können manchmal handeln, aber nicht immer.

Was ihr verlangt, ist sehr schwierig, sobald es sich nicht um verbundene Menschen handelt. Es ist uns möglich, die Glieder unserer geistigen Familie auf Erden zu führen; außer ihnen darfst du aber auf nichts Sicheres zählen.

Die Entmutigung zerreißt dich. Dein gemarterter Leib findet den nötigen Frieden nicht mehr, um sich etwas zu erholen. Dein Herz ist jetzt eine einzige Wunde und blutet unaufhörlich.

Arme Mama, die hellen Flammen der Verzweiflung brennen dich dauernd, aber tröste dich, dieses Feuer ist das Feuer der Läuterung, dieser Starkstrom von Schmerz dient dir zur Erlösung, diese sich allmählich in allen deinen Zellen entfachende Glut wird deine Fehler verzehren und von ihnen nichts als ein wenig Asche übriglassen. Was du auf Erden leidest, wirst du im Jenseits nicht mehr leiden müssen.

Mama, du kommst nicht mehr jeden Abend, um mich anzuhören. Ich lächle dir doch freudig zu.

Meine Entwicklung geht weiter. Ich sehe dich durch die Welt ziehen, allein, immer allein. Ich hatte es dir gesagt, daß du nun eine im Vergleich zu andern Menschen zu verschiedene Dichte erreicht hast, als daß du dich auf ihrem Niveau festsetzen könntest.

Ich gebe dir ein Beispiel. Stelle dir vor: Wie soll eine Feder einem Stein folgen können, wenn du beide ins Wasser wirfst?

Diese Abgeschlossenheit soll dir als Anhaltspunkt dienen. Die Zeit der Einsamkeit ist ein Durchgang zum ewigen Leben. Geduld, Mama, deine Seele hat ihren Schwanengesang noch nicht gesungen, dein Herz hat noch nicht alle Blütenblätter geöffnet und alle seine Entwicklungsmöglichkeiten entfaltet.

Die zur gänzlichen Entfaltung erforderliche Arbeit gleicht der einer Blume; langsam, Tag um Tag, entfaltet sie ihre Blüten, ihr Duft steigert sich, und gerade vor dem Absterben erreicht sie ihre höchste Schönheit. So geht es denen, die Gott auserwählt hat.

Gott möge Kronen von Licht um deine Stirne legen, das erbitte ich von ihm für dich. Dein Kummer dreht sich in dir wie ein Kreisel. Arme Mama, am Tag, wo sich der Kreisel nicht mehr dreht, wirst du gestorben sein.

Deine Rinde widersteht, aber die Zellen verbrauchen sich.

MÄRZ 1947

SONNTAG, 2. MÄRZ 1947, ALGIER
Gedenktag der Erstkommunion

Du mußt dein Leben abseits vom Lärm ins Gleichgewicht bringen. Du erreichst keinerlei Gewinn, wenn du Zustände zu verbessern suchst, denen du nicht gewachsen bist, weil sie eine Reihe von menschlichen Verbindungen voraussetzen, die du nicht besitzest. Willst du schwere Gewichte auf deinen Flügeln schleppen?

Bleibe in den ätherischen Höhen der Geistigkeit, wirke an deiner Heiligung durch immer neue Sammlung; bedenke, daß die Dünste, die dich nach deinem Tod einhüllen, die Durchsichtigkeit deiner Gedanken haben werden... Eben darum muß alles, was du denkst, klar sein wie Kristall. Liebe regenbogenfarbenes Licht; Landschaften mit sich durchdringenden, weichen, pastellartigen Tönen enthalten die wesentlichen Abstufungen, die Teile eines ganzen Entwicklungssystems sind. Ein Regenbogen ist ein Zusammenwirken stofflicher Erscheinungen, das dem Menschen ein übernatürliches Schauspiel enthüllt.

Wie gut, daß du dich erinnerst, daß ich, ganz klein und ohne noch lesen zu können, selbst mit geschlossenen Augen alle meine Lieblingsschallplatten zu erkennen vermochte. Du warst entzückt, es war dir unbegreiflich, und du sagtest: »Er täuscht sich nie. Wie macht er es nur?« Es war eine Begabung. Ein sechster Sinn machte sich in mir schon bemerkbar. Diesen sechsten Sinn möchte ich in dir entwickeln.

Du mußt von mir die Anatomie deines Doppelwesens erlernen, dieses zweiten Ichs, in das du mit deinem Tode eintrittst. Du hast erst die Fähigkeit, Eindrücke von außer dir liegenden Objekten aufzunehmen durch das Mittel der menschlichen Organe. Langsam, mit der Entwicklung deines sechsten Sinnes, wirst du dir die Fähigkeit aneignen, himmlische Stöße oder Schwingungen zu empfinden.

Arbeite ohne Unterlaß. Lerne, den himmlischen Blütenstaub da zu sammeln, wo Gott ihn hinstreut.

MITTWOCH, 5. MÄRZ 1947, ALGIER

Der Himmel segnet dich. Mögen die Engel wachen, daß du immer auf ihren Wegen wandelst. Weite Horizonte werden sich dir eröffnen. Wenn du ins Jenseits hinüberblicken könntest!...

Der Himmel wird sich dir langsam eröffnen.

Ich bin bei dir. Eine Veränderung wird sich in deinem Leben vollziehen. Die Engel werden dir entgegenkommen, Ätherisches wird dich umfangen, sei bereit. Deine Seele strecke sich aus und stimme sich ein auf den Einklang mit dem Himmel! Mama, Hosanna!...

Deine Gedanken müssen weiß sein, und deine ganze Heiligkeit muß fest in dir werden wie Eis. Das Wasser wird fest in der Kälte; ein Fluß kann sogar aufhören zu fließen bei einer Temperatur unter Null; deine geistige Unbeugsamkeit muß in Berührung mit der Religion die Festigkeit eines Felsblockes erhalten.

Verstärke dein heiliges Trachten, festige deine Gottesliebe. Dein Glaube muß gewichtiger sein als dein Körper. Genug der Selbstgefälligkeiten. Schlafe.

Mama, ich kann dich nur mit Mühe erreichen heute abend, denn ich bin sehr beschäftigt. Ich kann nicht überall sein. Ich verspreche dir, zu ... zu gehen, um nachzusehen, was vorgeht.

Was gedenkst du auf meinen Geburtstag zu tun? Richte alles beizeiten her und bereite auch deine Seele vor.

Dein Zimmer ist voller Wunder. Es ist der Treffpunkt zahlloser Lichter, Schatten und Farben geworden; Wolken wandern an der Decke, Blumen färben sich mit übernatürlichen Tinten, Zeichen erscheinen auf den Wänden: all das ist das Zusammenspiel von Sonne, Spiegeln, Lichtern, Wasser und Widerscheinen.

Wir sind eben genötigt, uns irdischer Hilfsmittel zu bedienen, um euch anzurühren; das Wesentliche liegt weniger im Zeichen als in der geistigen Bedeutung, die ihr ihm gebt, denn das beweist euren Stand der Gnade und bezeugt, daß die Augen der Seele zu sehen beginnen.

Mama, wir können uns hier besser unterhalten. Du wirst aufmerksamer, wenn deine innere Unruhe erlischt. Man webt seine Atmosphäre, wie eine Spinne ihr Netz webt, und es geht mir leichter, in deinem zur Kapelle gewordenen Zimmer mich niederzulassen. Ich glaube, daß du noch bedeutend weiter gelangen wirst auf dem Wege der Läuterung.

Widme dich ganz dem Studium der Theologie. Das ist die zur Formung des Geistes nötige Übung. Versuche nicht, dein gewohntes Leben wieder aufzunehmen, es würde dir nicht gelingen. Ergib dich in dein Leid.

Mama, die Wunderwelt der geistigen Dinge wird sich dir erneut öffnen. Das Siegel Gottes drückt sich ein in die reinen Herzen wie Schritte im Schnee. Bringe dem Himmel unbefleckte Flächen entgegen. Und wenn du deine Gebete mit Flocken vergleichst, so bedenke, daß es deren unzählige braucht, um das Böse zu bedecken.

MONTAG, 10. MÄRZ 1947, PARIS

Jetzt bist du wieder eingefangen in der Hölle der irdischen Sorgen. Jeder Mensch ist gefangen in seinem Leben wie in einem Käfig; sein Körper kämpft mit dem Stoff; nur das Denken ist fähig, sich Gott vorzustellen. Das ist es, was ihn rettet.

Mama, du kannst dir Gott vorstellen entsprechend dem Stande deiner Entwicklung; es ist dir möglich, dir vom Paradiese einen Begriff zu machen, ... aber dieses Paradies wird das Maß deiner eigenen Größe haben. Vergiß nicht, daß ein ganz kleines Kind alles für groß hält, weil es selbst klein ist. Je umfassender der menschliche Geist ist, um so größere Horizonte vermag er zu überblicken.

Das volle Erblühen eines Menschen wird nur erreicht durch unentwegte Ausdauer. Gott verlangt diese harte Arbeit, denn er wünscht, daß seine Geschöpfe ohne alle Unvollkommenheit bei ihm anlangen. Die langdauernden Prüfungen der Reinigung sind unerläßlich, damit im Reiche des Göttlichen Harmonie herrsche.

DIENSTAG, 11. MÄRZ 1947, PARIS

Du darfst dich nicht der Verzweiflung überlassen. Ich möchte dir so viele Dinge erklären! Und deine Tränen bilden einen Dunst zwischen uns.

Der Zugang zum Himmel ist nicht leicht. Denk an die Schwerelosigkeit, die der Stoff haben muß, um auffliegen zu können. So geht es auch mit der Seele.

Das Denken, dieses himmlisch Unwägbare in dir, ist das einzige Instrument, das du besitzest, um deine Zukunft zu schmieden. Du wirst gerichtet, eingereiht, gewertet nur durch dein inneres Leben. All das Unsichtbare, das in dir schwingt, wird deinen Adelstitel bilden. Der geistige Adel ist unerläßlich, um ins Reich Gottes vorzudringen.

Auf Erden brauchst du einen Paß, um Grenzen zu überschreiten. Hier tritt man nur ein mit Seelenzeugnissen.

Die Glückseligkeit ist eine Art Vorstufe zum zweiten Zustand. Sie ist schon der Stand der Gnade. Wer in göttlicher Beschauung zu verharren vermag, wisse, daß er von den Strahlen Gottes berührt ist.

Das Tier liebt es, in der Sonne zu schlafen. Ein Gottgeweihter liebt, sich in die Wärme zu setzen, die der Himmel ihm schickt.

MITTWOCH, 12. MÄRZ 1947

Mama, höre mich an: Wesentlich ist, daß du die Gewißheit hast, mich wieder zu finden. Wie kannst du daran zweifeln? ... Daß du mich nicht siehst, heißt nicht, daß ich nicht lebe. Überlege: wenn du blind wärest, würdest du mich nicht sehen; wenn du taub wärest, würdest du mich nicht hören; wenn du deine beiden Hände verloren hättest, könntest du mich nicht mehr berühren. Nun, dieser Zustand der Minderwertigkeit, den ich dir hier beschrieb, gleicht ungefähr dem Zustand der Minderwertigkeit, in dem ihr euch uns gegenüber befindet. Aber da mir erlaubt ist, mit dir zu verkehren und dich zu belehren, so sei doch vertrauensvoller. Wenn die Erde dich enttäuscht hat, wird der Himmel dich beglücken. Beende deine Zeit würdig auf dem Planeten der Menschen.

Mittfasten

Laß dich vom Himmel erleuchten. Du widmest dich zu wenig der Besinnlichkeit.

Du möchtest, daß ich von mir spreche ... Ich! Ich bin nicht mehr ich. Du hast einen jungen Buben gekannt, und jetzt bin ich ein reiner Geist. Bald ein Jahr ist es her, daß wir uns nicht mehr gesehen haben! ... Wenn du auch noch beinahe dieselbe bist, so bin doch ich ganz anders.

Eine Pflanze treibt in der Sonne Blüten, und wir, wir entfalten uns hier, in der göttlichen Wärme, ins Unendliche.

Glaube, Mama! Der Glaube, dieses innere Feuer, vergoldet die geringsten Dinge eures armseligen Lebens. Dein Reich ist ein Reich der Glückseligkeiten.

Nichts scheint in der Welt deinem Wesen zu behagen, doch winden sich Kronen von Licht für dich; Gott, mein Vater, bereitet unsere Begegnung vor.

Wenn ich dich holen könnte! ... Leider haben wir diese Macht nicht. Erwarte in Lauterkeit den Augenblick deines Auffluges.

Öffne dein Herz dem seelischen Elend der Menschen ...

Mama, es geht mir gut. Deine Verzweiflung ist bedingt durch einige Schwierigkeiten, die ich hatte. Wenn du im Flugzeug fährst, stößt dieses manchmal in Luftlöcher, die ein Absinken verursachen; ebenso gibt es in unseren Entwicklungen auch Unterschiede der Dichte, die uns schütteln; und das lockert unser Band. Aber die Harmonie wird wiederhergestellt, und du wirst weniger leiden.

Zeichen werden deiner Seele wieder gegeben, Glückseligkeiten sich ihr eröffnen, himmlisches Leuchten wird überall sich entzünden, die Dinge mit Sternen besät werden; das Wasser, das Metall, die Spiegel werden sich im Feuer der sieben Farben spiegeln.

Deine von Schuppen befreiten Augen werden die greifbaren Ereignisse als übernatürlich zu erkennen und zu deuten vermögen.

Werde nicht müde, deine irdische Welt himmlisch auszulegen, zu verkleiden, zu schmücken. Alles und jedes umspinne mit Licht, mit Gebet, mit göttlicher Reinheit. So wirst du nur mehr Engeln und Erzengeln begegnen.

Wenn man gut sucht, entdeckt man immer im Innersten der Menschen einige Sterne. Manchmal sind sie zugedeckt durch Schichten von Staub. Deine Aufgabe ist es, diese verborgenen Reichtümer aufzuglänzen, damit sie wieder in ihrer alten Pracht erstrahlen.

Oft ist ein Wort ebenso wirksam wie ein Stich mit dem Spaten; man muß nur den richtigen Punkt treffen.

SAMSTAG, 15. MÄRZ 1947, PARIS

Ich bin glücklich, daß du Bücher kaufst und dich weiterbildest, denn die Schale, die du mir entgegenhieltst, wurde zu primitiv für meinen Entwicklungsgrad. Du mußt dir zusätzliche Kenntnisse aneignen, um fähig zu sein, dich mit mir zu unterhalten. Studiere unablässig; je mehr dein Geist sich bemüht, die Geheimnisse zu erfassen und zu durchdringen, um so mehr wirst du dich den göttlichen Wahrheiten nähern. Du kannst auch versuchen, gewisse Sätze des Evangeliums auszulegen.

Den Schrifttafeln Gottes mußt du deine Aufmerksamkeit schenken, denn Gott wird dir das nötige Licht geben, damit seine Gleichnisse vor deinen Augen lebendig werden. Die Strahlen der Heiligen Schrift werden unter deinen Augen leuchten wie Feuer, und du wirst geblendet werden durch Garben von Licht. Danke Gott.

Glaube nicht, daß wir fern voneinander sind, wir berühren uns im Wesentlichen, im Denken.

Die Kontakte: Anwesenheit, das Bedürfnis, zu berühren, zu sehen, zu hören, sind menschliche Empfindungen. Dein Körper leidet durch diese Trennung, deine Sinne sind verwundet.

Wie jedes Wesen aus Fleisch bist du auf deinesgleichen angewiesen. Ein Mensch liebt einen andern Menschen, ein Vogel einen Vogel, ein Eichhörnchen ein anderes Eichhörnchen. Du, meine arme Mama, du liebst einen Engel, denn ich bin ein Engel geworden; dein Abenteuer gleicht der Fabel von der »Schönen und dem Tiere«.

Deine Folter ist die Folter aller, die ein geliebtes Wesen verloren haben; aber du hast die Gnade, mich mit deinem Denken erreichen zu können. Dein Denken! Dieses fluide Wesen, ungebunden an die Zeit, das die Weiten durcheilt außerhalb der Dauer, die Grenzen umstößt, die Materie zerschlägt und die Hindernisse in Staub legt; dieses Organ mit seinem unfaßbaren Wirken, mächtiger als das Wirkliche, da es mit nichts schöpferisch zu sein vermag!

Du kannst dir ein inneres Paradies schaffen, eine Zauberwelt, Entzückungen, Erleuchtungen ... Du, die fähig ist, in Glückseligkeit zu versinken, wage nach alledem noch zu sagen, daß du enterbt seiest. Aber dieses Reich ist Gottes Reich ...

Was euch leiden macht, ist der Körper, der immer nach irdischer Befriedigung strebt. Höre: der Enterbte auf Erden wird im Himmel überhäuft werden, weil er diesen Himmel schon in sich vorbereitet hat. Wer hat nicht seinen Schmerz gelindert mit Aufblicken zum Himmel? ... In jeder fallenden Träne ist ein aufsteigender Stern. Gott läßt Rosen sprießen auf dornenvollen Opfern. Habe Glauben, blinden Glauben, Glauben, brennend wie Feuer.

Wisse: während des Schlafes entstofflicht ihr euch so stark, daß eine zu schwere Dichte, ein Zuviel an Körperwärme im Unterbewußtsein eures zweiten Zustandes Zyklone von Alpdrücken auslösen kann und Torturen, welche Leiden der Hölle gleichen. Erkenne in dieser Erscheinung den Anfang der Gesetze von der Dichte und dem Gleichgewicht, die man in den psychischen Gewichten und Maßen erreichen muß.

Dein Aufflug wird die Höhe erreichen, die du während deines Lebens vorbereitet hast. Jeder deiner Tage muß eine neue Feder sein, die du deinen Flügeln beifügst. Je mächtiger deine Flügel sind, in um so höhere Regionen werden sie dich emportragen.

Bereite deine Flügel, Feder um Feder.

Um ins Reich der Auserwählten zu gelangen, muß man von einer wirklich himmlischen Substanz getragen werden, die leicht ist wie Libellen und farbig wie der Regenbogen.

Die Farben des Regenbogens sind Sinnbilder, die Farben des Regenbogens schimmern am Halse der Turteltauben; das hat seine große Bedeutung. Bedenke, daß der Heilige Geist auch durch eine Taube dargestellt wird.

Die Symbiose der Farbtöne ist von grundlegender Bedeutung, ich werde dir später darüber sprechen.

Während der Dämmerung, an meinem Sterbemorgen, hat sich eine Taube auf meinem Fenstergesims niedergelassen. Erinnere dich...

Es wird Entblätterungen geben für dich, die von Gott
stammen. Trockne deine Tränen. Wenn du mich sehen
könntest, wärest du gänzlich getröstet. Mama, deine
Liebe zu mir war zu groß!... Wir liebten uns so sehr,
Mama. Ich lege meine Hand in die deine. Glaube nicht,
daß wir ohne alle Sehnsucht sind...

Wenn ich dich traurig sehe, bin ich unglücklich; arme
Mama, ohne den kleinsten Trost. Du hattest auf Erden
wirklich nur einen Begleiter: deinen Sohn. Gott weiß
alles.

Mama, du bist unvernünftig, du mußt dich zusammen-
nehmen. Ich bin nicht ganz sicher, ob du noch lange leben wirst. Bereite alles gut vor. Ich liebe dich, Mama.

Die Geister können nur in Verbindung treten, wenn
wirklich eine kristallklare Reinheit im Menschen strahlt,
der sie anzieht. Die Töne verbreiten sich schlecht bei
atmosphärischen Störungen. Jeder Austausch ist schwierig zwischen euch und uns, wenn eure Aufnahmefähigkeit nicht lauter ist.

Ich kann dir nur als Wegweiser dienen. Wenn du nicht
selbst deinen sechsten Sinn in dir bildest, wirst du nie
auf Erden das Paradies aufspüren. Deine Eingebungen
müssen die Welt mit Himmlischem kleiden und schmük-
ken. Deine himmlischen Entzückungen müssen deinen
Aufstieg zu Gott mit Sternen belegen.

Lebe mehr und mehr in einer übernatürlichen Welt,
schaffe dir Höfe von Engeln, versetze alles in den
Gleichklang mit Gott, und dann beginnt die Symphonie
des Jenseits zu erklingen in dir.

Koste das Gebet wie eine Engelspeise. Die Gebete

spannen Millionen von Fäden, auf denen wir uns bewegen; dieses Netz ist uns unerläßlich.

Denke an webende Frauen. Welche Geduld braucht es, Faden um Faden ineinanderzuwirken; ihre Bewegungen sind immer dieselben, scheinbar ohne Größe. Auch euch können immer dieselben Worte langweilig erscheinen; und dennoch, gleich Weberschiffchen weben sie im Unsichtbaren unsere königlichen Stoffe, unsere himmlischen Matten. Auf diesen weichen Flächen bewegen wir uns.

Bete, laß die Perlen des Rosenkranzes durch deine Hand gleiten, denn die Millionen Worte legen unter unsere Füße Schichten von Zartheit; sie legen Teppiche in die Tempel Gottes.

20. MÄRZ 1947, FORTSETZUNG

Wenn sich die Sonne im Wasser spiegelt, kann sie auf irgendwelchen unbewegten Gegenstand sich bewegende Schwingungen werfen. Ebenso ist es bei euch; wenn eure Seelen glänzen, können wir euch durch Rückstrahlung himmlisches Licht senden...

Es gibt eine Art stummer Musik, die gewissen Dingen entströmt... Unsichtbare Melodien klingen um den Stoff; aber sie ertönen nur für empfindsame Ohren.

Die klingenden Harmonien haben die Kraft, euch auf verschiedene Ebenen zu heben: sie sind Fortbeweger.

Jeder Mensch, der gesammelt eine Melodie anhört, spürt, daß er eine andere Welt berührt. Diese Zustände geheimnisvoller Träumerei sollen jene pflegen, die Gott suchen. Ich kann die musikalischen Schwingungen mit nichts anderem vergleichen als mit Gondeln für die Seele; sie führen die Seelen über geistige Ströme. Höre mit ganzer Frömmigkeit den Kirchengesängen zu.

Der Friede ist eingezogen in dich mit dem Segen, den der Priester dir gab. Der Empfang der Lossprechung ist von Bedeutung: die Reihe von Worten, in Verbindung mit frommen Gesten wie dem Zeichen des Kreuzes, in das Nichts der Luft geschlagen, löst den Strom der Gnade auf euch aus.

Wenn du den Knopf drehst am Radio, hörst du Musik; so ähnlich rufen die Priester mit ihren heiligen Zeichen die Gnade heran.

Gott hört sie besser als sonst jemanden, denn sie sind seine Diener; sie sind die Mittler zwischen dem Himmel und euch...

Gut, Mama, du hast bemerkt, daß das Flüstern der Gebete wie das Summen der Insekten ist in einem sommerlichen Wald...

Laß dich um alles nicht in deinem Frieden stören. Die inneren Kathedralen müssen ebenso starke Mauern besitzen wie die Mauern des Tempels Jesu. Arme, alte Mama, immer allein schleppst du dein Leid...

Ein gesegneter Gegenstand ist von himmlischem Fluidum umhüllt.

SONNTAG ABENDS, 23. MÄRZ

Passionssonntag

Ich bin glücklich, dir auf den Passionssonntag ein Geschenk gesandt zu haben. Heute früh, bei der Kommunion, hattest du beim Betrachten der offenen Tabernakeltüre den Eindruck, der Priester habe dieses mystische Haus geöffnet, damit deine Augen ins Innere einer mit himmlischen Schwingungen erfüllten Kapelle dringen können.

Die Wohnung Gottes...

Du hast auch bemerkt, daß die Opferfeier der heiligen Messe ganz Liebe ist, ein Strauß von geheiligten Gebärden, von Küssen auf weiße Spitzentücher, von Kniebeu-gungen, ausgebreiteten Armen und still gemurmelten Worten der Anbetung.

Dringe in den Geist der Zeremonien ein, die nichts an-deres sind als Rufe nach himmlischen Wellen.

Das gemeinsame Gebet darf auch nicht vernachlässigt werden, denn diese tausendfache Sammlung sendet uns gleichsam Wirbel wohltuender Wellen.

Für sich allein ist ein Wassertropfen tot; Millionen Wassertropfen bergen unermeßliche Kräfte und können gigantische Wellen bilden. Die Kraft heiliger Zusam-menkünfte kann für euch unermeßliche Wohltaten aus-lösen ...

Es gibt Melodien, die den Duft des Himmels tragen, weil sie gespielt worden sind und wieder gespielt wer-den für Gott, und der Allerhöchste gibt als Dank diesen Tönen eine Ausweitung, die euch in einen Gnadenzu-stand taucht. Das gehört in das Gebiet der geweihten Dinge.

Wenn Gott seinen Blick auf ein Ding gesenkt hat, ist es von göttlichen Wellen umflossen ...

Es gibt auch Schauspiele, die himmlisches Schauen sind. Gott hat seine Bühnenbildner und schickt euch von Zeit zu Zeit Widerscheine aus dem Paradies; aber diese gött-lichen Widerscheine erkennen nur die Seligen, die ge-nügend Glut in sich tragen, damit ihr sechster Sinn auf-zuwachen vermag. Dann spüren sie das Übernatürliche.

DONNERSTAG, 27. MÄRZ 1947

Mama, ich möchte dich soviel als möglich in die himm-lischen Dinge einweihen, damit deine Erziehung vollen-det sei, wenn du hier ankommst.

Gott hat dir bei der Geburt fünf Sinne gegeben. Du hast im Heranwachsen gelernt, deine Fähigkeiten zu entwickeln; das hat dich oft große Mühe gekostet. Bei-spiel: um ein Musikgehör, wie ihr es nennt, zu bekommen, hast du arbeiten müssen. So ist es auch in bezug auf den sechsten Sinn; du mußt dich sehr um ihn bemühen.

Du hast Schätze zu entdecken; ich werde dir einige Schlüssel zuwerfen, und du wirst tastend – denn ihr könnt nicht anders handeln auf diesem Gebiete – die Orte suchen, wo unsere Schätze liegen.

Es gibt Rutengänger in der stofflichen Welt. Warum sollte es nicht Menschen geben, die in der geistigen Welt Gottes Reichtümer aufspüren?

Ihr seid von Schönheit umgeben, aber ihr seht sie nicht, weil eure Augen nur fähig sind, irdische Dinge zu unterscheiden.

Erziehe deine Augen, und wenn deine Seele voller Strahlen ist, gleich einer Lampe, wird sie blendendes Licht auf alles werfen, womit Gott dich umgibt. Dieser sechste Sinn ist gewissermaßen die Verschmelzung eurer höheren Schwingungen mit dem Jenseits.

FREITAG, 28. MÄRZ 1947

Es steht geschrieben im Buch des Propheten Isaias, 7. Kapitel: »Der Herr selbst wird euch ein Zeichen geben.« Du siehst, daß die Hl. Schrift auch von gottgesandten Zeichen spricht.

Beachte aber, nicht immer wird sich das Göttliche durch äußere Zeichen kundgeben. Deine Seele kann auch in deinem Innern, in deiner Sammlung, wunderbar ergriffen werden.

Das Glücksgefühl ist ein zur Aufnahme geistiger Funken sehr günstiger Zustand, und ihr könnt unsere Strahlen fassen wie eine Lupe von der Sonne Feuer faßt.

Du trägst den Himmel in dir, da Gott den Menschen, als er ihn schuf, mit einer das Naturhafte übersteigenden Fähigkeit ausgestattet hat: mit dem Denkvermögen.

Gebrauche diese Fähigkeit zu göttlichem Zwecke. Sie möge ein Sitz für das Übernatürliche sein!

Mache deine Gedanken rein und wohlduftend wie das

Innere von Lilien. All diese geduldige Arbeit wird dir im Himmel vergolten werden.

Du bist erstaunt, daß ich dir einen Unbekannten gesandt habe. Ich muß dich wohl von Zeit zu Zeit verblüffen mit einem Boten. Dieser junge Mann ist von besonderem Schutz umgeben.

Ich bin in Verbindung mit der Person, deren Gunst er sucht. Wenn er mehr wissen will, soll er genaue Fragen stellen. Ich werde versuchen, ihm Antwort zukommen zu lassen.

Seine Befürchtungen sind unbegründet. Ein großes Licht wird plötzlich das dunkle Durcheinander durchdringen.

Er möge durchhalten, er wird geführt. Er ist so sehr einer der unsrigen, daß ich mich seiner bedient habe, um dir mit lauter Stimme sagen zu lassen, was ich dir schreibe.

Sorge dich nicht um meine Großmutter, ich will mich ihrer annehmen. Ich befinde mich gegenwärtig an der Schwelle einer neuen Zone, ich mache eine große Entwicklung durch. Aber deine Phantasie ist nicht reich genug, daß dir diese Stufe verständlich würde.

Bemühe dich nicht zu sehr, mir zu folgen, du könntest von Sinnen kommen. Jeder verflossene Tag löst eine Hülle von dir und nähert dich mir.

Es wird für dich große Veränderungen geben. Laß dich nicht entmutigen. Ich werde dich von da aus, wohin ich nun komme, besser führen können. Wie gerne möchte ich die Schichten, die uns trennen, zerschlagen. Nichts kann uns enger vereinigen als dein Tod. Wie kannst du noch zu leben begehren? ... Wir waren so sehr verbunden auf Erden. Verliere deine Zeit nicht mit Träumen um..., ich werde mich seiner annehmen. Genug geschwatzt.

Der Ton unserer Gespräche muß sich völlig ändern. Er muß um mehrere Grade erhöht werden. Wie ich dir sagte, habe ich die Ebene gewechselt, und du mußt dich nun selbst übertreffen, um mir folgen zu können.

Dein Geist ist gegenwärtig arm, du drehst dich im Kreise herum, du bist ohne Phantasie. Deine Gedanken schaffen nichts Göttliches um dich her. Ich liebte dich nicht zu meinen Lebzeiten, wenn du in diesem Zustand warst.

Du kannst dir vorstellen, was ich empfinde; denn dieses farblose Stillestehen kostet euch Zeit, um hierher zu gelangen.

Ich war befriedigt über deine Müdigkeit nach dem Betrachten der himmlischen Klarheit, die ich über deine Blumen gegossen hatte. Das beweist, daß du für das Reich Gottes noch nicht bereit bist, und daß das Licht des Himmels noch zu stark ist für dich. Bete.

APRIL 1947

Dein All ist völlig in deinem Innenleben enthalten. Die dich umgebenden Gegenstände sind tot, sie leben nur durch dein Denken. Dein Denken belebt alles.

Dein Leben wird in allen Stücken von dir gebaut, da du es bist, die es denkt.

Dafür hat Gott euch den freien Willen gegeben. Du bist frei, dein Leben zu gestalten, wie du es für gut findest...

Es gibt eine Magie der Wellen und Schwingungen. Ein lebloses Ding kann in euren Augen plötzlich einen übernatürlichen Wert annehmen, wenn ihr im Stande der Gnade seid.

Dieser von Gott seinen Auserwählten gesandte Zustand hat die Kraft, die leblose Welt mit übernatürlichem Leuchten zu überziehen. Der Wille, das Stoffliche mit himmlischem Glanz ausstatten zu wollen, ist schon ein Beweis für den Stand der Gnade.

MITTWOCH, 2. APRIL

Elf Monate, seit Roland nicht mehr da ist

Ich möchte dir helfen, aber es ist nicht leicht. Du findest, die Zeit vergehe, und nichts ereigne sich in deinem Leben. Der Tod, den du täglich erwartest, kommt nicht ...

Wenn ich dir sage, daß deine Aufgabe noch nicht erfüllt ist! Gott bedarf deiner auf Erden. Je weniger du dich religiösen Fragen widmest, um so länger wirst du unter den Menschen bleiben, denn du hast den Grad der Entwicklung noch nicht erreicht, der dir erlaubt, Wahrheiten höherer Ordnung zu erfassen.

HOHER DONNERSTAG, 3. APRIL 1947

Das geistliche Leben, von dem du in der Predigt sprechen hörtest, ist mein Leben. Das Leben im Jenseits kannst du nur in deiner Bildkraft leben, darum wiederhole ich dir täglich, deine Betrachtungen mit hohen Gedanken zu bereichern, die wie kostbare Steine sind. Dann wirst du in der Wunderwelt deiner innern Schätze leben.

Gott hat euch mit der Fähigkeit, sich das Paradies vorstellen zu können, das schönste Geschenk der Welt gemacht.

Wenn ihr in eurer Welt die Schönheit zu pflücken versteht, könnt ihr euch Tempel nach dem Bilde Gottes bauen, denn Gott hat eure Erde übersät mit himmlischen Kleinodien.

Es liegt an euch, sie euch anzueignen und an euer Herz zu drücken wie Sträuße himmlischer Liebe.

Die Worte, die ich dir sende, sind heilige Worte, aber Gnaden zur Entfaltung zu bringen vermögen sie nur, wenn sie von Eingebungen begleitet werden.

Die Worte sind wie Schlüssel, die in euch Reihen von Entzückungen öffnen können, und auf diesen Schwingungsstufen müßt ihr aufsteigen, Stufe um Stufe, bis zu eurem Tode.

Du hast eine ungläubige Freundin. Sie hat einen sehr geliebten Menschen verloren. Ihre Strafe ist schon da; sie hat dir gesagt, da sie den Danhingegangenen nicht mehr anzurufen vermöge; er lebt nicht mehr für sie, er entgleitet ihr. Die Toten bleiben in euren Augen und Herzen lebendig, soweit ihr an das zukünftige Leben glaubt.

KARFREITAG, 4. APRIL 1947

Mama, unsere Trennung ist lang. Dein Kommen hängt nicht von mir ab. Du bist nicht beschwingt, so kann ich nur mühsam mit dir reden...

Meine arme Mama, ganz allein auf Erden, ohne ihren Sohn...

KARSAMSTAG MORGENS

Deine Frömmigkeit muß klingen, denn Gefühle ohne Intensität erreichen uns nicht. Nur die strahlenden Lichter dringen in die Weite; nur feurige Tugenden erzeugen Widerschein. Hast du bemerkt, daß sich über einem sehr heißen Herd wahrnehmbare Schwingungen bilden?

Wenn eure Tugenden brennen, erzeugen sie Wirbel, so daß die es spüren, die sich euch nähern.

Meine alte Magd hat für Roland Blumen gekauft. Sie
legt mir einen großen Strauß Tulpen in die Arme. Ent-
täuscht sage ich ihr, daß man sie nicht in die Kapelle
tragen könne, da sie gelb seien. »Aber sie erschienen
mir doch weiß«, antwortete sie, »ich verstehe nichts
mehr.«
Am folgenden Tage war der zitronengelbe Strauß el-
fenbeinweiß. Alle meine Freundinnen haben es fest-
gestellt.

OSTERN 1947

Verwundere dich nicht über den Wechsel der Farbe
deiner Blumen; ich habe die Gunst erhalten, dich mit
Zeichen umgeben zu können. Das ist ein sehr seltenes
Geschenk, das ich dir machte, du mußt dankbar sein;
und mußt fühlen, wie der Himmel sich in dir entfaltet.
   Ich gab den Blumen für diesen Tag eine fast über-
schwengliche Fülle, deine Augen müssen eine übernatürliche Kraft in ihnen sehen. Ihre Blütenblätter sind
fest, hart, ihr Fleisch ist kräftig. Die vom Göttlichen berührten Blumen dehnen sich wie liebende Herzen. Diese
Blumen lieben dich.

12. APRIL 1947

Erster Geburtstag ohne Roland

Mama, dein Fest war nackt und bloß, ohne menschliche
Wärme. B. hat sich nicht gezeigt, und du warst sehr
krank und allein.
   Mama, liebste, erschrecke nicht, wenn du allein stirbst:
der Tod ist das Paradies. Dein Sohn ist auch von dannen gegangen! . . .
Mut, Mama.

Mein Fenster ist plötzlich übersät mit Regentropfen,
die mich blenden. Ich bin entzückt. Sind es die Tränen

aller Engel, die an meinem Fenster weinen? Mein Gott,
ist so viel Sünde auf der Welt, daß deine Seraphim so
viel Tränen vergießen müssen?

SONNTAG, 13. APRIL 1947

Mama, lange bist du nicht mehr gekommen, ich liebe
diese Trennungen nicht; du darfst keinen Abend vergehen lassen, ohne mich anzuhören.

Wenn ich dir auch nichts zu sagen habe, so will ich
doch, daß du da bist; so kann ich wenigstens einen Blick
auf deine Treue werfen und mich freuen.

Ich brauche deine Treue; das fromme Gedenken ist
wie ein Faden, der mich leitet.

Wie erklärst du dir das untröstliche Leid der Mutter
um ihr dahingegangenes Kind? Gottes Wille ist es. Und
die Tränen, die ihr vergießt, sind Sterne an unserem
Weg. Sie sind in der Unermeßlichkeit des Himmels wie
die Steinchen des kleinen Däumlings; sie schimmern
über unsern Straßen gleich Perlen. Nichts von deinem
Leid ist verloren, Mama. Hosanna! Die Schicht, die uns
trennt, vermindert sich mit jedem Tag. Schlafe. Ich
liebe dich.

MONTAG, 14. APRIL 1947

Ich bin da. Werde nicht müde, mich jeden Tag anzuhören; selbst wenn ich dir nichts Außerordentliches zu
sagen habe. Die Verbindung ist nicht immer leicht herzustellen. Dann hörst du mich weniger gut, und dein
Geist erfaßt nur noch die alltäglichen Dinge. Bemühe
dich, feinfühlender zu werden.

Ein Schmetterling nährt sich vom Blütenstaub; versuche, deine Seele mit dem vollen Saft zu nähren, der
im Kelch des Gebetes und der Betrachtung liegt.

Mama, trenne nicht, was dir Glückliches begegnet, von der Macht, die mir Gott verliehen hat, Tröstungen auf deinen Weg zu streuen. Es ist nicht leicht, ein solches Geschenk zu erhalten, es ist eine Belohnung.

Ich hatte dir mitgeteilt, daß es in deinem Leben Veränderungen geben werde. Du stehst erst an ihrem Anfang.

Welche Gunst für mich, dir einige Goldkörnchen senden zu können. Es sind Kleinigkeiten, aber sie erhellen mit ihrem Glanz den Abgrund deiner Trostlosigkeit.

Hier ist ein leuchtender Punkt über die ganze Länge meines Schreibpapiers geglitten.

Mama!...

Mama!... Glaube immer tiefer, beschleunige alles, was du auf Erden noch zu tun hast; du wirst sehr bald hierher kommen.

Gib dich ganz Gott hin.

So viel als möglich sollst du Liebe und Güte schenken.

Gib, gib alles von dir.

Bemühe dich, hochherzig zu sein.

Alle deine Fehler sollen platzen, die Schale des Bösen zerspringen, auf daß das Gute, gleich einem Blumenstempel voller Samen, nach allen Winden die reinen Körner deiner Seele säe.

Nichts berechtigt euch, zu zweifeln. Der schmerzliche Zustand, in den ihr nach dem Tode eines geliebten Menschen eingetaucht seid, macht euch feinfühlender, empfindsamer. Euer grobschlächtiger Körper verfeinert sich, weil das Seelische vorzuherrschen beginnt.

Ihr lebt außerhalb eurer stofflichen Hülle, verloren an den Grenzen einer Welt, die ihr euch vorzustellen bemüht, weil ihr glaubt, es sei die unsere. Und diese beständige Spannung auf das Jenseits ist schon eine Art Ehe mit dem Himmel.

Sei nicht lau, Mama; du bist zerstreut. Guten Abend.

DONNERSTAG, 17. APRIL 1947

Meine arme Mama, ohne Zärtlichkeit um dich herum, allein auf der Erde wie in einer Wüste. Deine völlige Entblößung kleidet dich wie ein königliches Gewand mit unbefleckten Falten, ein zarter Schleier, geschmückt mit allen deinen Tränen.

Dein Kummer fließt dir aus den Augen, dein Herz ist voller Dornen, und du bist so zerschlagen, daß Gott dich bald zu sich ruft.

Löse dich von allem, Mama, und wenn du allem abgestorben bist, wirst du bereit sein für uns.

Du hast das Beispiel von ... vor Augen. Man gehorcht den Toten nach dem Maße der Liebe, die man ihnen entgegenbrachte, als sie noch lebten. Du hast mich während meines Lebens geliebt, du liebst mich in meinem Tod.

FREITAG, 18. APRIL 1947

Mama, das Studium Pascals hat deinen Glauben belebt. Begreife doch, daß der Glaube an Gott dein einziger Schatz hienieden ist.

Mach deine Seele zu einem Blumenfeld, so werde ich oft kommen, um den Wohlgeruch deiner geistigen Inbrunst einzuatmen.

Ich bin glücklich, Mama, daß du dich dem Studium von Büchern widmest, die sich mit Gott befassen. Der heilige Augustinus und Pascal sind zwei gute Führer, sie sind wie Wegbereiter auf den himmlischen Straßen. Geduldig haben sie das Böse überwunden, bis Sterne vor ihnen aufgeleuchtet sind. Sterne! Ihr könnt sie in euch besitzen, ebenso leicht, wie man sie am Himmelszelt zählen kann.

Wenn du in einer klaren Sommernacht eine Wasserfläche betrachtest, hast du alle Sterne des Firmaments unter deinen Augen! ... Wenn deine Seele klar ist, wird sich der Himmel in ihr spiegeln, übersät mit himmlischen Lichtern.

Versuche mehr und mehr, die Erscheinungen der Natur in direkter Beziehung zu Gott auszulegen. Eure Welt ist durch ihn geschaffen und geordnet; überall muß man ihn sehen. Ihn zu finden, soll deine wichtigste Beschäftigung sein. Erkenne ihn in allen Wohltaten, mit denen er dich überhäuft, die aber nur wenige erfassen. Das ist dein Reich; der Höhepunkt deines Lebens. Suche nichts außerhalb der geistigen Bereiche.

Das Geschenk Gottes an seine Auserwählten besteht darin, daß er sie dazu verurteilt, nichts außerhalb seines Hauses zu finden.

Euer Leid kommt daher, daß ihr euch nicht gänzlich entwöhnen könnt, auf die Seite der Menschen zu blicken. Wenn eure Flügel stärker wären, würden sie euch höher tragen, in Zonen nämlich, wo alles Harmonie ist ...

Ich bin in deinem Herzen wie der Blütenstaub in einer Blume. Mein Denken lebt in dir wie das Licht in einem Gestirn.

Mein Andenken vibriert in deiner Phantasie, wie ein Lichtschein im Wasser zittert.

Ich bin ein Engel geworden, und Gott gestattet dir, mich zu lieben ...

Der Heilige Geist ist um dich.

Der Heilige Geist erscheint dir in Gestalt der Farben. Danke Gott. Die Welt um dich wird in Asche fallen, und der Engel wird kommen. Laß dich führen.

Mama, ich möchte dir den Frieden geben, auf einen Schlag, wie man einen Fächer öffnet. Die Hand, die das für dich vermag, ist die Hand Gottes.

Je mehr die Zeit vergeht, um so stärker wird dein Leid. Es schlägt Kreise in dir wie ein Stein im Wasser, und du wirst von immer größeren Kreisen umfangen. Je weiter ich vorankomme, um so ernster werde ich, und um so weniger vermag ich von mir selbst zu sprechen. Ich bin kein geschwätziger Engel mehr, ich habe jetzt sehr bedeutende Aufgaben zu erfüllen! ...

Verwunde dich nicht an allen Dornen der Erinnerung. Was ich war, ist so gering. Biete mir vielmehr deine Gedanken an wie Blumenkelche, und ich werde sie mit göttlicher Gnade füllen.

Sobald ihr an uns denkt, tauchen die Augen eurer Seelen gleichsam in die unsrigen. Ich blicke auf dich, und ich sehe dich. Leider entziehen die Schichten des Stofflichen mich deinem Gesicht.

Der Saft eines Baumes ist verborgen durch die Rinde, und erst einige Meter über dem Boden entfalten sich seine Blätter und Blüten. So kannst du dein menschliches Leben vergleichen mit diesen langen, dunklen Hüllen, und eure Seelen mit den Blättern und Blüten, die am Ende der Äste sprießen. Ein Stengel ist nur eine Hülle, in welcher der Duft emporsteigt; eine Rose, eine Schwertlilie, eine Lilie! ... Dein Fleisch ist nur eine Hülle, an deren Ende sich deine Seele entfalten wird. Neige dich gegen das Licht, wie es die Blumen tun.

Mama, mache dir keine Sorgen ...
Du hast plötzlich unser Gespräch abgerissen; ich kann
es nicht wieder aufnehmen.

Mama, benütze die Zeit gut, die dir noch zu leben bleibt;
jeder Irrtum, jedes Versagen schafft Mängel in deinem
inneren Leben.

Denke an einen Bienenstock, in dem jede Wabe voller
Honig sein muß. So ist es mit deiner Seele; du mußt sie
füllen mit dem Balsam deiner Sammlung. Gott ist anspruchsvoll.

Warum hast du nicht früher an den Sinn der Anrufung
in der Litanei gedacht: Mystische Rose? ... Ist sie nicht
die Zusammenfassung der Lehre, die ich dir über die
Blumen gegeben habe?

Das Wesentliche in einem Leben muß der Glaube sein.
Der Glaube hat diesen Wert: Stelle dir ein ganz dunkles
Zimmer vor, in dessen Mitte ein Stern ist. Im Schatten
können sich tausend Gegenstände verbergen; nur der
leuchtende Punkt strahlt. Wenn du nicht den Glauben
hast, fällt dein ganzes inneres Wesen in Staub, dein my-
stisches Reich in Asche, du lebst in den Trümmern des
Materialismus.

Der Glaube ist dein geistiger Kompaß. Er weist dich zu
Gott hin; er bedeutet für deinen Körper, was das Segel
für das Schiff. Und wenn nach deinem Tode die himmlische Brise weht, wirst du ohne Mühe in das Reich der
Engel geführt.

Lasse dich durch niemanden beeinflussen; laß dich führen durch die innere Stimme, die in dir singt. Gott erleuchtet seine Auserwählten.

Du bist gewiß zerstreut, es ist nicht leicht, mit dir zu sprechen. Je mehr Zeit vergeht, um so höher steige ich und um so mehr verändere ich mich eurer Welt gegenüber. Darum mußt du mir immer reinere Flächen entgegenhalten, damit ich in deine Gedanken niedersteigen kann.

Wenn du nicht ohne Unterlaß Vollkommeneres erreichen kannst, so ersetze das Voranschreiten in der Entwicklung durch Gebet und Sammlung.

Wenn du betrachtest, entstehen ruhige Zonen in dir, und das tut mir wohl.

Um dies besser zu verstehen, stelle dir vor, was Unterschiede in der Temperatur bewirken können. Auf einer gewissen Höhe schneit es; tiefer unten fällt Regen. Ebenso geht es mit euren Gedanken. Auf eurer Höhe sind sie wie Wasser, und je mehr sie sich erheben und ihr Wert entsprechend ist, verwandeln sie sich und gelangen bis zu uns, unbefleckt und leicht wie Flocken.

Hoffe, laß nicht ab von der Hoffnung und pflanze alle deine Träume in den Himmel. Überwinde mein irdisches Andenken, um den Frieden in meiner überirdischen Anwesenheit zu suchen.

Schlafe. Auf Freitag; und sei aufmerksam, besonders gegen Abend hin.

MAI 1947

1. MAI 1947

Mama, ich habe dich um meinetwillen beschäftigt gesehen, wie als ich noch lebte. Deine Arbeit, dein Eifer und deine Gebete sind wie eine Wolke von Federn und Blumenblättern um mich herum.

Ich war um diese Zeit des vergangenen Jahres am Vorabend meines letzten menschlichen und am Vortag meines ersten überirdischen Atemzuges. Mama, Mama, wie liebe ich dich; wenn du hierher kommen könntest!...
Ich gehe.

Jahrestag von Rolands Tod

Endlich kann ich mit dir reden... Du hast Zeichen erwartet... Wisse ein für allemal, daß es nicht in unserer Macht liegt, zu handeln, wie wir wollen, und daß wir auch nur im Maße unserer Verdienste erhört werden. Es geht nicht immer alles so leicht...

Du bittest, und Gott entscheidet. Soll ich dir sagen, daß wir auch unsere Widerwärtigkeiten haben? Ich hoffte, kommen zu können, und Gott hat es nicht erlaubt. Wir haben unsere Strafen, wie ihr. Gott liebt es nicht, wenn wir ihn um Geschenke bitten. Das ist übrigens nicht sehr fein; ihr kommt zu sehr als Bettler in unser Reich. Gebt euch mehr hin, wartet nicht immer auf Belohnung, auf himmlische Bezahlung. Arbeitet aus Liebe und nicht um des Verdienstes willen.

»Die Letzten werden die Ersten sein.« Denke nach über diesen Satz. Glaubst du, daß die Demütigen Belohnungen verlangen? Sie halten sich ihrer nicht für würdig, und darum werden sie überhäuft.

Laß irdische Begierde. Löse dich mehr und mehr. Öffne dein Herz den himmlischen Dingen wie eine Rose, wie eine Rose sich in der Sonne entfaltet.

Deine innere Sonne ist Gott. Mache das Reich deiner Gedanken reicher und reicher.

Ich möchte dir so gerne helfen, deinen Tempel zu bauen. Das geheime Heim deiner Gedanken kann sich mit feenhaften Gütern schmücken.

Das Doppelleben des Himmels öffnet sich nur wenigen Menschen. Die inneren Zauberwelten werden nur jenen gegeben, die sich unablässig heiligen.

Ein Tropfen Wasser auf einen Tropfen Wasser erzeugt in gewissen Höhlen im Verlaufe der Jahrhunderte Stalaktiten. Ebenso muß die Mehrung der Reinheit unbefleckte Reiche schaffen.

Wo immer du dich befindest, nie darfst du aufhören, wenigstens etwas Übernatürliches in dir zu tragen. Und immer, in allen Lagen des Lebens, mußt du dich so verhalten, wie wenn ein Engel dich anblicken würde.

Denke daran, daß du ein weißes Gewand trägst, dessen Glanz durch die kleinsten Flecken beeinträchtigt wird. Sei sorgfältig mit diesem unsichtbaren Schmuck, der deine Seele kleidet, und verkehre nur mit Menschen, die ebensolche himmlische Gewänder tragen...

Gute Gesellschaft ist sehr wichtig; verkehre nur mit Leuten, die sich gemeinsam an heiligen Dingen erfreuen können.

DIENSTAG, 6. MAI

Jahrestag der Beerdigung Rolands

Friede sei mit dir, Mama! Dieses »Mama«, das du nie mehr auf Erden hören wirst, ich sage es dir so oft aus den Himmelshöhen; aber sein Schall vermag nicht, bis zu dir zu dringen!

Vor einem Jahre begann die erste Nacht körperlich fern von dir. Wie weit ist das schon weg! Was habe ich alles getan seit jener Zeit! Wie ist eure Entwicklung langsam und mühsam, während wir uns so viel rascher höherschwingen!

Hier bin ich unterbrochen worden und habe nichts mehr gehört.

Meine zweite Nacht vor einem Jahre, in der wir eins
dem andern entrissen waren. Das Heiligtum voller Gesang und Gebete, das du für mich gefunden hast, war
eine große Gunst; denn man darf nicht glauben, daß
unsere Seelen sich sofort vom Fleische lösen.

Nach unserem Tode ist unsere Seele noch mit den
Schwingungen des Körpers verbunden. Wir sind nicht
gänzlich getrennt von unserer Hülle. Darum tut es uns
wohl, wenn unser Leichnam umsorgt wird.

Liebe mich, Mami.

B. wünscht, daß ich mit ihm spreche. Sei sehr aufmerksam, höre mich gut an. Ich wache über ihn und werde
ihm helfen.

Der Himmel ist dir näher, als du glaubst. Ihr belustigt
mich mit eurer Art, kleine irdische Vorteile von einander ergattern zu wollen. Euer Leben dreht sich unablässig in dieser geschlossenen Bahn, und eure gierigen
Blicke suchen das Korn des Menschen auf dem Boden,
wo sie nur himmlische Ernten einbringen sollten.

Ich bin in Weiß heute abend; ich schmücke dein zukünftiges Heim mit allen deinen Gebeten, mit allen deinen Betrachtungen.

Wer nicht genügend vorsorgte, um seine übernatürliche Wohnung zu schmücken, findet hier eine Wüste.
Schlafe!

Mama, Mama! Wenn du mich sehen könntest, du wärest entzückt! Ich befinde mich in regenbogenfarbigen
Strahlen, Lichter aller Tönungen umgeben mich, tausend Symphonien erklingen um mich. Ich bin sehr, sehr
glücklich.

Arme Mama, noch ganz vom schwarzen Tuche irdischer Schichten umhüllt. Du lebst in der Dunkelheit, ich im Licht. Euer Aufenthalt auf Erden ist im Vergleich zum unsrigen, als wenn ihr in einem Keller eingeschlossen wäret. Was ihr Licht nennt, ist für uns nur Dunkelheit. Suche, suche die Helle.

DIENSTAG, 13. MAI 1947

Entledige dich aller Neigungen. Ich war weg, darum hast du nichts gehört. Ich komme eben an, arme Mama, du hast mich schon verloren geglaubt.

Es ist Wirklichkeit, Mama: Ich sehe dich. Sei ganz Ohr. Ich werde lange mit dir sprechen. Ich hätte dir vieles über mich zu sagen, aber es ist etwas schwierig. Im Grunde dürfen wir nicht über uns sprechen. Ich werde versuchen, dir Engel zu senden, die dich führen.

Es wird viel über dich gesprochen. Wenn ich dir sagen könnte, um was es geht, wärst du entzückt. Dein ganzer Tag, der voller Eingebungen war, ist durch das Auge Gottes, das auf dir lag, beeinflußt worden.

Arme Blinde, die ihr so oft erklärt: »Ich weiß nicht, was heute ist; eine schreckliche Traurigkeit überfällt mich.« Diese Traurigkeit ist nichts anderes als ein Kurzschluß zwischen euch und eurem Pol himmlischer Energie.

Sobald wir euch nicht mehr anblicken, seid ihr wie Lampen ohne Strom. Denke an die Magie eines Elektrizitätswerkes; es kann Tausenden von Haushaltungen Energie abgeben. Und du möchtest Gott die Macht absprechen, himmlische Schwingungen, ... arme Ungläubige ohne Phantasie!

Alle eure Seelen sind in der Hand des einzigen und einen Gottes. Eure Seelen: Tausende von Punkten, die wie Sterne glänzen, und deren Feuer Strahlen wirft, je nach der Intensität eurer Reinheit.

Im Augenblick, in dem ich dies schreibe, glänzt ein
Stern im goldenen Orden des Bildes von Rolands Groß-
mutter, das an der Wand gegenüber meinem Bette auf-
gehängt ist. Ich begreife nicht, wie das Herz dieses
Ordens strahlt wie ein richtiger Stern, da doch alles
abgeschlossen ist in meinem Zimmer und von außen
kein Licht eindringt.

Deine Tränen, Mama, sind Sterne, die wie Perlen in
deinen Augen schimmern, und deine Augen sind Quellen von Sternen.
Klare Tränen, die den Durst der Engel stillen.

MITTWOCH, 14. MAI 1947

Du mußt mehr und mehr mein himmlisches Leben leben.
Deine Vorstellungskraft soll beständig mein übernatür-
liches Reich in dir aufbauen.
Suche Anknüpfungspunkte in der Natur.
Der Friede muß aus der Gottesliebe kommen. Liebe
Gott voll und ganz; versenke dich in seine Gedanken,
wie ein Schwimmender ins Wasser taucht.
Jede Art der Anbetung ist gut, wenn sie nur be-
schwingt ist.
Dein Glaube muß sein wie ein Glockenton, wie ein
Strahl; der Ausgangspunkt ist die Seele, und der Wider-
hall muß sich ins Unendliche weiten. Sei strahlend, sei
brennend, sei eine große Anbeterin deines Heilandes.

DONNERSTAG, 15. MAI 1947

Gottes Güte ist unendlich. Du vermagst nichts zu begreifen von dem, was dir zustößt. Dein wahres Leben ist
nicht auf Erden, so wenig das meine es war.
Diese Zeit ist für dich nur eine Prüfung. Wenn du sofort hierher kämest, wärest du wie ein Körper, den man

ins Wasser wirft: wenn er nicht schwimmen kann, ertrinkt er.

Du hast das nötige Gleichgewicht noch nicht erreicht, um dich im himmlischen Äther bewegen zu können; lerne, dich nur in der Reinheit der Triebe wohl zu befinden. Das Triebleben ist am schwersten neu zu gestalten. Nur der ist dem Himmel nahe, dessen Handeln unbewußt ganz aus der Seele kommt; mit andern Worten: dessen Triebe von der Seele befohlen werden.

Brenne für deinen Gott, bete leidenschaftlich, bringe deine Inbrunst dem Allerhöchsten dar. Er wird auf dich blicken.

Heute bin ich krank und bettlägerig, und den ganzen Tag über erscheinen an der Decke des Zimmers leuchtende Kreuze in den Farben des Regenbogens.

16. MAI 1947

Du bist zwei in einer Person. Dein Körper, deine Akte – was man sieht, ist eins. Das andere ist die Freundin Gottes, die Unsichtbare. Vervollkommne Schritt um Schritt das andere Ich in dir.

Dein unsichtbares Wesen muß stets deine Aufmerksamkeit erfahren. Mach täglich reicher diese geheimnisvolle Persönlichkeit, die erst im Augenblick des Todes Gestalt annehmen wird.

Sage dir bei jeder Gelegenheit und immer wieder: »Ich bin zwei.«

Liebe dieses zweite Wesen, das deine Zukunft und deine ganze Ewigkeit ist.

Entwachse deinem Körper zugunsten deiner himmlischen Neugeburt.

Gott will dich ohne Makel.

Die Gnade! Im Stande der Gnade sein, das höchste Gut für einen Katholiken.

Es gibt verschiedene Arten von Gnaden: die der Einfachen, die der jungfräulichen Herzen, die der Unschuldigen. Dazu kommt die Gnade der leidenden Seelen, der beunruhigten Seelen. Dieser Zustand, der Zustand der Gnade, wird von den Geschöpfen nur durch tiefe, langanhaltende Sammlung erreicht und durch immer wieder erneuerte Aufnahme geistiger Nahrung.

Bei den Letztgenannten tritt der Gnadenzustand ein durch den Weg der Nerven, bei den anderen durch das Herz *.

Das Gebet ist ein vorzügliches Mittel, diesen heiligen Zustand anzuziehen.

Der Blitzableiter ist ein Magnet zur Anziehung des Blitzes. Gleicherweise bildet ein auf einer Ebene stehender einsamer Baum einen Anziehungspol. Dieses Beispiel soll dir begreifen helfen, daß es zwei Sorten von Menschen gibt, welche Gnade anziehen: die Einfachen und die großen Mystiker.

Die Glückseligkeit ist dir ganz nahe. Wenn ich dich nichts mehr zu lehren habe, so will das heißen, daß Gott deiner Dienste auf Erden nicht mehr bedarf. Dein Leben wird zu Ende sein, wenn ich deine Gedanken nicht mehr mit göttlichen Fünklein betreuen werde.

Bereite deine Seele vor, mehr und mehr, besser und besser. Die große Leere, die deinem Aufflug vorangeht, hat in dir schon begonnen.

Ich liebe dich, Mama. Unsere Trennung wird nicht mehr lange dauern, Hosanna!... Ich bin so glücklich. Danke Gott. Die geistige Gesundheit entfaltet sich in

---

* Vgl. Anmerkung S. 36. D. Ü.

dir, da deine körperliche dahinwelkt. Alle Orgeln des Himmels werden an deine Ohren klingen.

Das große Schweigen der Nacht summt in deinen Ohren; höre auf das Schweigen. Sammle dich in dieser Empfindung, denn wir erleben sie nach unserem Tode.

Sobald wir die Erde verlassen, gelangen wir in eine Art geschlossener Kugel. Nach unserem letzten menschlichen Seufzer hören wir nichts mehr. Ohne zu wissen, wie wir uns zu verhalten haben, und ohne Orientierungssinn schweben wir im Dunst und können nichts erkennen. Das ist unsere erste Strecke.

Dann lernen wir nach und nach, die göttlichen Strömungen unterscheiden; und himmlische Straßen eröffnen sich uns.

Die erste, über die Welt hängende Schicht, durch die wir schreiten müssen, ist weit wie ein Himmel zu durchziehen. Dieser Raum wird von Kometen belebt. Wir sind völlig verloren in der Fremdheit dieses Weltalls. Ohne, oder beinahe ohne Flügel taumeln wir in diesem Äther umher ebenso unbeholfen wie neugeborne Vögel. Mühsam zielen wir auf höhere Strömungen hin, die wir nicht immer erreichen können, und wir fallen wieder zurück. Endlich erscheinen immer heller werdende Strahlen, und wir erkennen die glorreichen Straßen, die wir zu beschreiten haben, um zu Gott zu gelangen.

Dann beginnt die Wunderwelt der übernatürlichen Dinge.

Hab keine Angst, Mama, ich werde dir helfen. Alles, was ich von dir verlange, ist, rein zu sein, denn die Reinheit macht uns leicht, und je leichter wir sind, um so unbeschwerter bewegen wir uns auf diesen Wolken, die so zart sind wie Libellenflügel. Unsere Schwere läßt uns immer wieder zurückfallen.

Wie du siehst, besteht die ganze Arbeit im Auffinden des erforderlichen himmlischen Gewichtes.

Versuche nicht zu sehr, mir zu folgen; du würdest deine ganze armselige Phantasie verbrauchen, ohne großen Gewinn zu ernten, denn das menschliche Begreifen vermag unser Reich nicht zu überblicken. Sei zufrieden mit den wenigen Hinweisen, die ich dir von Zeit zu Zeit gebe.

Das Wichtigste für dich besteht in einer äußerst straffen Lebensregel, immer auf die Vervollkommnung gerichtet.

Baue die Säulen deines inneren Tempels, wie ein Maurer ein Haus baut. Diese Säulen der Heiligkeit bleiben dir nach deinem Tode.

Bedenke: Die Flammen haben verschiedene Farben, je nach der Güte des Holzes, das verbrannt wird. Genau so ist es mit der Güte deines inneren Herdes. Färbe die Fluiden mit immer reineren Tönen, verzehre dich nur für höhere Sorgen.

Mir geht es immer besser, ich bin stets losgelöster. Meine einzige Sehnsucht bezieht sich auf dich.

Die Trennung war auch für mich sehr hart. Sie ist mein einziges Leid, und Gott will es mir nicht nehmen. Wegen deiner Treue meinem Andenken gegenüber will er, daß wir uns wieder finden; in seinem Reiche: im Reiche der Vollkommenheit.

Ich liebe dich, meine Mutter.

Hier bitte ich Roland, mir ein Gebet zu diktieren, das ich unter sein Bild drucken lassen will.

»Hört auf euren Gott, und seine Stimme steige in euch nieder.

Ihr werdet auferstehen, aber euer Platz im Himmel wird euren Verdiensten auf Erden entsprechen.

Verliert keinen Augenblick, um euer inneres Reich zu bauen.

Handelt, als ob ein Erzengel euch fortwährend zuschauen würde, und wisset, daß nur die ihre Toten wieder finden werden, welche sie nicht vergessen haben.

Das sagt dir Gott durch meinen Mund.«

Die Freude ist in der Seele wie eine Strahlung, die sie empfängt und wieder abgibt.

Du kannst nichts mehr ausstrahlen, weil alle deine Blicke auf dein inneres Leben gerichtet sind.

Die Versenkung ist deine Aufgabe. Du brauchst dich nicht mehr nach außen zu wenden, denn deine Ausweitungen gehen zum Himmel.

Ebenso hast du nicht mehr nötig, tätig zu sein, denn Tätigkeit ist eine Veräußerlichung seiner selbst.

Das Handeln hat menschliche Ziele, die Versenkung aber himmlische.

Du hast die Sorgen um die menschlichen Bedürfnisse hinter dir.

Handeln heißt: Steine zusammenlesen; Besinnen: Sterne pflücken.

Es gibt zwei Kräftebereiche: den menschlichen und den himmlischen. Der erste erstreckt sich auf die Menschen; der andere ist ein Augenblick der Ruhe mit den Engeln.

Besinne unablässig, besinne ohne Pause, und schreibe. Das ist dein Weg.

Nur ein großes Verdienst kannst du dir in Gottes Augen erwerben: die Ergebung.

Ergib dich mit Demut und Adel. Deine Inbrunst sei wie das immer neue Aufsteigen einer Quelle. Nimm das Glück der heiligen Kommunion wie eine Perle in dein Herz auf.

Die heilige Kommunion muß den Durst deiner Seele nach dem Paradiese stillen, wie ein Tautropfen eine Taube sättigt. In diesem Tröpfchen Wasser sind die sieben Farben des Regenbogens; im Brot der Engel ist Gott in seiner Größe.

DIENSTAG, 27. MAI 1947

Menschlicher Lärm und menschliche Stöße finden in dir keinen Widerhall mehr. So muß eine wahrhafte Magd Gottes sein.

Stelle dir einen großen Fürsten vor: seine Zornausbrüche, sein Tadel wirken auf seine Diener, weil er der Herr ist. So ist es für die religiösen Seelen: nur der Herr, der ihr Gott ist, vermag sie zu beschämen.

Fahre fort, dich von den Menschen loszulösen. Dein Sohn sagt es dir. Ich liebe dich.

MITTWOCH, 28. MAI 1947

Die Erde ist ein Abgrund von Leid für alle, die in der Vorbereitung für das Paradies sich befinden.

Du lebst jetzt dein Fegefeuer.

Aller menschliche Schmutz, der wie brennendes Pech auf dein Herz fällt, stellt deine letzte Prüfung dar.

Bei jeder neuen Überlast von Leid wirst du schwach bis zum Tage, an dem deine erschöpften Zellen sterben.

Oh, herrlicher, großer Tag, an dem du ausgelöscht wirst! . . .

Mama, denk an den kläglichen Wurm, der ein Schmetterling werden soll; denk an die Larven, in denen Flügel sich bilden. Diese Verwandlung nehmt ihr als ganz natürlich hin, weil eure Augen sie sehen; ein ähnlicher Vorgang für euch selbst würde euch unmöglich erscheinen.

Trotzdem verwandelt sich auch das Menschengeschlecht.

Fürchte nicht, daß ich dich vergesse. Das Verlorengehen wahrheitsgetreuer Erinnerung ist ausschließlich menschlich und außerhalb unserer Gesetze.

Für viele Menschen verwischt und vergeht, was sie nicht mehr sehen; die Zeit heilt ihre Wunden, das Leben nimmt sein Recht zurück.

Für dich gilt das nicht, im Gegenteil. Die Zeit wird dein Leid noch vertiefen. Je weiter du fortschreitest, um so unerträglicher wird in dir die Sehnsucht, mich zu sehen. Du bist wie die Läufer, die in der Nähe des Zieles ihre Schritte noch beschleunigen.

Mama, jeder Tag, der für dich vergeht, ist ein Schritt näher zu mir...

Meine Anwesenheit fehlt dir. Deine Anwesenheit fehlt mir.

Deine Sehnsucht, mich zu sehen, entspricht gewissen Zuständen in mir; wir sind eben miteinander verbunden.

Ich möchte Feuersbrünste von Sternen in deinen Schlaf werfen können.

Höre: Deine Flügel sind schon in deinem Körper wie in einer Larve; dein Fleisch ist die Puppe; dein Aufflug als ein riesiger Schmetterling ist nahe.

MONTAG, 2. JUNI 1947

Ihr befindet euch im Entwicklungsalter, das wir »menschlich« nennen. Der Unterschied zwischen eurem Menschenalter und uns ist ähnlicher Ordnung, wie der zwischen eurer Epoche und der Steinzeit. Euer Planet hat Fortschritte gemacht, vor allem in bezug auf das Stoffliche, während bei uns dieses Gebiet überwunden ist.

Ihr habt große praktische Entdeckungen gemacht; bei uns hat die Vollkommenheit diesen Zustand überwunden. Wir haben Mäntel aus seelischer Jugendfrische. Alle Tugenden haben eine Substanz. Wir kleiden uns in Güte. Die Güte hat ihre Schwingungen, ihren Glanz. Jede Tugend strahlt Licht aus. Ein Edelstein strahlt; warum soll die Intensität unserer Tugenden nicht dasselbe bewirken können?

DIENSTAG, 3. JUNI 1947

Mama, Mama, lächle mir zu. Deine Seele und meine Seele werden sich nach deinem Tode sofort wiederfinden. Jetzt erreichst du mich mit deinem Denken, mit deinen Träumen. Nach dem Tode wirst du in eine Zone gelangen, in der sich unsere beiden Spannungen verbinden werden. Unsere Schwingungen werden ineinanderfließen und langsam, allmählich, ineinander übergehen.

Was für dich geschaffen worden ist, wird dir wieder zurückgegeben. Das Leben, das wir auf Erden nicht gelebt haben, werden wir in einem vollkommeneren Reiche leben.

Mache dir keine Sorgen um mich, mir geht es gut.

Zwei Tage bist du nicht gekommen, um mir zuzuhören; ich bedaure es. Auf Erden hättest du es nicht über dich gebracht, zwei Tage nicht mit mir zu sprechen... Natürlich ist für dich unsere Unterhaltung sehr unwirklich, du hörst mich nicht, du siehst mich nicht und vermagst kaum zu unterscheiden, ob die Gedanken von dir stammen, oder ob sie dir von einem höheren Willen eingegeben sind.

Denken! Was bedeutet das? Wie soll man diese Fähigkeit des Menschen kennzeichnen?

Die Materialisten erklären es einfach als Ausscheidung des Gehirns. Aber der Wesensgehalt, woher stammt er? Alles Materie? Und das Genie, und die Heiligkeit, woher stammen sie? In dir selbst, woher dieser Reichtum reiner Überlegungen? »Unterbewußtsein«, werden die Ungläubigen sagen. Warum sollten sie eher Recht haben als ich, der ich dir sage: »Mama, dein Sohn diktiert dir, was du schreibst?«

Dein immer auf mich hin gespannter Verstand hat eine Brücke ins Jenseits geschlagen, oder besser einen Draht. Deine Gedanken berühren den Himmel, und auf diesen Strahlenschwingungen kann ich meinen eigenen Geist niedergleiten lassen: geistige Wellen, die du auffängst, weil dein Leid dich in den Zustand himmlischer Aufnahmefähigkeit gesetzt hat. Danke, Mama, fahre fort.

Dein inneres Leben muß sich aufbauen in dir wie eine Folge von Stufen. Dein steigendes Verlangen nach Reinheit muß sich auftürmen inmitten deiner Gedanken wie ein Mausoleum vollkommener Harmonie.

Schmücke deinen Tempel mit allen Siegen deines Geistes über das Böse. Verliere keine Minute; die Zeit drängt. Betrachte, bete, sammle dich mehr und mehr.

Die Nacht ist geeigneter für Gespräche; du mußt den Grund dafür kennenlernen.

Das Licht klingt für uns, und die Töne, die aus der Helle kommen, sind uns weniger günstig als die Harmonien aus dem Dunkel; dies bedeutet, daß die nächtlichen Schwingungen bessere Leitmittel sind.

Vergiß nicht die Bedeutung des Dunkels in der Atmosphäre der Liebe.

Unser Verkehr ist ein Akt höchster Liebe, darum fühle ich mich wohler bei Nacht.

Du möchtest, daß ich von deinem Zustand spreche ... Ich muß lächeln; versetze dich zurück in den letzten Januar.

Glorreiche Tage kommen, dein Leib möge weinen, und deine Seele freue sich. Da du nicht kommen konntest, um mich anzuhören, werde ich dir Träume senden, ich will deinen Schlaf verschönen ...

Ich bete in der Stille einer Kirche, als ein Schatten sich mir zu nähern versucht; ich gehe weiter. Da erscheint mir Roland, und sagt: »Geh nicht weg; dieser ist dein wahrer Bräutigam.«

Die Wesenheit ohne Gesicht ließ mich den Druck eines Kusses auf meiner Stirne verspüren; gleichzeitig streifte sie einen Ring mit einem Saphir an meinen Finger. »Das ist«, erklärte mir Roland, »der Hochzeitsring Gottes. Er eröffnet dir das Tor des Paradieses.« Dieser Stein hat die vielen Farben, die nun unaufhörlich, unter den verschiedensten Formen, in meinen Zimmerwänden wiedererscheinen.

Ich möchte hier beifügen, daß ich oft Farbenspiele in meinem Zimmer sehe; daß sich an einem Sonntag, gegen 3 Uhr, über meinem Bette das Wort formte: BUCH. Die Lettern waren ungefähr 30 Zentimeter hoch und hatten die Farben des Regenbogens. Eine Freundin war Zeuge; überdies rief ich meiner Magd

und sagte ihr: »Was lest Ihr hier?« »Buch, Madame«,
antwortete sie mir.

Du hast noch unendlich viele Wahrheiten in der geistigen Ordnung zu entdecken. Es ist nicht leicht, einen
Schmetterling zu erhaschen, und es ist ebenso schwer,
die Urgründe der großen Gesetze zu begreifen.

Eine ausgezeichnete Übung für dich: dich selbst sehen
zu lernen. Gott ist überall und in dir; aber um Gott
überall zu sehen, muß er in einem wohnen, man muß ihn
in sich besitzen. Dann werdet ihr ihn auf Schritt und
Tritt wiederfinden.

Wenn dein Zustand wirklich gesund ist, wirst du überall Heiliges sehen, selbst an den gewöhnlichen Orten.
Gott liebt es manchmal, sich kundzutun.

Einer der Blumentöpfe, die um das Bild Rolands ste-
hen, wurde am obern Rand auf eine Breite von zwei
Zentimetern wie mit einem Diamanten geschnitten
aufgefunden. Es ergab sich daraus eine Art Armband
aus Glas.

Dieser Ring ist der Hochzeitsring deines zukünftigen
Lebens. Versuche, den Glaskranz zum Klingen zu bringen. Er wird dir durch seine reinen Töne den Wohl-
laut einer himmlischen Symphonie vermitteln.

Auf die Angaben Rolands hin habe ich versucht, den
Glasring zum Erklingen zu bringen; aber ich brachte
keinen Ton heraus, und erst durch die Mitteilung vom
15. Juni hatte ich die Erklärung dafür.

Den ganzen Tag hast du an die Fragen gedacht, die du mir heute abend stellen möchtest; und den ganzen Tag habe ich nachgedacht, wie ich dir antworten könne.

Deine Frage betrifft den Schlaf, du möchtest, daß ich dir vom Schlafe spreche.

Wie du weißt, habt ihr drei Zustände: den wachen, den Schlafzustand mit Träumen und den ohne Träume.

Höre mir zu: ich will versuchen, sie dir begreiflich zu machen. Dein Schlaf ist teilweise ein Sterben deiner Hülle; dieser Schlaf ist sehr wohltuend für euch, denn der eingeschlafene Körper ist von aller menschlichen Tätigkeit entlastet und lebt nur noch durch den Geist. Wenn du träumst, steht die Maschine still, und trotzdem formt sich ein ganzes Weltall in dir: Empfindungen, Freude, Schmerzen beschäftigen die Phantasie; du siehst, du hörst, du tastest, und trotzdem sind deine Glieder unbewegt.

Was gibt es Herrlicheres als die Zauberwelt eines schönen Traumes? ... Erreichst du nicht in diesen unwirklichen Wirklichkeiten dein vollkommenstes Glück? Welches Geheimnis! Du kannst dich im Paradies ergehen, kannst einem Engel begegnen, du kannst mich hören, wie wenn ich hier wäre. Der Schlaf ist ein Eindringen des Menschen ins Jenseits, zu seinem Wohle und zu seinem Wehe; denn oft bringt er Alpdrücken. Diese Alpträume sind den schmerzgeladenen Zonen, die das Paradies umgeben, gar nicht so fremd. Furien versuchen ebenfalls, euch zu verfolgen. Habt ihr nicht das Beispiel der Millionen Insekten vor Augen, die in der Natur wimmeln? Sie geben dir eine Vorstellung der Sühnezonen: der Kampf der Spinne und der Fliege, der Eidechse und des Insektes, der Katze und des Vogels, soviele Scheusale aufeinander losgelassen. In den Kämpfen eurer Alpträume bekommt ihr einen Begriff von den dämonischen Welten, die ihr durchschreiten müßt, wenn ihr fern von Gott lebt.

Was den traumlosen Schlaf anbelangt, so ist er ein erinnerungsloser Zustand, ein Riß in eurem Leben. Aber dieser Schlaf, ihr wißt es alle, stärkt. Warum, Mama? Dieser Schlaf ist der Aufflug eurer Seele in so wohltuende Zonen, daß ihr vollständig neu gestärkt wieder erwacht. Aber ihr erinnert euch an nichts. Er ist für euch wie ein Tod, oder wie eine Besinnungslosigkeit; in Wirklichkeit ist er eine Überführung in nährende Atmosphären, wo eure Zellen lebensstärkende Kräfte einatmen. Ihr entschwindet auf stärkende Gefilde, wo eure Nerven Vitamine finden.

Diese Stunden des Nichts, die euch abspalten vom Leben, erscheinen euch geheimnisvoll, sie sind aber ein Teil der großen Schöpfung Gottes. Wenn ihr traumlos schläft, seid ihr in Wirklichkeit Bereichen angeschlossen, die der Wiedergewinnung der Kräfte dienen. Das Manna, das in euch gleitet in diesen Augenblicken, gleicht dem Wasser, das man einer Pflanze gibt.

Danke Gott, denn jede Nacht mit tiefem Schlaf ist ein Geschenk des Himmels. Die Engel bemühen sich um euch und liebkosen eure erschöpften Glieder.

Nächte ohne Träume sind Nächte in den Erholungsräumen des Paradieses verbracht, um himmlischer Stärkung teilhaftig zu werden.

MITTWOCH, 11. JUNI 1947

Deine Tränen stören die Wellen deiner Seele wie ein Stein, der das Wasser bewegt; und wir laufen Gefahr, in den Kreisen dieser Schwingungen zu versinken, wie in einem Sturm. Genug geweint, Mama. Gib dir mehr Mühe, mir zuzuhören; du solltest deine Seele reicher schmücken. Suche, suche unablässig den Himmel, wie ein Jagdhund die Spuren des Wildes. Kreise um das Göttliche, wandle immerfort vor den göttlichen Gesetzen, versuche, einige neue Wahrheiten zu fassen. Werde nicht müde, dein Heil hängt davon ab. Schreite immer

wieder die ausgetretenen Wege ab mit suchenden
Augen; vielleicht ist unter kleinem Reisig eine Blume
verborgen, die du noch nicht kennst. Suche immerfort
die Wahrheit; sie ist nicht leichter zu finden als ein Ma-
rienkäferchen in einer Wüste. Wenn du mir treu bleibst,
wenn du stets an Gott, an die Engel, an den Himmel
denkst, wenn du immerwährend mein Reich dir vor Augen hältst, wirst du schließlich bestimmt eine Einladung
erhalten. Oh! wenn es nur meines Willens bedürfte,
wärst du schon lange hier; aber wir haben auch unsere
Gesetze. Entfalte deinen Mut wie zwei große Flügel, um
nicht zu sehr in den Abgrund des Leidens zu versinken.
. . . . lebt nicht, wie ich es wünsche. Du aber stehe Wache
vor dem Himmel.

DONNERSTAG, 12. JUNI 1947

Sei sehr besorgt, ja peinlich bemüht um die Pflege deiner Seele. Die Gepflogenheiten der Frömmigkeit sind
für das zukünftige Leben ebenso notwendig wie das
Turnen für den Körper.
    Von nun an werde ich dich tiefer einweihen in die gött-
lichen Geheimnisse. Ich werde in einen neuen Kreis der
Vollkommenheit treten, und du mußt mir folgen können. Der Traum, den ich dir diese Nacht gesandt habe,
ist eine Mahnung. Du hast tausend neue, himmlische
Blumen zu pflücken. Du wirst, um in diesem rasenden
Laufe nicht den Atem zu verlieren, recht viel arbeiten
müssen.
    Erneuere dich, laß deinem Geiste die Erkenntnisse al-
ler jener zufließen, die Gott nahegekommen sind. Baue
Gerüsttürme mit deinen Gedanken, ausdauernd, gleich
einem Bergsteiger, der einen Gipfel sich zum Ziele gesetzt hat; oben kannst du mich besser hören. Schlafe.

Wir sind denen, die uns nicht vergessen, so sehr verbunden, daß wir es wie Luftlöcher empfinden in den Stößen der von der Erde aufsteigenden Fluiden, wenn ihre Gedanken nicht mehr so regelmäßig zu uns gelangen. Wir haben Pfeiler aus Schwingungen nötig. Sie erhöhen unser geistiges Wohlbefinden.

Eine Kugel kann tanzen auf der Spitze des Wasserstrahls eines Springbrunnens; so ist eure Inbrunst ähnlich Säulen von Fluiden, die uns tragen.

Das Geistige muß noch tiefer in dein Leben eindringen. Mama, ich bin voller Freude über unsere Gespräche. Mama, du hast Grund, dich zu freuen.

Deine geistige Daseinsweise muß auf alles ausstrahlen. Heilige Schwingungen müssen aus dir strömen wie der Klang einer Glocke. Aber du kannst dieses Widerhallen nur erreichen, wenn du rein bist wie ein Kristall. Dann wird der Anschlag des Himmels auf deine Seele ein himmlisches Klingen auslösen.

Damit dieses Wunder geschehe, muß ein unablässiger Eifer in der Suche nach Gott und nach Reinheit vorhanden sein.

Hier breche ich ab, denn ich verstehe plötzlich, worauf Roland hinzielt. Er spricht mir, symbolisch, vom Kristallring. Ich hatte einer Freundin von meiner Enttäuschung erzählt wegen des Klanges, den der auf wunderbare Weise von unsichtbarer Hand geschnittene Glasring erzeugen sollte; sie nahm ihn zur Hand und stieß ihn an verschiedene Gegenstände, aber der Klang blieb stumpf. Voller Zweifel sagte ich ihr, daß Roland mich getäuscht habe. Sie fuhr mit ihren Versuchen fort und kam endlich auf die Idee, ihn gegen Kristall zu stoßen; sogleich erklang ein reiner Ton.

*Roland hat mir ein stoffliches Beispiel gegeben, um mir
das Symbol der Reinheit zu erklären.*

Du solltest nie so lange Zeit verstreichen lassen, ohne
mich anzuhören. Es ist besser, wenig zu hören, als Ge-
legenheiten zu verpassen, die für deine Seele von höchster Bedeutung sein können.

Eine Armee im Kriege entfernt sich nicht vom Schlachtfeld; ihr Ziel ist der Sieg, sie zieht sich erst zurück, nachdem sie sich geschlagen hat.

Sei darum immer wie ein Soldat auf dem Posten, wie
eine Wache an der Himmelspforte. Es ist nicht zu ver-
antworten, wenn du aus Nachlässigkeit einer Wohltat
verlustig gehst.

Mach nicht, daß die Engel deiner überdrüssig werden.

Es ist ebenso schwer, die himmlischen Pfade zu finden
wie eine Piste in der Wüste...

Unsere Angelpunkte sind die Liebe; hier richtet sich
alles nach unserer Kraft zu lieben...

Die Reise zu Gott ist eine lange, von Halten unterbro-
chene Pilgerschaft.

Ein großer Baum ist neben mir gewachsen. Dieser Baum
ist übervoll von Früchten. Ihr habt die Geschichte der
Eva. Ich kann dir darüber nicht mehr sagen, denn das
Verständnis würde dir fehlen.

Dein Übermaß an Leid entspricht sehr meinen Zuständen. Dein Unbehagen stammt von mir. Unsere Seelen
sind so sehr zusammengekoppelt, daß, wenn meine unruhig ist, auch deine in Mitleidenschaft gezogen wird.
Die Saite und der Ton einer Geige sind eins, ebendas
gilt für uns.

Versuche, dich nicht unablässig an mein Erdenleben zu erinnern, arme Mama; du irrst in der Vergangenheit umher wie in einem Dornenwald. Jedes meiner Worte und jede meiner Gebärden machen deinen armen Kopf bluten.

Hör auf, hinter dich zu blicken; dein Werden, deine herrliche Zukunft sind in deinem Tod.

Dein Gefühl, das dich immer drängt, die Hülle des Himmels zu zerreißen, ist gut. In Wirklichkeit trennt uns eine undurchsichtige Schicht; dieser Schleier muß durchstoßen werden, damit wir uns finden können.

SONNTAG, 22. JUNI 1947

Blicke nach vorne. Ihr habt die schlechte Gewohnheit, in der Vergangenheit herumzustochern. Es nützt nichts, immerfort menschliche Erinnerungen aufzuwühlen; es ist nicht die Erinnerung an eure Fehler, was euch zu bessern vermag, sondern das Vorbild des Schönen. Es steht vor euch wie zur Ernte.

Erneuert euch viel mehr durch die Liebe zum Schönen als durch den Abscheu vor dem Häßlichen.

Darum müssen eure Augen zum Himmel erhoben sein. Hinter euch steht immer nur ihr selbst; vor eurer Inbrunst ist das Göttliche. Es streckt euch die Arme entgegen, es liebt euch so hochherzig, daß ihr in Tränen ausbrechen müßtet beim Gedanken, es zu beleidigen. Könntet ihr Nadeln in das Haupt einer Taube drücken?

Der Heilige Geist ist eine reine Taube, so rein, daß seine Helle euch als erstrebenswertes Ziel erscheinen muß.

Erneuere dich durch den Wunsch, der Vollkommenheit nachzustreben, statt aus Angst vor der Sünde. Schaffe in dir ein Klima, das dich zur Verwandlung aus Liebe führt.

Das ist das Gesetz, das Gesetz der Freunde Gottes...

Du möchtest noch mit mir zusammenbleiben, Mami, aber ich muß gehen.

Plötzlich verändert sich meine Schrift, und die Ein-
gebung ist abgebrochen.

Du wirst nie genug überzeugt sein von der Bedeutung
unserer Gespräche. Sie sind dir nützlich und jenen, die
sie lesen . . .

Soll ich dir sagen, daß auch wir schlafen, und ich Lust
dazu habe? Du kommst spät. Ich habe einem Freunde
aufgetragen, dir eine Nachricht zu übermitteln, aber der
leichtfertige Kamerad ist verschwunden, ohne meiner
Bitte nachgekommen zu sein.

Ich bin schläfrig. Darum guten Abend. Auf morgen.

Ich will dir von Zeit zu Zeit Überraschungen zu Füßen
legen, an denen du dich stoßen wirst. Das sind unsere
Schelmereien, unsere Späße. Ihr sagt bei diesen Vor-
fällen: »Eigenartig, ist es Zufall?« Und ihr seid unsicher.

Du mußt wissen, daß es keinen Zufall gibt. Das Wort
ist bei uns verpönt, wo alles durch den göttlichen Willen
geordnet ist.

Versuche nie, den Willen und das Wirken Gottes auf
Erden von einander zu trennen.

Dieser Unbekannte hat dir vom Stande der Gnade gesprochen, und er ist Spezialist für die Krankheiten, auf
die man mich gepflegt hat.

Ich muß hier eine unerklärliche Begegnung erzählen.
Eines Abends spazierte ich im Garten der Tuilerien, al-
lein und verzweifelt, immer vom schrecklichen Drucke
belastet, nicht genau zu wissen, an welcher Krankheit
mein Sohn gestorben ist; drei Monate nach seinem
Tode hat die biologische Untersuchung die Diagnose

der Ärzte umgestoßen. Ich saß vor dem Brunnen der
Tuilerien, als ein Unbekannter einen Stuhl nahm und
neben den meinen hinstellte. Ich habe nicht die Ge-
wohnheit, mit jemanden ein Gespräch aufzunehmen,
der mir nicht vorgestellt worden ist; normalerweise
hätte ich mich entfernen sollen, aber ich tat es nicht.
Der Unbekannte erklärte mir, daß er Spezialarzt sei.
»Welcher Richtung?« fragte ich.
Er nannte den Namen der Krankheit, auf die Roland
zu Unrecht behandelt worden war. Endlich konnte ich
tausenderlei Fragen stellen, die mir auf den Lippen
brannten, da ich unter meinen Bekannten keinen Arzt
habe und selbst nicht den Mut fand, sie andern vorzu-
tragen.
Der Unbekannte schloß meine Erklärungen ab mit den
Worten: »Eine gute Diagnose ist ein Zustand der
Gnade.«

Es war ein Dolmetscher, ein Beauftragter, den ich zu
dir hingeführt habe. Es ist uns leicht, unsern Willen in
einen schönen Park niedersteigen zu lassen bei ein-
brechender Nacht. Diese Stunde ist uns willkommen.
Manchmal ist es uns leichter, unsere Rollen durch Unbekannte spielen zu lassen, als unsere Freunde zu führen
und ihre Irrtümer in Werte umzuwandeln.

Für uns liegt darin eine Art mühsamer Rodungsarbeit,
denn es geht darum, eure Fehler umzupflügen; und unsere Instrumente sind so zerbrechlich. Euren widerspen-
stigen Verstand mit seraphischen Fingern zu bearbeiten,
welche Aufgabe! Darum höre ich nicht auf, dir zu wiederholen: »Mache dich geschmeidig und bearbeitungs-
fähig, Gott will es.«

Reinige deinen Geist von allem menschlichen Staub, der
im Alltag deiner Tage ohne Größe schwebt.

Die Anhäufung unnützer Worte ist wie eine Ausschwei-
fung; sie zerstört das Gleichgewicht.

Das Schweigen ist solchen Wellen täglichen Geschwät-
zes tausendfach vorzuziehen.

Bleibe in der Einsamkeit und lerne, inmitten der Unendlichkeit eine besinnliche Königin zu werden.

O wundervoller Friede, der Friede der Seelen, die langsam auf den himmlischen Pfaden voranschreiten! Das
Auge Gottes begleitet sie. Ihr Pilgerstab ist das Gebet.
Herrliche Prozession, die in den Windungen des geistigen Lebens emporsteigt.

Das Ende der Reise ist der Tod. Suche fortwährend
Boden zu gewinnen in der Richtung des Himmels.

DONNERSTAG, 26. JUNI 1947

Weiche nicht von deiner Lebensregel ab, die darin besteht, dir über die geistigen Wellen Durchgänge zu
schaffen. Die Gewohnheit, mit diesen heiligen Schwingungen zu spielen, wird dir eine große Hilfe sein; du
wirst wie ein Seiltänzer auf Strahlen schreiten können,
und deine Seele wird sich mühelos auf den durchsichtigen Wolken des Jenseits im Gleichgewicht halten.

Es ist nicht leicht, auf Spitzen laufen zu lernen.

SAMSTAG, 28. JUNI 1947

Den ganzen Tag über habe ich nachgedacht, was ich dir
heute abend erklären soll.

Um sich dauernd entfalten zu können, muß man im
Klima göttlicher Liebe leben. Das Klima göttlicher
Liebe findet ihr in der Kirche. Die Kirche ist das Haus
Gottes, alles in ihm dient der Anbetung.

In diesen Tempeln des Gebetes sollt ihr nur geistige
Schwingungen und himmlische Glut verpüren: zur übernatürlichen Liebe.

Für die menschliche Liebe habt ihr andere Gebräuche. Gott sagt: »Liebe deinen Nächsten wie dich selbst.« Suche in diesen Worten die ganze Lebensweisheit.

Es ist in der Tat sehr wichtig, liebende Schwingungen zu empfangen und abzugeben; die andern, die mit Bosheit geladenen, haben ein unsichtbares Gift, das die feineren Menschen tötet, will sagen diejenigen, die kraft ihrer Entwicklung schon an den Toren des Himmels stehen.

Die Tintenfische, aus der Gattung der Schalentiere, speien Tinte aus. Auch bei den Menschen verspritzt die Bosheit Tinte. Sie ist unsichtbar, aber ebenso beschmutzend wie die andere. Du mußt dich hüten vor haßgeladenen Schwingungen, denn sie vermöchten letztendlich deine lebenerhaltende Widerstandskraft zu erschöpfen.

Meide ebenso die Kritik. Dieser Geisteszustand ist eine verdorrte Frucht.

SONNTAG, 29. JUNI 1947

Um dich mit Liebe zu nähren, mußt du dir ein Klima von Liebe schaffen. Ich spreche selbstverständlich von der Entfaltung des Herzens, wo die Seele ihren Wohlgeruch verbreitet.

Die Geschöpfe lieben, heißt sie mit Zuneigung beglücken.

Es gibt Blumen, die duften nach der Erde, in die sie gepflanzt sind.

So ist es auch mit der Liebe. Ihr Gehalt ist verschieden, je nachdem ihre Wurzeln in mehr oder weniger himmlischem Boden wachsen.

Wenn eine Biene Heidekraut aufsucht, riecht ihr Honig nach Heidekraut. Wenn eine Biene auf Jasmin sammelt, riecht ihr Honig nach Jasmin.

Wenn eine Seele sich von den reinen Blumen Gottes nährt, riecht sie nach Himmel...

Wohltun muß von der Liebe durchtränkt sein.

Liebe, liebe die Unglücklichen, liebe die Glücklichen, liebe alle, die Gott auf deinen Weg stellt, denn deine Aufgabe ist, weder zerbrechen noch leiden zu machen.

Liebe die, die ich geliebt habe, und schließ die Augen vor den andern, vor allen jenen, die nicht wissen, daß du stirbst, und die mit dir spielen, als ob du leben müßtest.

Wirf ihnen über die Mauern, die euch trennen, Rosen hin. Wenn sie dich lieben, werden sie ihren Duft atmen; wenn sie dich nicht lieben, werden sie sich die Finger verletzen; denn man kann nur von denen Liebe empfangen, die man liebt.

JULI 1947

7. JULI 1947

Mit den Dingen, die deiner Seele fremd sind, beschäftige dich nur, wenn sie keinerlei Spur in dir zurücklassen.

Verdunkle deine Gedanken nicht mit irdischen Sorgen; im Gegenteil, schau zu, daß keine menschliche Furche deinen geistigen Acker durchziehe, denn er muß stets tadellos eben sein.

Man muß es vermeiden, seine Zeit im Labyrinth der Menschen zu verlieren. Deine Kämpfe, deine Siege müssen zum Himmel ausgerichtet sein. Die großen Gesetze Gottes müssen deine Angelpunkte bilden.

Ich bin an der Schwelle eines neuen Jahres bei euch. Und ich bin in der Ewigkeit des übernatürlichen Lebens. Schlafe.

8. JULI 1947

Das Schweigen bildet wohltuende Schichten über dir. Warum erlernen die Menschen das Schweigen nicht?

Der Gebrauch der Sprache sollte auf seltene Augenblicke beschränkt bleiben. Die Gewohnheit, dauernd zu reden, verbildet die Feinfühligkeit. Ihr zieht es vor, zu schwätzen, statt Schwingungen aufzunehmen und abzugeben. So rostet die Fähigkeit des Fühlens ein. Man muß das innere Instrument unablässig üben, um seine Seele beschwingt zu erhalten!

Ich verbiete dir unnütze Worte, betrachte sie als Brennnesselfeld. Gott liebt das Schweigen. Die großen, stummen Zonen, die euch während des Schweigens umhüllen, sind für uns leicht zu durcheilen.

Der Lärm erschreckt uns. Wir sind wie furchtsame Vögel, die sofort ihre Flügel in Bewegung setzen, um der Roheit ungeordneter Töne zu entfliehen.

Mama, laß angenehmes Klima in dir reifen, damit ich in deinem inneren Himmel mich ausruhen kann; lege Himmelsbläue in deine Gedanken. Ziehe in deinem Herzen Blumenwege; und alles, was aus dir strömt, sei wie Wolkenbänke, auf denen ich mich zum Schlafe niederlegen kann.

Fliehe die rohe Stofflichkeit, die positiven Wissenschaften sollen Schrecken in dir auslösen, und fürchte den Rationalismus bis zum Entsetzen.

9. JULI 1947

Rolands Geburtstag. Er wäre heute sechzehn Jahre alt

Du kannst nicht alles wissen, was heute in mir vorging. Ich bin dir Schritt für Schritt gefolgt ...

Wolken von Schmetterlingen schweben an mir vorbei.

Gott, mein Vater, hat meine Stirne aufgerichtet ...

Bänder von Himmeln haben sich unter meinen Füßen angehäuft, ich war von Gesang umklungen.

Hier ist Harmonie von gewaltiger Bedeutung.

Ich habe heute lange die Erde betrachtet; und eure Gedanken, die sich besonders stark mit mir beschäftigt haben, sind mir wie Leuchttürme erschienen, sie haben weite Lichthöfe gebildet und die undurchsichtigen Schichten menschlichen Dunstes durchbrochen.

Wenn ihr wüßtet, wie eure Inbrunst uns erfreut!

Beschäftige dich immer mehr mit Gott, sei stets mehr von der Liebe zum Himmel erfüllt. Sei brennend, sei glühend in deiner Leidenschaft nach dem Göttlichen. Suche, bilde, schaffe in dir unablässig das übernatürliche Reich; es hat wenig Bedeutung, wenn du dich irrst in deiner Vorstellung vom Jenseits, wesentlich ist, daß du dich verzehrst für das, was des Himmels ist.

Deine Vorstellungen sind gewiß oft ungenau, da ihr nur über menschliche Ausdrücke zur Ausmalung des Übernatürlichen verfügt. Aber diese Fehler sind unwichtig, wenn man die Flamme besitzt, das heißt, die brennende Glut, mit der Gott angegangen werden muß.

Höre mir gut zu. Nichts kann dir hienieden von Nutzen sein als die Sprossen, die deine Jakobsleiter bilden. Diese Leiter ist an den Himmel gelehnt; nur ihre Füße stehen auf der Erde; das Entstehen jeder Sprosse ist eurer Entwicklung zu verdanken. Bemühe dich, daß nicht zu viele fehlen zwischen dir und Gott.

Du sollst dazu kommen, alle deine menschlichen Wünsche zu überwinden. Die Stürme wühlen das Meer auf und bringen Schiffen den Untergang. Wenn du dieses Schauspiel von der Höhe eines Uferfelsens betrachtest, bleibt dein Gleichgewicht bewahrt. Der Mensch muß es vermeiden, sich in den Wirbeln menschlicher Abgründe herumzuschlagen. Das ist die Haltung, die ein rechter Diener Gottes zeigen muß.

Gebet und Sammlung hängen in die Gebüsche eurer Gedanken reife Früchte, die Gott zu pflücken liebt.

Die Äste deiner Seele sollen wie die Äste eines Baumes sein, der unter der Last der Früchte zusammenbricht.

Dann werden Schwärme von Engeln kommen, um das Beste von dir zu sammeln.

Sei eine himmlische Speise, ein Mahl für die Seraphim, eine Nahrung für die Dahingeschiedenen....

Die Spur deiner Schritte muß nach deinem Tode auf den Wegen, die zu Gott führen, leuchten; und diese Schritte aus Licht dienen denen als Führer, die nach dir kommen. Wieviele Wege öffnen sich uns nach dem Tode!

Wir verlieren uns immer auf dem Kreuzpunkt von tausend Wegen und wissen nicht, welchen wir einschlagen sollen. Die Straße des Triumphes können wir erst erkennen, wenn unsere Wellen ihren Schwingungen entsprechen.

FREITAG, 11. JULI 1947

Ein großes Bild wird sich vor deine Augen stellen; ich werde dieses Bild beleben; ich kann dir noch nicht sagen, ob es aus den Wolken deiner Vorstellungskraft kommt, oder ob es, im Gegenteil, dir vor die Augen fällt. Kommt es langsamen Schrittes auf dich zu, oder wird es in dir gefangen sein? Nichts ist noch festgelegt.

Warte, denn der Plan ist noch nicht ganz fertig. Bleibe ohne Neugierde am Rande dieser Worte, verhalte dich einfach wie ein Schäfchen Gottes.

SAMSTAG, 12. JULI 1947

Ich bin wieder höher hinaufgelangt und habe Mühe, dich zu sehen, ich habe nur durch die obersten Spitzen deiner Tugenden Verbindung mit dir.

Die Heiligkeit muß in dir aufsteigen wie ein Springbrunnen, und der kristallklare Strahl muß sich stets höher erheben. So machst du die Hälfte des Weges, und ich habe nicht mehr so tief hinunterzusteigen, um dich anzutreffen.

Ich weiß nicht, ob ich lange auf dieser Ebene bleiben werde; ich kann dir von meiner Umgebung nichts mehr beschreiben. Alles ist festgenagelt auf eurer Erde, eure Entwicklungen sind langsam, ihr besitzt kein Übergefühl in euch; es scheint mir, daß du ein Jahrhundert benötigst, um einen Zentimeter Weisheit zu gewinnen.

Ihr werdet von keinem Feuer verzehrt; euer Glaube an Gott ist dumpf; eure Liebe glanzlos. Die Inbrunst der Anbetung scheint dir völlig zu fehlen; und doch sind es diese Schwingungen allein, die reine Töne erzeugen.

Strahle, strahle, wie ein makelloser Diamant, so wirst du Gott erreichen.

Verliere dich nicht in Kleinigkeiten. Wenn du den Himmel betrachtest, richtet sich dein Blick gerade aufs Ziel; eine ebenso gerade, aufsteigende Linie wie deine Augen müssen auch deine Gedanken halten, wenn sie zum Himmel sich erheben.

Umschweife und Umwege zur Erreichung eines Zieles gehören nicht mehr zu deiner Entwicklungszone. Überlasse solche Kreise denen, die noch Menschliches im Spiele haben. Dein Spiel ist das Spiel der Engel, es ist göttliches Spiel.

Dein irdischer Wettkampf ist verloren, du kannst nur noch den himmlischen gewinnen. Sei darum groß in deiner Haltung und eigne dir das Benehmen einer Dame an. Wirf dich ohne Stolz hin zu Füßen Gottes und fühle dich klein vor der Vollkommenheit. Sei stark in deinem inneren Leben, errichte in dir Türme der Liebe und bete unablässig.

Bete, wie man ißt und atmet, um zu leben.

Meine arme, unvernünftige Mama, immer gleich verzweifelt. Deine großen, reinen Höhepunkte des Leidens
sind wie Nachtigallengesang in meiner Landschaft.

Stelle dir vor, unser Boden sei das Firmament und die
Steine auf unserem Wege seien Sterne. Aus was bestehen sie, diese Sterne? Aus allem Gleißen eurer Glut.

Deine Tränen perlen in meine Morgen wie Tautropfen, und deine Gebete bilden Guirlanden der Erquik-
kung um meine Seele.

Du darfst nicht glauben, euer treues Andenken sei uns
nicht kostbar; wir spüren eure Aufmerksamkeiten so
lebendig wie einst, als wir noch auf Erden waren. Die
Verehrung, die du mir bezeugst, macht mich glücklicher, als andere es sind; sie ist ein Vorrecht, ich bin begünstigt.

Wenn es bei euch einem Menschen gut ergeht, sagt ihr,
er habe Glück, und fügt hinzu: »Warum gelingt ihm alles?« Ihr könnt euch einen solchen Schutz nur schlecht
erklären. Doch ist die Tatsache ganz einfach; diese
Menschen befinden sich in einer Entwicklung, wo ihnen
ein Schutz gewährt wird; sie haben einen Führer.

So ergeht es mir. Deine Liebe umgibt mich mit einer
schützenden Atmosphäre und schafft mir eine Art von
glücklichem Gelingen im himmlischen Reich. Deine
Treue stützt mich, deine Zärtlichkeit läßt die andern
sagen, als ob ich noch auf Erden wäre: »Wie ist er vom
Glück begünstigt.«

Wie sehne ich mich, dich zu sehen!

Der Heilige Geist wird wahrhaft in dich niedersteigen,
wenn deine inneren Harmonien völlig auf die himmlischen abgestimmt sind.

Lerne, den geringsten geistigen Hauch, der dich berührt, in Glückseligkeit umzuwandeln. Alle diese Töne sind von Gott gesandt, damit du deine innere Symphonie vollendest.

Ein Stück Sommer, eine schöne Landschaft, ein reines Wort: alles Akkorde, die den Schlußsatz deines himmlischen Liedes anschwellen machen.

Deine Seele muß lernen, locker zu werden wie die Finger auf den Tasten eines Instrumentes. Übe dich immerfort, deinen Geist zu verfeinern. Ein Bogen streicht tausend und tausendmal über eine Saite, bis er einen vollkommenen Ton erzeugt. Mache es ebenso in deinem inneren Leben, damit der Klang deiner Gebete übernatürliche Schwingungen erzeuge.

Ich stehe an den Grenzen einer noch schöneren Welt; wachse über dich selbst hinaus, um mir zu folgen, und Frieden möge in deinem Herzen herrschen; denn tiefe Ruhe ist die erste Bedingung, daß die großen Strömungen euch zu berühren vermögen.

MITTWOCH, 16. JULI 1947

Nichts zwingt dich, mich jeden Abend anzuhören, und trotzdem kommst du. Die Anziehung ist für dich unwiderstehlich, nicht nur, weil du mir näher bist, sondern auch, weil du in den himmlischen Gewässern deinen Durst zu stillen liebst. Unbewußt spürst du die Frische der Quellen, und tastend gehst du auf diese Brunnen hin.

Arme Menschen, die ihr euch so wenig der geheimnisvollen Kräfte bewußt seid, die um euch herum auftauchen!

Der Stoß, der dich so gründlich traf, war nötig, damit du lerntest, deine Lippen über diese göttlichen Sprudel zu neigen. Trinke in großen Zügen die Wasser des Himmels, damit dein Blut sich belebe; nichts möge mehr in dir Bestand haben als reine Gedanken.

Meine Freunde, die Engel, werden dir helfen, die Unendlichkeiten der Gnaden aufzuspüren, die euch umgeben, und die ihr nicht seht.

Gewöhne deine Augen, die Wohltaten Gottes zu erkennen; sie sind so zahlreich für euch wie die Mücken für die Vögel. Lerne, diese himmlischen Speisen in vollem Fluge nicht zu verfehlen. Euer Weltall ist übervoll von ihnen; aber ihr lebt mit verschlossenem Herzen, und eure Seelen sterben vor Erschöpfung.

DONNERSTAG, 17. JULI 1947

Verwandlungen werden dich überfluten; das ist das Zeichen, daß du die Ebene wechseln wirst.

Der Wechsel der Ebene zeigt sich in folgendem: die äußeren Zeichen verlieren den Wert, denn dein eigener Wert ist es, der sie umgibt. Mit anderen Worten: Die Dinge existieren nicht, du bist es, der sie schafft, und du schaffst sie nach deinem Ich.

Die Linien einer Landschaft sind völlig in deinen Augen enthalten. Die Farben, zum Beispiel, schwingen nur, wenn du sie selbst besitzest. Du siehst nur rot, wenn deine Empfindungskraft rot erzeugt. Der Himmel ist blau, weil in deinen Augen Bläue ist. Wenn du alle diese Farbstufen nicht in dir hast, schwingt nichts, singt nichts, existiert nichts.

Da du dich in Zukunft den himmlischen Harmonien anpassen willst, wird alles in dir im Einklang mit meinem Reiche leben, und die große Umstellung wird vollzogen, das heißt, du erhöhst das Irdische auf die Ebene des Himmlischen.

Deine Augen mögen in Zukunft dein All in einen übernatürlichen Mantel hüllen.

FREITAG, 18. JULI 1947, ELFEINHALB UHR

Laß dich nie von deinem verborgenen Leben ablenken; hüte dich vor schlechter Atmosphäre ebenso heldenmütig, wie ein Krieger auf einem Schlachtfeld kämpft. Das Schwert soll nur zur Verteidigung des menschlichen Lebens dienen. Es gibt aber auch andere Waffen: zur Verteidigung der Seele. Sie müssen, erbarmungslos, schlechte Strömungen zerstören und die unreinen Kräfte dezimieren.

Der Schild ist erfunden worden, um den menschlichen Körper zu schützen; besorge dir auch Schilde, um dein geistiges Leben vor bösen Schlägen zu bewahren.

Deine inneren Städte sind zerbrechlich; denn sie sind in allen Teilen aus deinem Eifer aufgebaut; es braucht manchmal sehr wenig, um diese himmlischen Bauten aus den Fugen zu werfen.

SAMSTAG, 19. JULI 1947

Dein Körper stellt Forderungen, die zu befriedigen du dich bemühst. Er hat Durst, du trinkst; er hat Hunger, du gibst ihm zu essen; er hat heiß, du suchst Kühlung; er hat kalt, du suchst die Wärme.

Lerne erkennen, daß dein geistiges Ich ebenso viele Bedürfnisse hat wie dein Körper. Und daß es wichtiger ist, die Forderungen der Seele zu befriedigen als die des leiblichen Organismus; denn es geht darum, die Gesundheit des inneren Lebens zu erhalten, deines ewigen Lebens.

Achte auf das Wachsen und die Entfaltung deines Strebens und nähre es mit ebensolcher Sorgfalt, wie du ein Kind nähren würdest, auf daß es lebe.

SONNTAG, 20. JULI 1947

Mama, Mama, versuche nicht, dich aller Gedanken zu erinnern, die ich dir heute morgen gesandt habe; sie müssen deinen Geist durchziehen wie ein Vogelflug, ohne Spuren zu hinterlassen. Es sind Harmonien, die ich in dich hinabsenkte, um dir den Ton des Himmels zu geben; aber die Arbeit deiner Entwicklungen muß von dir geleistet werden.

Deine Beine tragen deinen Körper, und in langen Märschen vermagst du große Distanzen zu überwinden. Das gilt auch für die Durchschreitung der geistigen Etappen: nur im Schweiße eurer Entwicklungen vermögt ihr die steilen Wege aufzusteigen, die zu Gott führen.

Die Distanzen! Hast du jemals an die harten Prüfungen der Pilger von einst gedacht, die nur ihre schwachen Glieder besaßen, um zum Ziele zu gelangen. Es ist etwas vom Härtesten an eurem Lose, an die Erde gebunden zu sein, Gewicht zu sein, an eine dichte Masse gekettet. Daher euer Staunen vor dem Flug der Vögel.

Welcher Mensch hätte nie Sehnsucht gehabt, Flügel zu besitzen? Arme, an die Erde genagelte Menschen, die ihr über Steine stolpert und oft über sie fällt!

MONTAG, 21. JULI 1947

Das Wasser fließt klar nur in einem sauberen Bette.

So ist es auch mit meinen Mitteilungen. Sie können nur klar sein, wenn du selbst dich im voraus bemüht hast, lauter zu werden ...

Was ist es doch Großes um den Gesang der Nachtigallen in der Nacht! Er wird verzehnfacht durch den Umstand, daß sie ihre Töne in die tiefe Sammlung des Schweigens singen. Deine Seele soll friedvoll sein wie ein Sommerabend, wo alles schläft. Dann wird meine Seele das Einfallstor in dich finden, und deine Akkorde werden übernatürlich schwingen ...

Der innere Frieden ist ein Zustand, der immer wieder neu geschaffen werden muß. Es braucht Millionen von Wassertropfen, um eine Lache zu bilden; es braucht auch Millionen von Anstrengungen, damit dieser Zustand der Harmonie erhalten bleibe.

Dein Sohn ist da. Ich habe der Tränenflut dieser Nacht beigewohnt. Sei ruhig, sei aufrecht. Ich kann dir gestehen, daß eine der Leidensformen uns nicht erspart ist: wir sehen eure Unvollkommenheiten und wir sind ohnmächtig.

Stelle dir vor, du sähest mich durch eine Glaswand und hörtest mich lügen, gegen die Weisheit freveln, Gott verleugnen, ohne daß du dich bemerkbar machen könntest. Denk stets, daß ich dich sehe.

Welche Freude, Mama! Du bist da! Aber du bist so wenig vorbereitet, daß ich nicht weiß, ob du mich verstehen kannst. Dein Körper ist von der Hitze mitgenommen, und dies bewirkt eine Wand menschlichen Gefühls zwischen uns.

Eine Blume kann sich nur dem Licht zuwenden, wenn ihr Stengel sehr schmiegsam ist; deine Seele ist heute abend nicht empfindsam genug, um im Hauche des Himmels erbeben zu können.

Denk an die mühsame Arbeit der Bienen um den Honig. Denk an diese folgsamen Arbeiterinnen, die die Weiten durchfliegen, um Blütenstaub zu sammeln. Sklaven der Pflicht, vergessen sie keine Blume! ...

Bei den Auserwählten Gottes bilden die menschlichen Leidenschaften nur Stufen, um zur übernatürlichen Liebe zu gelangen.

Für den Auserwählten ist das Menschendasein nur ein Versuchsobjekt, mit dem er Experimente einer so reinen Ordnung anstellt, daß sie alle mißlingen.

Gib dir Rechenschaft, daß es nicht leicht ist, mich zu hören, denn sobald das Leben von allen Seiten um dich weht, bringst du mir eine zu wenig vollkommene Sammlung entgegen, um zwischen uns eine gute Verbindung herzustellen.

Was natürlich wirkt, wenn du ruhig bist, wird verkrampft, zerrissen, ohne Interesse, auf einem faltenreichen Lichtschirm.

Der mystische Zustand erscheint dir so natürlich, wenn du in ihm stehst; er zeigt seinen vollen Wert, wenn du ihn verlierst; denn nur in diesen Augenblicken gibst du dir Rechenschaft über das Wunder, das in dir war.

Wenn du deinen Körper in heißes Wasser tauchst, merkst du nach einiger Zeit nicht mehr, daß es heiß ist. Ebenso geht es mit den mystischen Zuständen: wenn du ihn bewahrst, verkörpert er sich in dir derart, daß du dieses himmlische Doppelleben normal findest; die außerordentliche Atmosphäre wird dir alltäglich, obwohl sie übernatürlich ist.

DONNERSTAG, 31. JULI 1947, KERESTAT

Ich bin glücklich, daß dir eine Ruhefrist gewährt wird. Ich werde darum bitten, daß die hochherzigen Seelen besonders gesegnet werden, die deine Not zu erleichtern sich bemühen. Das ist die Art Menschen, bei denen ich dich zu sehen liebe.

Da du nun in der Natur leben kannst, beobachte aufmerksam. Im Pflanzenreiche sind viele Geheimnisse verborgen.

Dein wacher Geist soll sich um die Verwandlung bemühen, und das kleinste Ding muß für ihn Ausgangspunkt zu einem geistigen Aufstieg werden.

Die Ausdünstungen des Bodens, die Wirkung der Hitze auf eine Blume ...

Laß deine Blicke durch das Gras und das Moos gleiten; beobachte, wie die Früchte reifen, wie sie Sonne in sich aufnehmen, Tag für Tag, um sich mit Saft zu füllen bis zur vollen Entfaltung.

Lerne, diese alltäglichen Wunder auf die göttliche Ebene zu heben und sie ihr entsprechend zu deuten.

Ein Sammler sucht unablässig, seine Sammlung zu bereichern. Das sollst auch du tun; aber deine Schätze sind im Unsichtbaren verborgen, du mußt den Schleier zerreißen, der sie verbirgt. Dieser Schleier wird ins Nichts zerfließen in dem Maße, wie deine Heiligkeit sich vermehrt.

AUGUST 1947

FREITAG, 1. AUGUST, KERESTAT, ELFEINHALB UHR

Nicht von ungefähr habe ich dich hierher geführt... Beispiele, die ich dich in der Natur zu suchen gebeten habe, mußt du ähnlich auch bei den Menschen sehen lernen. Ich werde dir die Demut erklären; da ist für dich noch eine Strecke zu durchschreiten...

Morgen, an meinem Gedenktag, will ich dir ein Geschenk machen. Ich nenne Geschenk die Ebenen, die ich dich auf Erden überschreiten lasse, und die im zukünftigen Leben unsere Trennung abkürzen sollen.

2. AUGUST 1947, MORGENS

Der Morgen ist für himmlische Aussprache weniger geeignet; du bist gegenwärtig schwerfällig. Die Nacht hat Strömungen, derer wir uns bedienen können, um leichter zu euch zu gelangen.

Stelle dir die Kanäle in einem Stengel vor; durch sie trinkt er sein Leben. Deine Seele soll sein wie ein langer Stiel, der in meinem Herzen seine Wurzel hat, und ich werde ihm himmlischen Saft zuströmen lassen.

Feiere heute den 15. Monat meiner Auferstehung, und Friede sei auf deinem Wege.

Mami, ich habe dir das versprochene Geschenk gesandt: deine Bewegtheit an der heiligen Tafel. Deine Rührung bis zu Tränen, die ein Aufschwung war zum Heiligen Geist.

Die Wirbel der inneren Sammlung steigen auf bis zu Gott und zählen mit für eure Erhöhung im Himmel; sie sind Edelsteine in euren Händen, wenn ihr hier eintretet.

Wenn ich von Geschenken spreche, erwarte niemals irdische Güter; du bist über diesen Zustand hinaus. Wachse über dich hinaus und lebe so völlig auf dem Hügel deiner Seele, daß du dich beglückt fühlst durch Geschenke, die du in deinem inneren Leben erhältst.

Ich bin froh, daß du dir Bücher verschafft hast, die dein geistiges Niveau heben. Das Niveau: die ganze Schwierigkeit für euch. Um es dir verständlich zu machen, wähle ich ein handgreifliches Beispiel. Stelle dir einen Schwimmenden vor. Wenn nicht genügend Wasser da ist, um ihn zu tragen, kann er nicht schwimmen. So steht es mit dem Glauben; er genügt nicht, ihr müßt eine Atmosphäre um euch haben, die eure Tugenden trägt. Dann überwinden sie die Weiten.

Schaffe in dir stets eine sehr hohe geistige Atmosphäre. Man schwimmt nicht in einem Bächlein, man schwimmt im offenen Meer.

Unterschätze das Gute, das du tun kannst, nicht. Die
Menschen sind oft aus Entmutigung geneigt, sich vom
Leben abzuschließen. Höre auf, zu sagen: »Ich habe auf
Erden keine Aufgabe mehr zu erfüllen.« Solange du hier
bist, tue deine Pflicht in edler Weise.

»Was aber ist meine Aufgabe?« wirst du mich fragen.
Ihr alle seid mit der Geburt für eine Aufgabe bestimmt. Leider verstehen es nur wenige Menschen, den
innersten Klängen, die sie in sich tragen, Ausdruck zu
geben. Es ist ebenso schwer, zu wissen, warum man geschaffen worden ist, wie einen Stein in der Tiefe des
Wassers zu finden; Fähigkeiten der inneren Schau werden dafür vorausgesetzt. Es ist schwer, seinem Streben
Gestalt zu geben.

Gott läßt euch die Vollkommenheit ahnen, aber er gibt
sie euch nicht. Eure Arbeit besteht darin, euren innern
Himmel zu finden. Jeder Mensch hat Ziele; was ihm
fehlt, ist der Mut, sie zu erreichen; was er nicht macht:
sein Lasso werfen.

Dieses Bild möge dich verfolgen! Deine Vollkommenheiten sind ebenso schwierig einzufangen wie Herden
von wilden Pferden. Bleibe stets auf der Lauer.

FREITAG, 8. AUGUST 1947, KERESTAT

Dein Versuchsfeld muß sich erweitern; du bist ohne
Phantasie; gleite mehr in die übernatürlichen Wege;
du stehst still, du holst das Korn des Himmels nicht
mehr in deine Scheunen.

Ein Wissenschafter verliert in seinem Laboratorium
keine Sekunde.

Nimm dir diese arbeitsamen Männer zum Beispiel.

Ein einfacher Bauer ist gewissenhafter als du; er be-
arbeitet sein Feld bis zur Ernte...

Mein Sohn, sprich mir von dir.

Mama, ich bin wenig geneigt, von mir zu sprechen. Ich ziehe es vor, dir Mitteilungen zu machen.

In einer dunkeln Ecke meines Zimmers bildet sich ein Lichtflecken; er hat die Größe einer elektrischen Birne und strahlt intensiv; dann läßt sich ein Schmetterling auf meine Hand nieder.

Schlafe in diesem durchsichtigen Leuchten; ich bin hinter dem Lichtschirm.

SAMSTAG, 9. AUGUST 1947, KERESTAT

Mama, Mama. Ich habe deine Hand gehalten während deines an Eingebungen reichen Spazierganges. Es war wundervoll.

Mama, ich habe dich wie ein Kind durch die Landschaft geführt. Du hast über dem Meere ein Leuchten gesehen. Jeder Gegenstand, jedes Ding hat seinen Lichthof; aber eure mangelhaften Augen sehen ihn nur, wenn er sich materialisiert.

Ihr habt ihn alle, diesen Lichthof; daher stammt das Symbol des Heiligenscheines. Die Art Scheibe, die ihr hinter euren Gedanken trägt, befindet sich auf eurem Kopfe; da ist der reinste Herd eures Wesens.

Diese Scheiben leuchten und sind regenbogenfarben bei Geistern von hohem Adel.

Der Glanz dieser Leuchtherde muß stetsfort glühen.

Bei den Auserwählten Gottes sind sie einem Sterne gleich, das heißt, in sieben Spitzen geformt.

Betrachte oft die Sterne...

Und das Feld von Schmetterlingen, das ich dir vor die Augen gesetzt habe...

Bei uns sind ganze Felder mit Engeln bevölkert; sie sind alle meine Freunde.

Mama, glaube an alle diese Spiegelbilder; sie sind meine Wirklichkeit.

Ich bin sehr erfreut über deinen Spaziergang, auf dem

du mit Wunderaugen zu sehen vermochtest. Gott hat für einige Sekunden ein Wunder in deinen Pupillen gewirkt. Ihr könntet öfter einen eurer fünf Sinne unter Gottes Einfluß haben.

MONTAG, 11. AUGUST 1947, KERESTAT

Die Menschen haben einen durchaus richtigen Begriff vom Jenseits, so daß sie schöne Gegenden mit dem Paradiese zu vergleichen versuchen.
Du bist zerstreut. Guten Abend.

DIENSTAG MORGENS

Wenn du im Herzen deiner Gedanken eine strahlende Lampe hast, ist dein Geist in Licht getaucht; die Strahlen dieses Leuchtturms müssen sich drehen, Tag und Nacht, inmitten deines innern Lebens; dann wird dein irdisches Leben von göttlichem Licht erleuchtet.

MITTWOCH, 13. AUGUST 1947, BELLE-ISLE, MORGENS

Denk an den Feuerherd, der nötig wäre, um die Erde mit Rauch zu füllen. In eurem Innern muß ein Herd sein, der heiß genug ist, um stets einen Rauchfaden zum Himmel aufsteigen zu lassen. Übertrage diese Verlängerung der Flamme auf das Geistige und bedenke, daß eure Gebete auch aufsteigende Säulen bilden, die bis zu uns reichen.
Nähre unablässig die Glut deiner Entzückungen.

Nur jene vermögen die Lehren des Himmels zu erfassen, die selbst Himmel in sich tragen. Man muß Ufer sein, um vom Schaum der Wellen bespritzt zu werden. Mama... Mama...

Mein Sohn, sage mir, ob ich noch lange auf Erden sein werde?

Verwandle deine Ungeduld in Ergebung. Du hast noch vieles zu tun, bevor du hierher kommen kannst. Leider hast du nicht genügende Einsicht, die Akte zu entdecken, die Gott von dir vollzogen wissen will.

Arme Mama, mit so wenig religiöser Bildung! Alles, was ich dir sagen kann: Sammle dich gut für das morgige Fest. Du trittst in einen neuen Kreis. Ich sehe eine Unzahl von Dingen voraus für dich.
Ich befinde mich gegenwärtig in einer Zone, von der aus ich die Zukunft besser überschaue. Ich werde dir mehr helfen können. Du wirst umflossen sein... Ich habe kein Recht, dir Hinweise zu geben. Sei stets aufmerksamer, Mama...

Am folgenden Tag hat mir Roland die Offenbarung des inneren Schweigens vermittelt, und acht Tage darauf machte ich noch andere Entdeckungen. Roland lehrte mich, welches die bestenwickelten Sinne seien. Mit der Öffnung dieser Horizonte erweiterte sich das Feld meiner himmlischen Kenntnisse.

Mama, der Himmel hat dich heute überglücklich gemacht: er hat dir das innere Schweigen verliehen. Sehr wenige Menschen sind zum Verständnis dieser Wahrnehmung gelangt. Das Schweigen besteht für die Menschen im allgemeinen in der Abwesenheit von Lärm, in nichts anderem; das Schweigen der Seele hingegen ist die Verpflanzung des äußeren Phänomens ins Innere, das heißt, in den abgeschlossenen Kreis des zweiten Zustandes.

Psychisch hast du nichts mehr gehört; du warst über die Empfindungen deiner fünf Sinne hinaus, und nur dein sechster Sinn vibrierte.

Bewahre immer die Erinnerung an diese kurzen Minuten in deinem Gedächtnis, während deren du in das geisthafte Leben vorgedrungen bist, in das Leben, das wir zu Füßen Gottes leben.

Mami, süße Mami, wenn du vergeistigter wärest, würdest du dich im Besitze des schönsten Geschenkes der Welt fühlen. Gott hat dich während kurzer Augenblicke von deinem Körper losgelöst, um dich in dein anderes Ich vordringen zu lassen. Danke Gott.

21. AUGUST 1947, PARIS

Mama, Mama! Ich schick dir einen Schrei; ich wartete auf das offene Fenster deiner Seele. Wie liebe ich unser Beisammensein, du kannst es nicht verstehen, ihr wißt von allem nichts! Aber wenn du selbst hier sein wirst, wird dich jeder Abend gereuen, an dem du an unserem Stelldichein gefehlt hast.

Mama, es betrübt mich, daß du einen Tag vergehen lassen kannst, ohne dich mir genähert zu haben; vor allem, wenn du in unserm Hause bist. Es ist uns leichter, dort niederzusteigen, wo unsere Schwingungen großes Echo gefunden haben.

Bei euch kann ein Mensch, wenn er seinen Weg im Schnee verloren hat, den Ausgangspunkt wiederfinden dank der Spur, die er hinterlassen hat. Auch wir finden unsere Spuren wieder an den Orten, wo wir gelebt haben.

Ich bin ganz glücklich, daß wir uns in unserem Hause wieder treffen können. Ich hatte so oft mit dir gespielt in unserer Wohnung! Ich hatte mich so bemüht, mein Zimmer hübsch auszustatten!...

Wieviel Lichter leuchten in deinem Herzen...

Schau, schau den Lichtfleck an der Decke, und wenn du ihn scharf fixierst mit deinen Augen, wirst du Zeichen darin entdecken, tausenderlei Zeichen.

Betrachte ihn mit neugierigen Augen, mit verzauberten Augen; um das Unbegreifliche zu durchdringen und es begreiflich zu machen, muß man lange betrachten. Mit Eifer und Einstimmung wirst du in dieser leuchtenden Scheibe die Erdkugel sehen, ein Kreuz, die Strahlen des Heiligen Geistes, Flügel, Spitzen und einen sich bildenden Stern. Es ist eine himmlische Erscheinung.

Es gibt irdische Spiegelungen bei den Menschen; für die Auserwählten Gottes heißen sie Spiegelungen aus dem Jenseits. Wisse dich von Liebe umflossen. Aber diese Spiegelung Gottes hat nicht mehr Wirklichkeit, als die Spiegelungen der Menschen; das Ganze ist ein Symbol.

Wenn du weiter und eindringlicher hinblickst, werden sich tausend andere Landschaften vor deinen Augen zeigen.

Alles ist im Nichts. Die Macht des Schöpfers bedient sich des Nichts.

Betrachte das Nordlicht, das aufsteigt, und die weit geöffneten Arme des Kreuzes, schaue, schaue, schaue immer weiter...

Die nicht in die Leere zu sehen verstehen, sind blind.

Alles, was Roland mir beschreibt, hat sich wirklich in Farben auf seiner Türe abgezeichnet.

FREITAG, 22. AUGUST 1947, PLOMBIÈRES

Mama, denk soviel als möglich an mich, denn die Schwingungen deiner Gedanken erzeugen wohltuende

Wellen um mich. Ich bin gehemmt, mich dir zu nähern; denn um dich herum reden Leute in menschlicher Weise, das macht mich scheu.

Denk an die Furcht der Vögel vor den Menschen; mit einem Flügelschlag entfliehen sie. Die Stofflichkeit der schwätzenden Leiber verdickt die Luft, was meine Beschwingtheit stört.

Mama, versuche, dein Denken einzufrieden, um mich in ihm zu hüten. Dein inneres Schweigen ist wie ein Nest von Federn für meine Spiele. Ich werfe mich in deine Seele.

23. AUGUST, PLOMBIÈRES, MORGENS

Von einem einfachen Lichtfleck auf der Mauer ist dein Geist zu Gott aufgeflogen. Das ist die kurze Leiter, die der Geist den Engeln bereitstellen muß, damit sie, Sprosse um Sprosse, bis zu euch hinuntersteigen können.

Diese im Nu geschaffenen geistigen Brücken beweisen, daß du der Ewigkeit gemäß zu schwingen beginnst.

Entwickle dich so, daß die kleinsten dinglichen Anstöße dir zum Sprungbrett werden und deinen Geist in das Reich des Göttlichen lenken. Dein Planet ist voll von Offenbarungen; an dir ist es, sie zu erkennen und mit Himmel zu durchsetzen.

Das Brot macht man aus Mehl und Wasser; eine Perle entsteht aus den Absonderungen einer Muschel. Deine göttlichen Perlen mußt du selbst herstellen. Arbeite, arbeite wie eine Besessene im Innern deiner menschlichen Schale, damit dein anderes Ich, dein Doppelwesen, gehämmert, geglättet und mit Glanz versehen werde, wie das schönste Schmuckstück; es ist das Werk, das du Gott darbieten wirst ...

Die Möbel aus Pitschpin und aus grünem Buchenholz sind Möbel aus okkulten Hölzern. Die frisch geschnittenen Hölzer sind noch voller Sonne, Tau und Sterne; sie sind also vollkommene Leiter himmlischer Wellen.

Ich bin glücklich, daß du den mystischen Schlaf erlebt hast. Sehr wenige Menschen sind in diesen Zustand gelangt. Ich möchte ihn mit dir analysieren, damit du ihn leichter wieder finden kannst.

Der mystische Schlaf ist eine Art Erstarrung des Körpers zugunsten einer geistigen Entweichung. Die Materie schläft für einige Augenblicke ein, das zweite Ich, das Doppelwesen, wird frei; das Geschöpf wird ganz von der Seele verschlungen. Das Individuum ist in einem Zwischenzustand, es hört kaum die äußeren Geräusche; es ist weder eingeschlafen noch wach, weder tot noch lebendig. Es reagiert nicht mehr mit den fünf Sinnen, sondern mit seinem sechsten Sinn. Es befindet sich in einer Art Mischzustand, der es in eine Zwischensphäre zwischen Himmel und Erde versetzt, in eine Sphäre, die der ersten nach dem Tode zu durchschreitenden Zone sehr ähnlich ist.

Das Eindringen in diese Ebenen wird dir nützlich sein, um deine Ankunft hier zu beschleunigen. Danke, daß du so gut arbeitest für die Abkürzung unserer Trennung. Deine Hartnäckigkeit, dich täglich höher hinaufzuheben, läßt dich viel Zeit gewinnen.

Ich bin ganz fröhlich, Mami, Mami! Ich begreife deine Liebe für mich besser, als ich es auf Erden konnte; ich mußte also ein Engel werden, um dich zu verstehen. Vielleicht hast du deswegen deine irdische Leidenschaft so gründlich verfehlt. Sage dies allen jenen, die sich menschlich hintangesetzt fühlen; Ströme von Liebe erwarten sie im Himmel.

DIENSTAG, 26. AUGUST 1947

Mama, ich bin in Verzückung. Sorge dich nicht um das, was meine menschlichen Kümmernisse waren. Als ich lebte, machten sie mir viel Ungemach; im Jenseits be-

deuten sie nicht mehr als ein Häuflein Blattläuse; es
bleibt nichts davon übrig als eure Sorgen.

B. ist immer unglücklicher. Den letzten Willen eines
Sterbenden zu achten, ist sehr wichtig. B. ist mein Vater,
wie du meine Mutter bist; ihr solltet oft zusammen für
mich beten.

Die männlichen und weiblichen Schwingungen ver-
mischt, erzeugen ein Verschmelzen von Strömungen, aus
denen uns besonders wohltätige Wellen entstehen.

Die Vereinigung von zwei Brennpunkten der Sammlung verzehnfacht die Stärke der Strahlung. Ein mit
Reisig genährtes Feuer entwickelt nicht so viel Wärme
wie die Glut eines ganzen Baumes. Die Glut eines Vaters und einer Mutter kann, miteinander verbunden, die
Wärme eines Waldes in Flammen entwickeln.

MITTWOCH, 27. AUGUST 1947, ZURÜCK AUS GERARDMER,

ELFEINHALB UHR

Den ganzen Tag über habe ich deine Hand gehalten,
und du hast es gespürt. Es ist sehr wichtig, das Schauspiel der Natur im Zusammenhang mit dem Jenseits zu
betrachten. Eure schönsten Gegenden stehen in Beziehung zu unseren unscheinbarsten. Das Spiegelbild ist
vorhanden, trotz allem; deswegen bist du so aufmerksam in der Natur, weil du dich in meiner Zone fühlst.
Schlafe, da du müde bist; und komme morgen früher.

DONNERSTAG, 28. AUGUST 1947, PLOMBIÈRES

*Hier muß ich vielleicht darauf hinweisen, daß die
Freude, von der Roland spricht, sich auf einen eigenartigen Unfall bezieht, der mich am 5. September betroffen hat, und den er in der Mitteilung des folgenden
Tages, am 6. September, erwähnt.*

Mama, Mama, eine riesige Freude wird dir bereitet. Es ist mir nicht möglich, dir zu sagen, was sie betrifft, noch wann sie eintrifft. Die Vorbereitung glücklicher Ereignisse nimmt unendlich viel früher, als sie sich in Wirklichkeit ereignen, ihren Anfang. Sie ist ein Teil eines äußerst verflochtenen und streng geregelten Gefüges. Eine Freude, die sich bei euch anbahnt, bedingt eine wirkliche Arbeit bei uns; wir haben Mannschaften, die von Gott beauftragt sind, für die Bedürfnisse der Menschen zu sorgen.

Wie lange braucht ein Maler, um ein Bild zu vollenden? Wie lange braucht ein Feldherr, um einen Sieg zu erringen? Eure Freuden kosten uns oft viel Mühe, denn sie sind das Ergebnis von gottgegebenen Befehlen. Mit einem Wort: euer Glück ist das Werk der Engel, die nichts anderes als Gottes Willen erfüllen. Tausenderlei bösartige Einflüsse stören unsere Bemühungen, euch in Zonen zu führen, wo willkommene Erschütterungen euer warten; wir sind manchmal wie zerschlagen durch die Versuche, euch dahin zu führen, wo ihr hingehört. Wenn es sich um Verirrte handelt, sind es erschöpfende Kämpfe, und die, die diese Kämpfe zu führen haben, mühen sich mehr ab als die andern. Ein Mensch zum Beispiel, der sehr am Sinnlichen hing, wird hier bei seiner Ankunft die Aufgabe erhalten, gegen die Sinnenhaftigkeit zu kämpfen. Der Kampf ist dämonisch, denn der rebellische Sünder wehrt sich dagegen, in Strömungen zu ziehen, von denen er nichts wissen will, so daß wir Kräfte entfalten müssen, die alles übersteigen, was eure Phantasie sich vorzustellen vermag. Die Schlacht wird mit Unwägbarem geschlagen, der Rebell...

Hier folgt Schweigen.

Einige Sekunden auf dem Moose im Walde unter einem Baume ausgestreckt, allein mit der Trauer um deinen

Sohn: das ist alle Mühe der Menschen für die Freunde Gottes.

Mein Kummer, Mama, liegt darin, dich unter Wilde verirrt zu sehen. Ich habe dich mehr als alles geliebt auf Erden; du bist in der Treue an mein Andenken eine Schwester der Engel, die hier sind; erkenne das Mitgefühl und die Achtung, die man dir, da du dich dem Himmel so näherst, entgegenbringt.

Wennschon alle deine Gedanken mit Gott sind, ist doch dein Körper noch auf Erden; darum verdient er Rücksicht; deine einzige Wurzel bei den Menschen ist mein Vater, weil er mein Vater gewesen ist.

Mamachen, dein Sohn liebt dich. Auf bald wieder.

SEPTEMBER 1947

MONTAG, 1. SEPTEMBER 1947

Dein Spaziergang unter den Bäumen wird dir ein neues Feld von Offenbarungen erschließen. Doch muß ich erst von den Bäumen und ihren Beziehungen zum Himmel sprechen.

Die Bäume haben ihre Schwingungen, und eine unendliche Zahl von Wellen entströmen diesen Pflanzenmassen. In einem Wald werden deine groben Sinne nur getroffen durch die Augen, den Geruch und das Gehör. Du schaust, du riechst die Ausdünstungen und du hörst; aber es bleibt dir nicht bewußt, in welchen Zustand du dich plötzlich getaucht findest.

Für feinfühlige Menschen löst der Wald oft eine große Melancholie aus, die sich die Eingeweihten erklären können, während sie den andern unverständlich ist. Aber woher glaubst du, daß dieser Zustand kommt?

O arme Blinde, die ihr für nichts eine göttliche Erklärung sucht.

Der Wald hat seine Aura, und diese Aura ist eine so leichte Ätherschicht, daß wir uns gerne auf sie niederlassen; darum ist der Wald bewohnt.

Die Zauberer sagen, er sei von Feen bewohnt; die Gläubigen antworten: vom Heiligen Geiste.

Betrachte das Symbol eines Baumes: ein Baum ist eine Pflanze, die ihre Wurzeln in die Erde stößt, und die in einer Spitze gipfelt: Saft steigt auf zum Himmel.

Wenn du aufmerksam eine Tanne betrachtest, siehst du, daß sie in sich überlagernden Schichten wächst: diese Schichten mußt du in Gedanken mit der Himmelsleiter vergleichen. Schau, die Tanne endet in einer Spitze, gleich darunter sind zwei andere Spitzen, die ein eigentliches Kreuz bilden. Schau weiter, und du wirst am Ende aller Äste die Wiederholung der gleichen Zeichnung finden. Das geübte Auge, die Doppelschau des sechsten Sinnes, wird hier Milliarden von Kreuzen sehen, die sich Gott entgegenstrecken.

Die Schau der Bäume ist bedeutungsvoll, denn sie enthalten eine wirkliche Geometrie des Himmels. Leider ist eure grobe Einsicht unfähig, die Arabesken des Himmels zu entziffern, und dennoch stellt jedes von Gott erschaffene Ding ein Symbol dar.

Besinnliche Stunden unter Bäumen sind von besonders guter Wirkung, weil der Baum eine Art Magnet ist, der übernatürliche Fluiden anzieht; besonders die Tanne.

Beachte auch, wie das Schweigen im Walde tiefer ist; so tief, daß das geringste Geräusch zu störendem Lärm wird. Wisse, daß der empfindsame Zustand, in dem ihr euch inmitten der Wälder befindet, ganz von den Schwingungen herrührt, die um die Bäume pulsen.

2. SEPTEMBER 1947

Gedenktag, sechzehnter Monat ohne Roland

Mama, welches Fest!... Eine Messe für dich allein, nach meiner Intention gefeiert... Ich habe deine Zufriedenheit gesehen, du warst ergriffen von diesem Fest für deinen Sohn.

Es ist das erstemal, daß du eine Messe in einer Klosterkapelle lesen läßt, und du warst überrascht vom Reichtum der Atmosphäre. Behalte diese Worte in deinem Gedächtnis.

Es war Gold in der Luft, und du warst allein, die für mich gesprochenen Gebete und Anrufungen zu hören. Kränze von Worten, Ketten von Verzückungen! Auf einem kleinen Flecken Erde war etwas wie ein Schwarm von Schmetterlingen. Die weiße Hostie hat den Schatten eures Planeten durchstoßen; die brennende Kerze warf ihre Strahlen bis zu meinen Füßen.

Ich liebe dich, Mami, ich habe dich so gut in der Frische des Morgens dahineilen sehen, aus Angst, zu spät zu Gott zu kommen, und du warst rechtzeitig da. So mußt du dich immer verhalten bei deinen göttlichen Zusammenkünften.

Schlafe, Rolands Herz lebt. Deine Hand ist in einer Engelshand.

DIENSTAG, 9. SEPTEMBER 1947, ZURÜCK IN PARIS

Mama, zwei Tage bist du nicht gekommen, um mich anzuhören. Ich bin zufrieden, daß du während deiner Reise so viele Waldlandschaften hast sammeln können. Bewahre in der Höhle deiner Hand das Gefühl der Liebkosungen, mit denen du eine mit Moos bedeckte Buche bedacht hast. Es ist sehr gut, Bäume zu liebkosen. Die Berührung des Pflanzlichen mit dem Menschlichen läßt Schwingungen in Form von Dünsten zu uns aufsteigen; sie sind reicher an Farben, wenn sie durch Baumspitzen weitergeleitet werden. Ich bin sehr zufrieden, daß du diese neue Entdeckung gemacht hast.

Wenn man bei euch eine Aufstellung machen könnte von allem, was du auf dem Gebiete der Fühlungnahme mit dem Himmel gefunden hast, würdest du unter die ersten Wissenschafter eingereiht...

Das Knacken im Eichenschrank, und dann der Fall von hundert Kilo Holz auf dich, hat eine Bedeutung. Ich kann sie dir leider jetzt nicht entschleiern; was ich dir empfehle: pflege die Quetschungen.

Um elf Uhr abends fiel der Eichenschrank, der einige Tage zuvor ein düsteres Knacken hatte hören lassen, auf mich, am Vorabend meiner Abreise. Er war leer, nur ein Kleid Rolands hing darin. Er hätte mich töten können. Vergleiche die Mitteilung vom 28. August, in der Roland mir einen Schock voraussagt und zugleich die Vorbereitung einer geheimnisvollen Sache...

DONNERSTAG, 11. SEPTEMBER 1947, LES ANDELYS

Friede sei mit dir. Die Leiter ist steil, du steigst langsam. Höre, Mama: jeder Tag, den du hinter dir lässest, ist ein Schritt zu mir; schöpfe deine Kraft in der Freude der Entzückung.

Sei selig vor Gottesliebe, sei demütig, mit so viel Hingabe in deinen Opfern an den Allerhöchsten, daß er dich endlich erhöre. Verlange nichts Irdisches mehr; alles, was eine menschliche Hülle trägt, ist nicht mehr auf deiner Ebene.

Deine Ebene ist zwischen Leben und Tod; du schwimmst zwischen Himmel und Erde; du bist wie die vom Baume gelösten Blätter, die im Winde aufsteigen.

Die Wurzeln deiner Gedanken sind nicht mehr auf Erden, sondern im Himmel.

Schlafe, ich gehe.

FREITAG, 12. SEPTEMBER 1947, LES ANDELYS

Das Leben deines Sohnes geht weiter, himmlisch und wunderbar. Deine Phantasie kann sich mein Reich nicht vorstellen. Umgib dich mit soviel Schönheit wie möglich, so wirst du dich am ehesten meinen Gegenden nähern.

Je mehr du dem Widerstreit deines Herzens ausweichst, um so mehr wirst du dich auf die Ebene der Engel erheben. Die Liebe steht außerhalb der Zwistigkeiten des Gefühls, sie ist völlige Hingabe.

Sei gut, aus Liebe zur Hochherzigkeit; sei milde, aus Leidenschaft für das Schöne. Warum die Fehler sehen wollen? Ist es nicht edler, Tugenden zu entdecken und sie um ihrer selbst willen lieben, wie ein Himmelsgeschenk, das Gott in seine Geschöpfe gelegt hat, um etwas Wohlgeruch zu verbreiten.

Gott lieben heißt, alles lieben, was er ihm Ebenbildliches ins Menschenherz gelegt hat. Liebe Gott durch seine Schafe.

SAMSTAG, 13. SEPTEMBER 1947, LES ANDELYS

Mama, Mama.

Mama, jeder Zärtlichkeit beraubte Mama, die nie mehr zwei Arme um ihren Hals geschlungen fühlt.

Allein. Ich möchte dir heute abend nur zärtliche Worte sagen, arme Mama.

Du hast in deinem Kopfe alle Sterne des Himmels und das Herz deines Sohnes, und bleibst dazu auf einer groben Ebene.

Sei nicht untröstlich. Dein volles Aufblühen vollzieht sich im zukünftigen Leben.

Die andern müssen zahlreiche Ebenen durchschreiten, bis sie in die Zonen der Erquickung gelangen, die dein Reich sein werden.

Tröste die, die ihr die Enterbten nennt, denn sie stehen an den Pforten des Himmels.

Alles, was dir auf Erden fehlt, gewinnst du für die Ewigkeit; das ist ein Gesetz, Gottes Gesetz. Deine Tränen, dein Trauern, deine Verzweiflung schmücken deine zukünftige Wohnstatt.

Sie wird voller Sternensträuße sein, du wirst von Regenbögen des Friedens umfangen werden. Oh, wundervolle Glückseligkeit der Auserwählten Gottes!...

Hinter den Sternen sind die Nebelgebilde; hinter dem sichtbaren Himmel ist der unsichtbare: der Himmel, in dem ich bin...

Jesus Christus hat seine Auserwählten, und diese Auserwählten sind jene, die er in ihrem Innern kreuzigt. Ihr inneres Sein ist ans Kreuz der Tage geschlagen, ihr Herz ist durchbohrt, und Gott erhält sie in der Marter des Lebens...

Die Gaben, die Gott in euch legt, sind wie Saiten unter den Fingern der Engel; hört auf die Melodien des Himmels.

SONNTAG, 14. SEPTEMBER 1947, LES ANDELYS

Mama, ich weiß, daß du immer mutloser wirst. Was kann ich für dich tun? Ich halte den Faden deines Lebens nicht in meinen Händen.

Ich möchte dir empfehlen: höre niemals auf, dir zu sagen, daß ich auf einem höheren Lebensplane lebe. Sobald du etwas Schönes siehst, versetze mich sofort in die Mitte dieser Wirklichkeit. Wenn du dich gewöhnst, das Übernatürliche mit dem Natürlichen zu verknüpfen, schaffst du dir deine zukünftigen Landschaften; und das große Leben des Himmels durchtränkt dich langsam.

MONTAG, 15. SEPTEMBER 1947, LES ANDELYS

Wenn du an einem Ort ankommst, so mußt du sofort deine geistige Aufenthaltsstätte aufsuchen: die Kirche. Du sollst wissen, daß du dort am ehesten ein Zusammentreffen mit mir erwarten kannst. Wir lassen uns leichter an Orten nieder, wo wir wohnen können.

Wenn du einen König besuchen willst, wirst du ihn wohl eher in einem Palast aufsuchen als auf der Landstraße; ebenso ist es mit Gott! Es ist sehr wichtig, daß du sofort Fühlung nimmst mit dem Ort, wo die himmlischen Schwingungen sich gewöhnlich verdichten.

Wenn du sehr aufmerksam bist, wirst du hier Spiegelungen des Himmels finden. Mit Hilfe der Farbenfenster vervielfachen sich Lichtbewegungen und Zeichen: es sind unsere himmlischen Hieroglyphen, die sich an geweihten Orten einzeichnen.

Lerne lesen in diesen übernatürlichen Zauberbüchern, wo die sieben Hauptfarben zusammenfließen; sie sind unsere Ausstrahlungen, unsere Spiegelbilder; bediene dich dieser Flecken als Mittel, dich immer höher hinauf zu heben.

Du kannst die Bedeutung meiner Worte ermessen, wenn du dich erinnerst, was dir in den Tempeln Gottes aufgefallen ist. Wurde nicht Jeanne d'Arc's Fahne in der Kirche von . . . plötzlich malvenfarbig? In . . . begann ein Engel auf einem Farbfenster so zu leuchten, daß er deinen Geist von dannen trug wie auf Flügeln. Bewahre diese Bilder in deinem Gedächtnis, es sind gewissermaßen himmlische Abziehbilder, die sich in dir einprägen.

Jedesmal, wenn du Betrachtungen anstellst, wird diese magische Lampe des Jenseits vor deinen Augen vorbeileuchten. Mache aus deinem inneren Leben ein Kaleidoskop von Schauungen und übernatürlichen Landschaften.

MITTWOCH, 17. SEPTEMBER 1947, LES ANDELYS

Das alltägliche Leben ist nicht mehr für dich, nichtssagende Gespräche stören deine innere Sammlung. Gewöhne dich, keine Gesellschaft mehr zu suchen.

Eine große Persönlichkeit versteht es, ihre Türe gut zu verteidigen; eine große Seele muß ihre Einsamkeit umfrieden.

Zu einem außergewöhnlichen Leben gehört das Vorrecht außergewöhnlicher Erlebnisse. Für uns ist ein Leben außergewöhnlich, wenn es sich auf einer über der menschlichen sich befindenden Ebene abspielt. Diese Ebene ist nicht leicht zu erreichen, denn das menschlich gesättigte Leben sucht sie nicht. Ihr beginnt erst, die Augen richtig zum Himmel zu erheben, wenn Unruhe euch quält. Das ist die beste Schleuder, um eure Seelen gegen Gott zu werfen.

Der Verlust des Gleichgewichtes, den ihr spürt, wenn euch der Boden unter den Füßen fehlt, gebiert neues Leben in euch, das der zweiten Dimension. Eure Gedanken beginnen dann, Embryonen von Flügeln anzusetzen.

Nehmt das Leiden entgegen wie die Ankunft eines übernatürlichen Gastes in euch.

Du begegnest einer Nonne auf der Straße und bist sehr erstaunt! »Das Gebet«, sagt sie, »es gibt nur noch das Gebet, um die Katastrophen aufzuhalten.« Sie sagt diese Worte so naiv, daß man über alle Hoffnungen hinaus gelangt sein und alle menschlichen Ausflüchte verbraucht haben muß, um erschüttert zu werden.

Wenn man alles geglaubt und alles erhofft, wenn man alle menschlichen Rezepte versucht und nichts uns auf den Weg der Erfüllung gebracht hat, muß man wohl durch Worte wie diese erschüttert werden: »Allein das Gebet wird die Welt retten!«

Diese Nonne lebt in der Anbetung des Glaubens. Die Anbetung ist dein Klima.

Ich liebe es nicht, Mama, dich wieder zu verlieren, das heißt, wenn deine handgreiflichen Beschäftigungen dich zwingen, dein inneres Leben zu verlangsamen. Da formt sich ein dicker Nebel zwischen uns. Das Jenseits muß dich mehr und mehr in seinen Bann ziehen.

Mama, Mama, Hosanna! Ich bin überglücklich. Ein ganz neuer Kreis eröffnet sich mir; meine letzte irdische Hülle ist gefallen. Ich bin völlig losgelöst. Nur sehr langsam gelangen wir zu gänzlicher Entblößung.

Die Zeit ist lang von der Raupe zum Schmetterling... Betrachte die Schmetterlinge; viele Gesetze sind in ihrem Leben verborgen. Deine Intuition soll eine Beziehung suchen und feststellen zwischen den Verwandlungen, die bei den Insekten sich vollziehen, und denen, die ihr durchzumachen habt.

Ich bin frei. Die Straßen sind voller Sonne, es gibt keinen Schatten mehr. Du wirst mich immer eindringlicher spüren, denn im Maße, wie die Zeit vergeht, erstarke ich, und meine Lichtkraft nimmt zu. Du selbst mußt dich ebenfalls heftig bemühen, Fortschritte zu erzielen, weil wir am gleichen Wagen der Liebe angekoppelt sind: an der Liebe in Gott. Dein Eifer, in allem das Göttliche zu pflegen, darf nie erlahmen. Je schwerer deine Last zu schleppen ist, um so mehr werden dir die Leiden zu eigen, die man durchgelitten haben muß, um sich zu läutern.

Die Stunde unserer Begegnung nähert sich.

Mama, um deine Frage zu beantworten: »Ist in meinen Mitteilungen Eingebung des Himmels, ja oder nein?«, sage ich dir, daß ich dir erst Brosamen des Paradieses gesandt habe.

»Mein Sohn, was für ein Verhalten schreibst du mir vor?«

Du mußt ohne Zaudern auf das Ziel zusteuern.

»Was ist das Ziel?«

Gott!

»Sprich von meinem irdischen Verhalten.«

Umhülle dich mit Gelassenheit, schwebe und erhebe dich, um dem Menschlichen zu entrinnen; der Sturm wird nur den Widerständen, die er vorfindet, gefährlich; wenn du in der Höhe lebst, wird er unter dir wehen.

Aber jetzt genug über Menschliches geredet. Bete, webe die Leiter mit deinem Gebet, auf der du zu uns aufsteigen wirst.

IN DER NACHT DES 27. SEPTEMBER 1947

In der Nacht auf den Sonntag: ein schrecklicher Traum, ein Alpdrücken. Roland wurde von einer Katze verfolgt, die ihn trotz meiner Bemühungen kratzte. Ist es ein Warnungszeichen?

Am Montag litt ich grausam unter einem Gespräch voller Zweifel über Rolands Mitteilungen.

SONNTAG, 28. SEPTEMBER

Mama, jetzt hast du dein Gleichgewicht wieder verloren wegen einiger Kratzer.

Das Geheimnis der himmlischen Dinge darf nur selten Gegenstand von Gesprächen sein. Sprich nie über mich, außer in Häusern, wo Friede ist. Viel Zartgefühl ist nötig, um sich uns zu nähern.

Beginne nicht von neuem. Du brauchst die Echtheit unserer Verbindung nicht zu beweisen. Sprich nur mit jenen darüber, die in himmlischer Wärme leben. Man soll weder über dich noch über mich herfahren; versuche nicht, dir Rechenschaft zu geben über deine Bemühung, dem Widerhall des Himmels dein Ohr zu leihen.

Der Dämon wohnt oft in den Menschen. Warum wollen sie dich verwirren mit dem Gedanken, daß du mich ermüdest, Mama? Die Stunden deiner Betrachtung sind für mich wie Lager aus Daunen.

Ich verlange, daß du schweigst über mich, außer vor jenen, deren Worte sanft sind wie Flügelschläge. Aber auch mit ihnen darfst du ein Gespräch erst nach Stunden des Schweigens führen! Du wolltest das Gute, und man hat es mit Bösem vergolten. Ich wiederhole, sprich nicht mehr über mich; wir tun beide unser möglichstes, um unsere Verbindung aufrechtzuerhalten. Ich leide sehr, wenn man dich betrübt und sich zwischen dich und mich zu stellen versucht... Der Sinn, der Wert unserer Gespräche? Wer wägt sie? Wer richtet sie? Nur das armselige Verständnis von Menschen!

Sei einfach wie ein Kind, Mama.

AM GLEICHEN TAGE, ELF UHR ABENDS

Du bist heute abend ein wundervolles Instrument, um himmlisch mitzuschwingen.

Warum?

Weil dein Denken den ganzen Tag um den Himmel kreiste. Du hast mit Menschen gelebt, die an den Himmel dachten und dir deshalb ihre Aufmerksamkeit schenkten. »Bitte, und es wird dir gegeben werden.« Gott hält Wort!

Dein Freund X... wird dich besuchen und um meine Hilfe bitten. Um ihn mitzureißen, um ihn im himmlischen Gleichklang mitschwingen zu lassen, hat er eine irdische Bestätigung nötig. Du hättest dies früher begreifen sollen. Für dich ist es von großer Bedeutung, daß er in einen verbundenen Kreislauf gelangt, oder genauer, in die Strömung, auf Ebenen, welche ich dir beschreiben werde. Ich bin hoch erfreut darüber; wieder eine Seele, die uns näherkommt, die aufsteigt. Beweise! Gewißheit! Ich werde versuchen... Ich wäre erstaunt, für ihn welche erhalten zu können. Ihr seid alle gleich…

Wir können in Wahrheit nur jenen etwas voraussagen, deren Seele in unserer Wärme sich aufschließt; sie werden dann gleichsam unsere Kinder. Wir können sie führen und wissen, wie sie sich verhalten…

X… soll geduldig sein. Es wird für ihn ein großer Tag werden.

30. SEPTEMBER 1947

Überwinde die irdische Unruhe in dir. Die Dämme deiner Seele sind nicht stark genug, um ihr zu widerstehen. Dein inneres Leben wird dadurch wie von Alltäglichkeit bespritzt – von der Alltäglichkeit, die die Seele aus den läuternden Pfaden stößt. Gnade ist es, die Wege zu erkennen, die zu Gott führen. Viele Tugenden werden euch vor Augen gestellt, und die Religion ist voll richtungsweisender Pfeile. Aber die Liebe ist die sich am meisten lohnende Tugend und die sicherste Anlage, um den Himmel zu gewinnen.

Gott hat Martha erschaffen, aber ebenso Maria-Magdalena. Da Gott dir die Gnade verleiht, dich äußern zu können zum Wohle seiner Geschöpfe, mußt du alles opfern und dich völlig in den Dienst dieser Gunst stellen.

Die Abtötung ist ein anderer Weg. Mein Tod ist dein Bußgürtel. Gott hat ein Schwert in dein Herz gestoßen: das ist die Heimsuchung, die dir widerfahren ist. Wer dir rät, deine Bürde zu erhöhen, ist ein Sprachrohr falscher Götter. Mißtraue krankhaften Mystikern! Folge gelassen den friedlichen Wegen, die dich zu den Engeln führen.

Gott liebte jene, die Wohlgerüche über ihn ergossen. Wenn er dir einige Tropfen Balsam gab, um sie über seine Schafe zu sprengen, so tue in aller Demut nichts anderes mehr.

OKTOBER 1947

Mama, du bist zur Kommunion gegangen und hast keine Gnaden empfangen. Die himmlischen Strahlen haben sich von dir abgewandt. Ich befürchte, du vermagst nicht zu ergründen, warum der Himmel sich dir entzogen hat. Wie soll ich es dir erklären? Sei biegsam wie ein Schilfrohr, und das Wehen des Himmels wird dich in die Richtung des Himmels neigen, wird dich auf dein Heil hinweisen.

»Mein Sohn, was ist mein Heil?«

Ich kann dir nicht antworten. Die Schwalben wissen, wann sie und wohin sie ziehen müssen. Die wahren Auserwählten Gottes wissen es auch, sie haben den Sinn für die himmlische Orientierung. Arbeite.

Du bist glücklich, weil Pater X ... deine Schriften gebilligt hat.

»Mein Kind«, sagte er, »das tägliche Leben ist voller Wunder! Bewahren Sie diese fromme Haltung, damit Sie stets in einer geistigen Atmosphäre weilen. Mit der Zeit werden Ihnen diese kurzen Augenblicke der Hellsicht nicht mehr außerordentlich erscheinen, denn ihr ganzes Leben wird mit Klarheit durchtränkt werden.«

Mama, wir wollen den Menschen helfen; arbeite; sei meine getreue Dolmetscherin auf Erden, meine Freude. Wenn einem Gelehrten die Herstellung eines Serums gelungen ist, das Millionen Menschen retten kann, empfindet er einen tiefen inneren Frieden. Sage dir, daß wir uns wie Gelehrte über die Erde neigen und uns unablässig bemühen, in euch die Tugend lebendig zu erhalten.

Gott liebt seine Schafe. Als Diener Gottes haben wir die Sendung und die Aufgabe, den Menschen vom Bösen zu befreien. Wenn sich auf Erden reine Seelen mit dem Jenseits beschäftigen, so bemüht sich das Jenseits ebenso, die Erde gegen das Böse immun zu machen. Jeder Engel hat sein Wirkungsfeld und erfährt Erfolg und Mißerfolg, genau wie die Menschen. Gott, mein Vater, belohnt uns nach unseren Werken. Viele Schwierigkeiten bereitet ihr uns, ihr seid unsere tägliche Mühe. Je mehr du in der Vollkommenheit voranschreitest, um so mehr Seelen vermagst du zu retten, um so leichter wird es mir. So haben deine Frömmigkeit, deine Bekehrung zu den Lehren des Glaubens mir schon viel Gutes erwirkt.

Wir sind, wie du siehst, durch Bande verbunden, die du nicht begreifst, die aber ebenso innig sind wie jene, die uns auf Erden vereinten. Arbeite leidenschaftlich mit mir für das gleiche Ziel.

SONNTAG, 5. OKTOBER 1947

Laß wieder Ruhe werden in dir; laß den Sturmwind die düsteren, gegen dich gerichteten Pläne entwurzeln. Wie der Orkan Bäume umreißt, so enthüllen Konflikte die geheimen Gedanken, die sich nur in der Entfesselung zeigen. Alle Stürme müssen an der Schwelle deiner Seele aufgehalten werden!

Kleine Mama, deine Seele möge wie ein großer, klarer See werden: gleich einer Möve kann ich mich dann auf dir niederlassen.

DIENSTAG, 7. OKTOBER

Endlich bist du da, Mama. Ich folge dir, ich begleite dich; wie ein Vogel kreise ich über dir, ohne mich niederlassen zu können, da deine Seele voller Wirbel ist. Über euren Herzen müssen Wolken geistiger Fünklein aufsteigen, damit wir uns einige davon aneignen können.

Der Zweig im Schnabel der Taube ist im Fluge ergriffen worden. Deine Zweige sind die Verlängerung deiner Tugenden; sie sollen grün sein wie frische Schosse.

Unsere Gespräche sind wie ein anhaltender Wohlklang, der nicht unterbrochen werden darf; bewahre die Klänge dieses inneren Gesanges immer in dir; und laß dich vor allem nicht überfluten von menschlichen Aufregungen.

SAMSTAG, 11. OKTOBER 1947

Wir sind unterbrochen und sehr tief getrennt worden. Du fragst dich, warum? Aber du hast keine Erklärung dafür gefunden; du hast dich damit abgefunden, in deinem übernatürlichen Leben gestört worden zu sein; du hast die Tatsache festgestellt, ohne sie begreifen zu können.

Höre mich an: der Wechsel der Jahreszeiten erzeugt eine Art von geschlossenen Strömungen, die unsere Wellen nur mühsam durchdringen. Ihr befindet euch in einem Nebeldunst, in einer Art Chaos, wo es uns beinahe unmöglich ist, euch zu folgen; wenn du dabei nicht intensiv vibrierst, sehe ich dich nicht mehr. Wie kann man in der Dunkelheit eine erloschene Lampe finden?

Entzünde den Glauben wieder in dir und leuchte, leuchte wie ein Stern. Dein Eifer soll klingen im tiefen Frieden deiner Seele! Singe, singe wie eine Nachtigall in der Nacht, Mama, meine wiedergefundene Mama: erlösche nicht wieder!

SONNTAG, 12. OKTOBER 1947

Du hast jetzt wirklich Mühe, mich zu hören. Sei aufmerksam: du wirst in einen neuen Abschnitt deines Lebens treten, weil ich selbst auch auf eine neue Entwicklungslage gelange; damit das uns vereinende Band bestehen und lebendig bleiben kann, wirst du dich ebenfalls weiterentwickeln müssen.

»Mein Sohn, sage mir, was ich tun soll.«

Es ist nicht an mir, dir den Weg zu weisen; du mußt ihn selbst entdecken. Wenn ein Forscher zur Eroberung eines unbekannten Erdstriches auszieht, kann niemand ihm helfen; du selbst mußt den Weg deiner geistigen Eroberung finden.

MONTAG, 13. OKTOBER 1947

Mama, du bist schlechten Willens. Nicht glühen, heißt Gott verhöhnen. Du spürst die Quelle in dir nicht mehr sprudeln. Das ist deine Strafe. Du hast nicht geschätzt, was ich dir gesandt habe. Gott liebt es nicht, daß man seine Wohltaten gering achtet. Du hattest Überfülle, und fandest es schließlich ganz selbstverständlich. Ich habe dich um manches gebeten; du hast es nicht getan. Warum hast du das Leben der Schmetterlinge nicht studiert? Du wirst nie reicher werden, wenn du dich stets vor die gleichen Landschaften hinstellst.Gott hat dir die Augen gegeben, daß du sie gebrauchest. Gott hat dir die Möglichkeit gegeben, dich zu bilden; also bilde dich. Du bist gegenwärtig wie ein Zuschauer, der aus Überdruß am selben Platze vor dem selben Schauspiel sitzen bleibt. Es gibt noch andere Strömungen außer den bisher von dir benutzten; aber sie sind schwieriger zu entdecken. Du mußt einige Zeit in Dunkelheit getaucht sein. Ich habe die nötige Macht nicht, um vor dir Raketen aufsteigen zu lassen zu den Triumphstraßen einer höheren Entwicklung.

Geduld, Mama! Bete, sei bescheiden und schreite mit bloßen Füßen über die Wege der Einsicht, wie eine demütige Magd des Herrn.

Ich liebe dich, Mama...

Wenn du sehen könntest, wie leicht ich bin. Ich habe

für dich die Blumen in meiner Kapelle weißer gemacht,
um dir zu danken, daß du das Wasser so eifrig betrachtet und eingeatmet hast.

*Als ich in Rolands Kapelle trat, waren die um ihn aufgestellten Blu-
men makellos weiß geworden.*

Mama, gehorche Gott. Gehorchen heißt, sich den Befehlen beugen. Niemand befiehlt dir in deinem freien Leben; du hast keinen andern Herrn als dich allein. Die
Liebe ist Dienstbarkeit gegenüber dem Auserwählten;
ob man es will oder nicht, sie verpflichtet zur Hingabe.
Als ich dich verließ, hast du jede Verpflichtung zur
Hingabe verloren. Du befindest dich in der unfrucht-
baren Wüste der Verantwortungslosigkeit. Du bist für
niemanden verantwortlich. Schätze von Aufmerksamkeit hattest du mir zu schenken; gib sie jetzt Gott: sie
sind sein Eigentum.

Ich werde dir morgen sagen, was Gottesliebe bedeutet;
ich werde dir erklären, wie du ihm deine Liebe bezeugen
kannst. Laß die Idee der göttlichen Liebe in dir reifen.

Du hast dich der Besinnung nicht genug hingegeben,
daß ich dir das Geheimnis von Gottes Wegen entschleiern könnte. Die Erlaubnis, deine Hand ergreifen
und dir des Himmels Richtungen zeigen zu dürfen, war
eine große Gunst. Du hast dich ihrer nicht würdig erwiesen.

Ich muß auf die leuchtenden Straßen zurück.

Mama, du führst dein Leben nicht, wie ich es wünsche;
der Himmel dringt nicht mehr in dich ein; du befindest

dich in einer getrübten Zeitspanne. Es ist nicht ganz
dein Fehler allein; diese Zeiten der Auflösung in euch
haben fernabliegende Ursachen; eure inneren Schöpfun-
gen brechen manchmal auf einen Schlag zusammen,
weil ihr schlechte Baumeister seid.

Die himmlische Architektur hat auch ihre Gewölbe-
schlüssel, und alles kann in euch zusammenstürzen aus
Mangel an technischem Können. Ihr glaubt, den Himmel zu besitzen, weil ihr nach Gott zittert. Aber die Erregung, die ihr spürt, ist noch eine physische Reaktion.
Ihr müßt darüber hinausgelangen und in die göttliche
Liebe treten jenseits der Gefühle, das heißt, scheinbar
ins Nichts. Um so größere Fortschritte in der Liebe
wirst du machen, je stärker das Bild Gottes in dir wird,
und je mehr du dir enterbt vorkommst. Gleichgewicht
kommt nur zwischen zwei gleichwertigen Dingen zustande; auf der einen Schale der Waage ist dein Körper, auf der andern deine Seele. Wie können Federn
schwerer wiegen als das Fleisch? Die Störung stammt
aus diesem Kampfe zwischen dem Engel und dem Menschen, den du in deinem inneren Leben ausgelöst hast.
Danke Gott für deine Tränen: sie reinigen dich, sie legen in die göttliche Waagschale Tropfen deines Seelen-
blutes.

DIENSTAG, 21. OKTOBER 1947

Du mußt in Betracht ziehen, daß alles auf die Qualität
meiner Mitteilungen seinen Einfluß hat: besonders die
Elemente spielen eine große Rolle. Wir müssen Wellen-
schichten durchdringen, um zu euch zu gelangen, und
je nachdem ist es uns mehr oder weniger leicht, uns in
die Atmosphäre zu schwingen. Wir haben auch bestimmte Schwierigkeiten in unserem Reiche, wenn es
sich darum handelt, zu euch zu kommen.

Widme dich mehr und mehr dem Studium der Natur-
wissenschaften, um Gott in allem zu finden; kehre zurück zu den Quellen der Schöpfung; begreife, daß deine

Aufgabe darin besteht, die Fleischwerdung Gottes in seinem Werke aufzuzeigen. Die Natur ist Stoff; doch ist sie durch Gottes Hand geschaffen worden; du mußt den Schöpfer in ihr wiederfinden. Betrachte mit der Lupe, was der Allerhöchste den Menschen in der Natur verborgen hat; bemühe dich, Wunder da zu erkennen, wo die Menschen nur materialistische Theorien aufstellen.

MITTWOCH, 22. OKTOBER 1947, MITTERNACHT
Nach der Lektüre eines Buches über die Wälder

Du hast eben gelesen, daß die früheren Menschen den Bäumen eine besondere Ehrfurcht und Vorliebe entgegenbrachten. So steht heute noch in Süddeutschland eine »Gerichtslinde«, die von einem steinernen Tisch umgeben ist, um den die Richter saßen.

Mama, dies ist die äußere Geschichte der Bäume; an dir ist es, die übernatürliche Weisheit aus den Tatsachen herauszuschälen.

Warum hielt man in früheren Zeiten im Schatten besonders ausgewählter Bäume Gericht?

Der natürliche Mensch stand Gott näher als die Menschen von heute, weil er der Zeit noch näher stand, da er aus der Hand Gottes hervorgegangen war. Er verspürte den Einfluß des Himmels stärker und stellte sich instinktiv in die himmlischen Strömungen. Die Bäume zogen ihn an wie ein Magnet, umhüllten ihn mit Wellen, – denn das Holz erzeugt Schwingungen. Unter Bäumen erhielt der Mensch ein erhöhtes Urteilsvermögen; darum liebte er es, Gericht im Schatten der Blätter zu halten, wo er rascher in Einklang mit der göttlichen Harmonie gelangte.

Die Schwalben folgen instinktiv den ihnen wohltuenden Strömungen; im Herbste wandern sie aus; im Frühling beleben sie euren europäischen Himmel. Ein Insekt fällt auf die Blume, die es ernähren muß. Ebenso geht es mit den Menschen. Ihr solltet die Umgebung kennen, die euch am besten nährt, und allzeit Antennen bereithalten, um die Wellen zu fassen, die um euch schwingen.

In der Wüste riecht das Tier auf hundert Meilen in der Runde das Wasser einer Oase; lerne, dich ebenfalls in der unsichtbaren Geographie der Schwingungen zurechtzufinden. Der heilige Ludwig hat sich nicht ohne Grund unter einer Eiche niedergelassen, um Gericht zu halten.

Fortsetzung. Nach der Lektüre einer Studie über das Flößen von Holz in Kanada.

Mama, ganze Wälder können auf natürlichen Wasserwegen fortbewegt werden. Denke darüber nach. Jahrhunderte sind schon über dieses wunderbare Geschehen dahingegangen, ohne daß jemals ein Mensch über das übernatürliche Gleichnis, das es darstellt, nachgedacht hat. Bäume, die sich von selbst bewegen – Wälder, die wandern, um die Kinder Gottes mit Wärme zu versorgen.

Sage den Menschen, sie sollen sich eifriger bemühen, des Himmels Wohltaten zu erkennen.

22. OKTOBER, PS

Nichts existiert in sich selbst, sondern nur durch das Unwägbare, das es einhüllt. Eine Idee, an die man nicht glaubt, ist nicht übertragbar; denn sie vibriert nur in der Ausstrahlung.

DONNERSTAG, 23. OKTOBER 1947

Mama, der Winter beginnt, der zweite Winter ohne mich, und dein Geist wird verwirrt und beunruhigt im Maße, wie die Zeit vergeht. Die große Geistigkeit hat dein Herz noch nicht erfüllt. Gott ist sehr anspruchsvoll für seine Freunde. Aber diese Strenge ist im Grunde große Güte; denn Gott erspart uns auf diese Weise, nach dem Tode endlose Wege durchschreiten zu müssen. Sühne auf Erden ersetzt den Aufenthalt in den schmerzvollen Zonen.

Nimm dein Leid an als Ausdruck der Liebe zu den Menschen. Dein Leid kann in der Tat nicht weniger schmerzhaft sein. Wenn es geringer wäre, hätte es nicht dieselbe reinigende Kraft. Der tiefe Schmerz gleicht einem Sieb: er hält eure Unvollkommenheiten zurück und läßt nur die feinste Tugend durch. Du solltest wissen, daß Gott sich nur von reinem Weizen nährt. Dein Leid vermindern, ist nicht das anzustrebende Ziel, sondern dein verfeinertes Empfinden muß dir Mittel werden, um den Mitmenschen zu helfen. Der Wert der Hilfe wird nicht bewertet nach der Zahl der Hilfeleistungen; wenn du nur einer Seele Trost gebracht hast, bist du würdig, ins Reich Gottes zu gelangen.

Leide heiligmäßig, so wird dein Denken den Enterbten Stütze sein.

FREITAG, 24. OKTOBER 1947

Alle Stimmen der vollkommenen Harmonie des Himmels müssen in dir erklingen wie Gesang unzähliger Quellen. Höre in Ruhe auf die göttlichen Klänge, und deine Seele möge sich mit Liebe füllen.

Plötzlich ertönt Gesang in meinem Zimmer. Er ist kaum vernehmbar; er gleicht dem Zirpen von Grillen. Doch alles ist stumm in der Nacht.

Höre nur auf den inneren Widerklang. Entblöße dich, Hülle um Hülle, um ins Innerste der Ausgeglichenheit zu gelangen. Dein Herz wird nicht mehr schlagen am Tage, da der Funke sich entzündet. Das Feuer des Himmels wird in dir auflodern, und du wirst erlöst werden.

Laß dich treiben in den himmlischen Strömungen wie ein Blatt im fließenden Wasser. Gib dir keine Mühe, zu beweisen, daß die Wahrheit wahr ist. Die Wahrheit beweist sich nicht, sie wird erfühlt. Die Liebe Gottes lernt man nicht, sie ist eine Sehnsucht. Das Wasser löscht den Durst, die Glückseligkeiten tränken die Seele. Die Liebe ist der Eckstein aller himmlischen Bauten. Um Gott zu beherbergen, muß man ihm ein Haus bauen. Mache deinen inneren Tempel zu einer unzerstörbaren Zitadelle.

Laß dich von Gott führen wie ein Lamm durch den Hirten, so wird deine Seele in die Weiden des Himmels gelangen. Eure Gebete sind unter den Schritten der Engel wie das Gras der Wiesen. Unzählige Halme sind nötig, um eine Wiese zu bedecken. Unsere schönsten Spiele spielen wir auf den andächtigsten Gebeten.

SONNTAG, 26. OKTOBER 1947

Christkönigstag

Bring den Aufruhr des Lebens in dir zum Schweigen: Stille und Schweigen muß sein, damit die Seele sich öffnen kann. Ein Vogel bewegt sich nur vertrauensvoll in der Luft, wenn Frieden ihn umgibt; das kleinste Geräusch erschreckt ihn, und er fliegt weg. So geht es auch mit den himmlischen Fluiden; je durchsichtiger, um so empfindlicher sind sie, und der kleinste Stoß lenkt sie ab.

Das Denken ist schon zu schwerfällig, um eine Vorstellung von der Seele wiederzugeben. Die Seele! ... O Mama, könnte ich sie dir beschreiben, so würdest du vor Freude sterben. Aber der menschliche Verstand ist noch so primitiv, daß du es nicht fassen könntest!

Um halb drei Uhr, in der Nacht des 26. Oktobers 1947, schrieb sich auf der Zimmerdecke mit leuchtenden Lettern das Wort ein: LIVRE (Buch). Die Buchstaben wa-

ren etwa vierzig Zentimeter hoch. Auf dem I war ein
Punkt. Zwei Personen können es bezeugen.

Mama, wir sind gestört in unseren Verbindungen. Aber
befürchte nichts, dein Sohn gibt dir die Hand. Eine Engelshand hat die Schwerelosigkeit einer Wolke und die
Kraft des Eisens. Unsichtbare Schilde schützen dich.
Eine ganze Rüstung von Schwingen wird dich einhüllen.
Hab keine Furcht. Nimm den Kampf an, wenn man ihn
dir anträgt. Nimm ihn an wie ein Krieger.

NOVEMBER 1947

1. NOVEMBER
Allerheiligen

Du mußt immer bebend zum Tische des Herrn gehen.
Bewegtheit entsteht aus innerlicher Arbeit. Das Leben
wäre kalt, wenn eure Vorstellung nicht Babelstürme
von Begeisterung aufbauen würde. Bringe Gott ein pul-
sierendes Herz, einen zitternden Körper entgegen. Sei
bewegt, wie wenn du seit Tagen gelaufen wärest. Bebe.
Gott liebt die Lauheit nicht.

2. NOVEMBER 1947
Allerseelen

Ein Strom von Leiden hat sich über dich ergossen. Aber
beklage deine Einsamkeit nicht. Die völlige Verlassen-
heit hat ihre Bedeutung: sie verkürzt die Trübsal nach
deinem Tode. Der Weg ist weniger lang für die Ent-
blößten. Du verminderst die Schuldenlast deiner Läuterung.

»Was denkt X... von deinen Mitteilungen?«

Deine Frage ist schlecht gestellt. Man soll sich nie fragen, welchen Eindruck eine bestimmte Sache auf einen Menschen macht. Wichtig ist, daß du erkennst, von welchem geistlichen Gehalt die Seele von X... ist. Wenn nur ein kleines Licht in ihm brennt, um meine Worte zu beleuchten, wird er sie nur blaß sehen. Wenn seine Seele im Gegenteil voll strahlender Sonne ist, wird hell leuchten, was ich sage. Der Erregtheit von X... entspricht der Gehalt seiner Seele. Du kannst dir Gottes Größe nur vorstellen, wenn in dir selbst ein Ansatz von Größe vorhanden ist.

Die Form einer Blume ist schon enthalten in ihrem Samen. Die Wärme bringt sie zur Entfaltung, aber sie ändert weder ihre Struktur noch ihre Farben; die eine erblüht in Blau, eine andere in Rosa, die dritte in Rot. Warum? Weil Farbe und Form schon in ihnen waren vor ihrer Geburt. Was besagen will, daß ihr Gott nach dem Maße eurer Fähigkeiten spürt. Darum müßt ihr auf den Gehalt eurer Seele bedacht sein, denn ihr lebt mit ihr, und sie ist es, die euer inneres und äußeres Leben erleuchtet. Unbegrenztes Vertrauen für die tief Glaubenden.

DIENSTAG, 4. NOVEMBER 1947

Mama, gib acht, daß die Wirklichkeit des Übernatürlichen in dir sich nicht verliert. Berührungen des Göttlichen sind so selten für den Menschen, daß er sie nur mit Mühe fassen kann. Der Staub ist nicht zarter, der die Flügel der Schmetterlinge färbt; ein irdischer Hauch zu viel, und schon sind eure himmlischen Hüllen zerfallen.

Gott läßt sich nur in euch nieder, wenn euer Leben einer strengen geistigen Zucht unterworfen ist. Eure Sammlung vermag Städte aufzubauen, in denen wir uns mit Wohlgefallen aufhalten.

Schlafe, Mami, dein Sohn ist da.

Mama, Friede möge dich wieder erfüllen und alles in dir glätten, wie die steigende Flut die Unebenheiten des Sandes bedeckt und ausgleicht. Kein Gespräch, kein Wort wiegt das Gold auf, das sich in der Sammlung bildet. Es ist ein Zeichen großer Schwäche, wenn man immer Gesellschaft sucht. Wenn das Leben eures zweiten Ichs wirklich lebendig wäre in euch, würdet ihr in der Unterhaltung mit ihm größeren Gefallen finden als im Verkehr mit den Menschen.

Mama, du folgst mir nicht mehr. Du denkst darüber nach, wie die Ärzte meine Augen untersuchten. Wie weit ist das alles zurück! Löse dich von diesen Gedanken. Guten Abend.

MITTWOCH, 5. NOVEMBER 1947

Mama, erhalte mich lebendig in deinem Denken, denn ich lebe. Die himmlische Harmonie kann auf Erden nur schwingen, wenn ihr wirklich den Tempel in euch habt. Dieser Tempel besteht aus euren Seligkeiten. Sobald der Kontakt zwischen dem übernatürlichen und dem irdischen Leben in euch hergestellt ist, soll euch nichts mehr überraschen, denn dann wird es uns möglich, den Himmel in euch niedersteigen zu lassen.

Hat dich das Echo in den Bergen nie verblüfft und nachdenklich gestimmt? Deine Stimme antwortet dir. Wenn du eifrig betest, werden deine Gebete dir Antwort geben. Das heilige Echo ist der Schrei zu Gott hin, der den Himmel als Wand des Widerhalles benützt.

SAMSTAG, 8. NOVEMBER 1947

Laß dich vom Leben des Himmels überströmen. Löse dich mehr und mehr von allem, was den Menschen zugehört, um zu Gott zu gelangen mit einem von den irdischen Sorgen unabhängigen Geiste. Sei stets wachsam, um alle Zeichen, die die Engel dir senden können, zu erkennen.

Aber du bist zerstreut. Ich sehe dich in diesem Augenblick wie einen Schatten. Dein Körper ist im Dunst, und dein Geist sendet Strahlen aus: dieses Leuchten fangen wir auf.

Mama, das Jenseits ist so wunderbar! Die Stunde deines Todes ist eingeschrieben in den göttlichen Gesetzen. Ich weiß, wann dein Leid zu Ende geht, und ich freue mich.

10. NOVEMBER 1947

Mama, laß dich nicht entmutigen. Freude erwartet dich im Himmel. Höre nicht auf, an deine Erleuchtungen zu glauben. Deine Unausgeglichenheit und Unruhe verstärken sich, weil du dich Gott näherst; je mehr du dich zu ihm erhebst, um so mehr verlierst du den Boden unter deinen Füßen; du bist wie die Gondeln, die am Ufer angekettet sind; an Tagen geistiger Stürme möchtest du deine irdischen Bindungen zerreißen. Arme Mama, dein Körper ist ein Tau, das dich an den Boden bindet. Ergib dich, finde dich ab; der Tag der Erlösung naht.

Mama, er ist da...

DIENSTAG, 11. NOVEMBER 1947

Die Furche, die mein Leben zog, ebnet sich aus. Du allein trägst meine Gegenwart lebendig in dir. Ich wohne in deinem Denken. All dein Sinnen dreht sich um mich. Du tust keinen Akt mehr, der nicht mir gilt. Du lebst im Schatten meiner Flügel. Dein zweites Wesen ist in mir. Diese völlige Vereinigung bringt dir so großes Leid. Da du von meinem Leben lebst, fühlst du, was ich fühle; glaube nur nicht, daß wir keine Schwierigkeiten haben. Das in dir pulsende Erden- und Himmelsleben

bildet die schmerzhafteste Prüfung, die Gott seinen
Schafen auferlegt. Aber sie bringt dir Äonen von Seligkeiten.

DONNERSTAG, 13. NOVEMBER 1947

Mama, ich sende dir einen Strom von Liebe. Ich besäe
deine Wege mit einer Sternensaat...

SONNTAG, 16. NOVEMBER 1947

Endlich bist du da!
Gib acht; unterbrich die Verbindung nie zu lange!
Wisse, daß du nur im beständigen Suchen nach dem
Himmel den himmlischen Wahrheiten dich zu nähern
vermagst. Für Gott leben will besagen, ihn ohne den geringsten Unterbruch in seinem zweiten Ich zu besitzen.
Du beschäftigst dich nicht genügend mit dieser zweiten Persönlichkeit, die doch mit dir ebenso eng verbunden ist wie dein Schatten. Du hast den seelenhaften
Aufbau deines zweiten Ichs mit Bildhauerhänden zu
schaffen. Nie kannst du dich genug um die Vervollkommnung deines unsichtbaren Wesens bemühen. Es
wird viel zu schreiben haben.

DIENSTAG, 18. NOVEMBER 1947

Wenn du nicht alle deine Handlungen mit dem Himmel verbindest, verschleuderst du dein Leben. Jeder
Gedanke, jede Bewegung muß Gott dargeboten werden.
Ich verlange nicht einmal religiöse Verrichtungen von
dir. Was ich im Namen des Göttlichen von dir verlange,
ist, daß du alles dem Allerhöchsten zuschreibst. Jedes
Ding muß sich wie ein Schlag vom Himmel in dir aus-
wirken.
Stelle dir ein Halsband vor: ein Faden muß die Perlen

zusammenhalten. Deine Tage müssen ebenso miteinander verbunden sein durch den unabgebrochenen Gedanken an Gott. Wenn es anders ist, lebst du nur im Stofflichen. Betätigung ist nicht zu verurteilen, wenn der Motor der Seele Schwingungen erzeugt, die im Einklang mit dem Himmel sind.

Der Gedanke an Gott muß in dir sein wie der Ton eines Musikinstrumentes. So wird die geringste Berührung mit dem Überirdischen in deiner Seele göttliche Harmonien auslösen.

DONNERSTAG, 20. NOVEMBER 1947

Sei ruhiger. Die Ruhe ist eine göttliche Tugend, weil sie euch in Strömungen lenkt, die mit dem Himmel verbunden sind. Du ermüdest am Leben, und ich ermüde, weil ich deinen Glauben immer neu beleben muß. Friede den Seelen guten Willens. Du hast nicht genügend guten Willen. Der Himmel steigt nur in jene nieder, die die Wege ihres inneren Lebens pflegen.

Du bist nicht recht im Gleichgewicht. Liebe Gott leidenschaftlicher, und ich werde dir die Ruhe vermitteln.

»Was soll ich tun, mein Sohn?«

»Entsage dem Bösen.«

»Was ist das Böse?«

»Das Böse ist der Kummer, den man den Engeln bereitet.«

»Was ist dieser Kummer?«

»Die Lauheit für jene, deren Aufgabe es ist, Gott zu lieben! Wenn du später die ganze Folge der Entzückungen kennen wirst, werde ich dir eine Liebesaufgabe geben, es sei denn... Lächle mir zu, Mama.

Versuche nicht, kostbare Gedanken zu vernehmen; du bist zu zerstreut.

Guten Abend.«

Mama, laß die Ereignisse von allen Seiten auf dich ein-
stürzen. Ich habe dich gewarnt. Dämonische Mächte stehen gegen dich auf. Welche Folgerungen hast du daraus zu ziehen? Gott will, daß du dich von allen Banden
lösest. Dein Schicksal ist nicht mehr das Schicksal eines
Geschöpfes der Erde; die Ketten zerbrechen; dies ist
ein großes Zeichen, welches du als Kundgebung betrachten mußt. Freue dich, deine Stunde naht.

Ich habe so große Sehnsucht, dich zu sehen, Mama. Du
hast viel Mühe, dir vorzustellen, daß ich auf einer andern Ebene lebe! Aber dir fehlt die Phantasie, weil du
dich zu sehr mit dem Leben beschäftigst, weil seine
Stöße eure geistigen Gerüste zertrümmern. Viel Sammlung braucht es, damit eure Strahlen bis zu uns dringen.
   Du mußt dich übermenschlich konzentrieren, um aufzunehmen, was ich dir senden werde. Du wirst viel Zu-
stimmung finden, aber auch Kritik; man wird Erklärungen verlangen und Beweise (es handelte sich um die
Mitteilungen Rolands) über unseren Verkehr und die
Art und Weise, wie er sich vollzieht. Man wird dir einen
Vorschlag unterbreiten, der dich verblüffen wird: ich
werde dich leiten. (Man machte mir tatsächlich einen
Vorschlag von großer Bedeutung, aber ich erfuhr erst
sechs Monate später davon.)
   Ich fliege auf. Eine Taube wird sich auf dein Fenstergesims niederlassen: sie ist ein Bote. Alles wird sich für
dich beleben. Sei leer, damit der Heilige Geist sich in
deinem andern Ich besser entfalten kann.

*Muß ich die Ankündigung dieser Taube in Beziehung
bringen mit der Nachricht vom 3. Dezember, wonach
die Mitteilungen Rolands als Buch erscheinen sollten?
Und mit dem Ereignis vom 8. Januar in New York?*

Ich befand mich damals in meinem Zimmer im neun-
zehnten Stockwerk. Während des Schneesturms stieß
eine Taube gegen mein Fenster. (Ich verweise auf die
Ankündigung in der Mitteilung vom 8. Januar.) Eigen-
artig, daß ich diese beiden Geschehnisse erst acht Mo-
nate später miteinander in Verbindung setzte.

DONNERSTAG, 27. NOVEMBER 1947

Mama, ich frage mich, wie viel Zeit du verstreichen
läßt, ohne mich anzuhören. Ich habe dir doch so manches gesandt. Welcher Trost für dich, zu erfahren, daß
X ... einige meiner Mitteilungen einer Sterbenden vor-
gelesen hat! Wenn meine Verbindung mit der Erde nur
in diesem einen Fall wertvoll gewesen ist, so freue dich
herzlich darüber. Du kannst dir nicht vorstellen, was es
bedeutet, wenn man im Augenblick, wo der Wechsel
der Ebene sich in einem Menschen zu vollziehen beginnt, einige Gewißheiten über den Himmel vernehmen
darf. Der beste Vergleich, den ich dir darüber geben
kann, ist der mit einer Straße, die man unter düsterem
Himmel statt unter dem Leuchten der Sterne zu begehen hat. Sich im Moment des Sterbens geleitet wissen,
verhindert, daß sich die Trennung zwischen dem Physischen und Geistigen ruckweise vollzieht. Den göttlichen Ruf, oder vielmehr das, was wir in sehr unklarer
Weise spüren, in Worten ausgedrückt hören, ist die
kostbarste Wegstärkung, die uns gegeben werden kann.
Ich habe dir Geschenke versprochen: dies ist eines der
erhebendsten, die du empfangen kannst. Erweise dich
dieser Belohnung würdig und bete unablässig, um Gott
zu danken, daß er sich herabließ, dir einige Sterne in
die Hände zu legen. Weine Freudentränen. Wir haben
einer Seele geholfen.
Erinnerst du dich meines Lächelns einige Stunden vor
meinem Hingang, als X ... mir sagte: »Roland, du wirst
zu den Engeln auffliegen«?

Die Lebenden sollten sich nicht scheuen, uns während des Todeskampfes von den künftigen Wohnungen zu sprechen: den Wohnungen Gottes. Es sind die einzigen Worte, die uns helfen können. Aber aus Furcht, uns zu erschrecken, versucht ihr, die Wahrheit zu verheimlichen, die Wahrheit, die wir doch spüren; das Einfluten des Jenseits vollzieht sich schon vor den letzten Herzschlägen. Der Körper lebt noch eine Zeitlang aus den Reflexen; wenn wir schon tot zu sein scheinen, hören wir noch. In diesen Augenblicken sollte man uns leise und unablässig von Gott sprechen und mit auserlesenen Worten die schönsten Beschreibungen vom Himmel geben. Darum ist es eine große Gunst, im Beisein von Freunden Gottes sterben zu können.

Sage den Lebenden, daß sie den Mut haben müssen, den Sterbenden von der Auferstehung zu sprechen. Du hast mir nicht genug vom Himmel erzählt. Welch ein Irrtum, uns unser Sterben verheimlichen zu wollen! Diese List täuscht nur euch selbst, wir kennen die Wahrheit. Als ich dir sagte: »Mama, ich muß sterben«, hättest du ausrufen sollen: »O Glücklicher, Gott ruft dich!« Verbreite die Lehre, die ich dir eben gab. So wirst du Seelen helfen.

Deine plötzliche Erleichterung kommt nicht von ungefähr. Eure Unwissenheit läßt euch Worte, wie die folgenden sprechen: »Ich weiß nicht, was vorgeht, ich fühle mich in gehobener Stimmung.« Euer Wesen ist so wenig entwickelt, daß es sich erst über das Glück freuen kann, wenn es da ist. Doch lange bevor eure Freuden und Leiden Wirklichkeit werden, trägt ihr sie unbewußt in euch. Ein Glücksempfinden, das Erleben eines Leides ist nur der Durchbruch eines Zustandes, der schon lange in euch in Vorbereitung war. Ihr seid bald beschwingt, bald bedrückt aus Gründen, die ihr nicht erkennt, die aber, euch unbewußt, in eurem zweiten Ich vorhanden sind. Das ist die Ursache eurer Vergiftungen. Ohne es zu wissen, habt ihr eine Inkubationszeit durchgemacht. Bemüht euch stets um ein gesundes geistiges Klima in euch, damit die Krankheitsstoffe sich nicht entwickeln können.

Die Gestalt eures Lebens wird im Unterbewußtsein gewoben. Euer Verhalten düngt den Boden, worin die göttlichen Samenkörner sich entwickeln können. Unsere Engelsgewänder sind voller Blütenstaub, den wir in euch niederlegen. Ziehe die Furchen deiner Seele, damit die Tugenden des Himmels in ihr aufblühen. Halte alle deine Antennen ins Himmlische, so werde ich dir ein wenig von unserem Paradiese zukommen lassen.

DEZEMBER 1947

2. DEZEMBER 1947

Mama, die Kommunion hat dir die Offenbarung der inneren Befreiung gebracht. Höre aufmerksam zu: die innere Freiheit ist ein Zustand völliger Unabhängigkeit gegenüber der erschaffenen Welt; das heißt, sie bewirkt eine Trennung zwischen dir und der konkreten Wirklichkeit. Wenn nichts in dir von der äußeren Welt abhängig ist, werden alle deine inneren Quellen sprudeln. Gewöhne dich daran, nie mehr einen irdischen Erfolg als Gewinn zu betrachten. Jede solche Bereicherung gehört einer niederen Ordnung an, und muß von dir als wertlos angesehen werden.

Am Tage, wo du deine ganze Begeisterungsfähigkeit auf ungreifbare Werte ausrichtest, wird das höhere Leben seinen Einzug in dich vollziehen. Der Gesang der Nachtigall enthält ergiebigere Quellen der Glückseligkeit für den, der ihn anzuhören versteht im Herzenszustand himmlischer Sammlung, als alle materiellen Geschenke, die ein Mensch einem andern darbieten kann. Darum sei die Spitze deiner Seele immer mit dem Übernatürlichen verbunden. In allen Richtungen der Windrose wirst du dann nur mehr Nachtigallen hören, die zu deinem Entzücken sich müde singen.

»In allen Richtungen der Windrose wirst du dann nurmehr Nachtigallen hören, die zu deinem Entzücken sich müde singen«, sagt Roland. Nichts könnte mich glücklicher machen, als was soeben sich verwirklicht hat! Ein göttlicher Befehl scheint die Dinge zu ordnen, die Roland mir angekündigt hat. Ich bin bestürzt über die Ereignisse und ihre Übereinstimmung mit den Mitteilungen Rolands.

MITTWOCH, 3. DEZEMBER 1947

Bleibe im Frieden. Alles, was sich ereignet, habe ich dir vor mehr als sechs Monaten angekündigt.
Schlafe beruhigt. Gott bereitet etwas vor ...

DONNERSTAG, 4. DEZEMBER 1947

Mama, du und ich, wir sind unteilbar. Tiefe Liebe hat unzerstörbare Antennen; weder die Zeit noch der Wechsel der Ebenen vermag diese Schwingungen zu vernichten. Wie das Holz Flammen in sich birgt, schlingt sich um liebende Herzen ein unlösliches Band.
»Roland, sage mir, ob diese Verbindung mit der Erde deinen Aufstieg hemmt und deine Entwicklung stört.«
Höre mich an: aus brennendem Glauben steigen Dünste auf. Sage nicht, daß ich zur Erde niedersteige, sage, daß du zum Himmel dich erhebst.
Wenn man uns für Alltäglichkeiten ausnützt, ist das wohl eine Belastung; die Mühe, die ihr euch in diesem Falle gebt, um uns zu fassen, ist uns lästig, so daß wir

eure Gleichgültigkeit der Treue vorziehen. Wenn ihr versucht, mit uns in Verbindung zu treten durch fromme Taten und Gebete, so erhöht ihr unser Glückseligkeitsvermögen. Eure Gebete, eure Sammlung sind wie Herdfeuer, wo zu verweilen wir lieben.

12. DEZEMBER 1947

So viele sinnenhafte Empfindungen durchfließen dein Wesen, daß es schwierig ist, dich auf meine Ebene emporzuheben. Stelle den Frieden in dir wieder her und höre mich an: ein Rosenregen wird auf dich fallen. Versuche nicht, diesen Worten einen Sinn zu geben: du wirst sie später verstehen...

Ich bin glücklich. Du bist nicht mehr allein. Ihr beginnt nach himmlischen Weisen eine Familie zu bilden, und meine Rolle wird dabei bedeutungsvoll. Je besser wir Menschen zu führen vermögen, um so zufriedener ist Gott mit uns.

MONTAG, 15. DEZEMBER 1947

Mama, denke viel nach. Glaube nicht, daß es genügt, ans Körperliche zu denken. Du mußt auf der zweiten Ebene denken. Webe deine inneren Zauberwelten, wie man Fäden spannt, um einen Stoff zu wirken. New York hat etwas Betäubendes für dich. Du suchst, du tastest. Du wagst nicht, den Aufriß dieser Architektur mit schon Gesehenem zu vergleichen, und doch bist du verblüfft und aus der Fassung geraten. Du bist auf dem rechten Weg, wenn du alles beachtest, was in Turmform gegen den Himmel ragt. Die Glocken der Kirchen sind auch in Türmen untergebracht. New York beeindruckt dich so sehr durch seine Linien. Die Menschen wohnen hier in Türmen, und das hat eine große Bedeutung. Aber ihr erkennt sie nicht, weil ihr blind seid.

Die Formen der Architektur, die dem menschlichen

Denken entspringen, sind immer Zeichen: Ägypten besaß seine Pyramiden, Griechenland die Akropolis, das
Mittelalter die Kathedralen. Diese sich zum Himmel
auftürmenden Steinmassen sind wie Teig, der sich dehnt
unter der Wirkung einer astralen Wärme. Die Men-
schenschwärme, die turmartig bauen, gelangen in Strömungen, die sie mitreißen und ihre Anstrengungen steigen spiralförmig auf, gleich Schmetterlingen in auf-
wärtsziehenden Luftsäulen.

Träume zu Füßen dieser Türme, betrachte sie eingehend; denn du stehst vor den Zeichen einer geometri-
schen Einweihung.

DONNERSTAG, 18. DEZEMBER 1947

Begreife, daß das höhere Leben manchmal unvereinbar
ist mit einem tätigen Dasein. Wisse, daß die Beziehungen zu einem Hingeschiedenen oft ebenso zehren können wie irdisch gelebtes Leben, denn sie vermögen sich
nur in einem besonderen Klima zu vollziehen, und dieses
Klima ist euch nur verliehen, wenn ihr mit der Geduld
einer Ameise dafür arbeitet. Je mehr du dich bemühst,
um so mehr wird dich das Einfluten dieses höheren Lebens in Anspruch nehmen.

»Ich bitte dich, hilf mir bei meinem Besuche bei X...
Wie wird er sich abspielen?«

Eine offene Türe, durch die ich vor dir eintreten werde. Deine Füße werden über Moos schreiten. Geh zu
X... mit dem Gedanken, daß er gütig ist; so wird er es
sein. Zerkratze die Atmosphäre nicht mit Zweifeln. Ich
werde dir helfen.«

SAMSTAG, 20. DEZEMBER 1947, NEW YORK

Ich glaube, daß ich dir weiter helfen kann. Du hast die
große Reise nicht vergeblich gemacht. Dein Sinn für die

göttliche Geographie beginnt zu erwachen, und du bewegst dich gemäß unsichtbaren Gesetzen. Der himmlische Wille zieht dich an wie ein Magnet. Der Himmel wird dich in eine große Harmonie tauchen. Welch ein Knistern um dich herum! Dein unsichtbares Wesen ist übersät mit Fünklein; du bist von aufspringenden Flammen umgeben. Ich habe Mühe, zu verhindern, daß sie dein Herz berühren. Auf der Seite der mit dem Himmel verbundenen Dinge ist Frieden; auf der Seite der Menschen, der Kampf: schwebe über ihm.

DONNERSTAG, 25. DEZEMBER, NEW YORK

Weihnachten

Mama, der Himmel ist nicht dein Spiegel. Du betrachtest dich zu wenig im Göttlichen. Könntest du wissen, wie dein Gesicht gestaltet ist, wenn du keinen Spiegel besäßest, der es widerspiegelt? Die schrecklichsten Male könnten sich darin einprägen, ohne daß du davon wüßtest. Gib acht, die menschlichen Dünste vermögen das Leuchten deiner geistigen Lichter zu trüben.

Der Sinn für die himmlische Orientierung wird dir gegeben, sofern du dafür ein Instrument schaffst gleich einem Kompaß; die Nadeln deiner Seele werden sich dann auf Gott ausrichten.

Manchmal müssen ungeheure Weiten durchschritten werden, um die Seelen im Unsichtbaren mit neuen Strömungen zu verbinden; aus diesen schwerelosen Verbindungen entstehen Wogen von Wohltaten. Zögere nicht, diese Verbindungen durch eine tiefe Dankbarkeit Gott gegenüber zu besiegeln.

SAMSTAG, 27. DEZEMBER 1947, NEW YORK

Unternimm nichts, Mama, ohne an mich zu denken. Dein Denken, das mich dir vor Augen stellt, und mein

Denken, das dich erreicht, sind wie zwei Hände in einer Hand. Ich bin voller Freuden und festlich gestimmt.
X ... kommt gar nicht mehr, um mich anzuhören ...
Entschäle dich, wie eine Frucht sich ihrer Schale entledigt; wirf Fäden aus, um Seelen zu fangen, wie man
ein Lasso auswirft. Auf diesem Gebiete wird dir geholfen werden; auf keinem andern.
Eine Meise ist neben mir, Wolken von Meisen!
Wenn die Quellen singen, horcht man auf. Erinnerst
du dich des grünen Grases in den von Bächen durchzogenen weiten Wiesen, wo ich herumzutummeln liebte ...
Mama, gib die Liebe, die du mir nicht mehr geben
kannst, Gott. Gib sie jenen, die wie du, ihr Gleichgewicht auf Erden verloren haben. Webt zusammen himmlische Fäden und bildet Beete von innerer Sammlung.

JANUAR 1948

1. JANUAR 1948, NEW YORK

Freude ... Freude ..., du bist da, am Rande meiner Flügel. Wenn du nicht kommst, mich anzuhören, bin ich ein
Gefangener meiner Liebe. Meine Liebe ist auf mir wie
eine Glocke, und alle meine Schwingungen fallen auf
mich zurück, ohne daß sie dich berühren. Du befindest
dich auf der andern Seite einer Glaswand. Ich sehe dich,
ich betrachte dich, ich gebe dir Zeichen, und du schreitest vorüber. Oh, wenn ihr wüßtet, daß ihr nur hinter
durchsichtigen Schirmen lebt!
Das Fehlen des sechsten Sinnes macht uns euren Augen
unsichtbar. Sei immerfort festlich gestimmt, ich bin auf
eine Stufe der Glückseligkeit gehoben worden ...
Ich verfüge über gewaltige geistige Kräfte; alle, die in
diesem Kreise arbeiten, werden überrascht sein, so große
Macht in Händen zu besitzen.

»Ich bin enttäuscht, Roland. Du hattest mir gesagt, daß ich das Ende dieses Kalenderjahres nicht mehr erleben werde.«

»Es gibt Gesetze, die manchmal durch euer Handeln in ihrer Wirksamkeit verhindert werden. Ich kann dir darüber nicht mehr sagen. Lies genau nach, was ich darüber geschrieben habe.«

Der Sturm stört mich. Guten Abend.

DIENSTAG, 6. JANUAR 1948, NEW YORK

Mama, ich muß dir zürnen. Trag Sorge, unsere Zwiegespräche nicht zu lange zu unterbrechen; sonst entstehen stumme Weiten zwischen uns. Günstige Atmosphären hängen zusammen mit der Pflege des zweiten Ichs.

Das Gras wächst rascher in der Wärme der Sonne. Die Seele entfaltet sich besser unter der Zärtlichkeit eines Engelflügels. Stelle dich immer in die Achse der göttlichen Strahlen.

Die menschliche Roheit entzieht dem Menschen die übernatürliche Substanz. Gewöhne dich, nie deine Frömmigkeit auf die Erlangung irdischer Vorteile zu richten. Die Erfolge der Menschen sind wie Asche in ihren Händen. Nichts bleibt euch davon, wenn ihr euch hier einfindet. Entblättere dich bis zum letzten Blatt. Wenn der Ehrgeiz dich packt, vermag ihn allein die Ausrichtung auf den Himmel zu überwinden...

Mein Reich ist das Reich der Glückseligkeit; Geduld, Mama, deine Stunde naht. Oh, wenn du wüßtest . . . Schlafe, Mama, mein Auge wird auf dir ruhen.

»Roland, ich erlaube mir, dir eine Frage zu stellen. Was wird geschehen?«

»Nichts, rein nichts. Dies ist nur auf deinen Weg gelegt als Hilfe für deine Ausbildung...«

Ihr selbst müßt euer zweites Leben gebären. Um den Embryo dafür zu erzeugen, habt ihr nur euren Glauben.

Auf dem neunzehnten Stockwerk ist eine Taube gegen mein Fenster gestoßen. Ist es die Taube, deren Erscheinen Roland mir schon früher vorausgesagt hat?

Der Flug einer Taube auf einen Menschen hin ist ein Zeichen. Die Verkündigung ist unter dem Zeichen der Taube vor sich gegangen. Mein Tod: unter dem Zeichen einer Taube. Jeder Mensch ist mit Schwingungszonen verbunden, mit Zeichen: Farben, Tönen, Blumen, Flügeln, Lichtern; das ist, was sich bewegt im Garten meiner Erinnerungen.

Der zweite Zustand auf Erden ist ein Zustand von Hellsicht. Die meisten Menschen sind nicht hellsichtig; denn ihre Schau bleibt dem Geschöpflichen verhaftet; wer nur vibriert nach den Weisen der Menschen, verliert sein Leben. Der zweite Zustand ist die geistige Spannung, die euch auf eine Ebene führt, wo ihr für uns leicht erreichbar seid. Es ist die Zone, wo die Wunder beginnen. Wenn ihr aufmerksamer wäret, würdet ihr Wunder sehen.

Um gut zu leben, müßt ihr eure geringsten Gebärden auf die himmlischen Harmonien abstimmen. Ihr unterzieht euch selten der Zucht des Himmels, weil ihr nur selten die notwendige Reinigung vom Menschlichen besorgt, um zur großen Lehre vom Jenseits zu gelangen. Eine Blüte wächst und erblüht ohne Bewegung; eine Seele gedeiht nur in der Besinnlichkeit.

Einsamkeit! O wunderbare Einsamkeit! Nest für die himmlischen Schwingungen! Im Frieden betender Herzen erklingt Gottes Symphonie.

Mama, wir haben uns etwas aus den Augen verloren. Ich habe viel getan während deiner Abwesenheit. Aber ich kann es dir nicht sagen; denn es ist mehr Frieden, als du gegenwärtig besitzest, vonnöten, um in das Reich himmlischer Tätigkeit vorzudringen. Ich bin ungeduldig, bis du wieder in deine geistige Wohnung zurückgekehrt bist. Eine Atmosphäre um sich schaffen, ist ebenso schwierig, wie ein Haus bauen. Es braucht mehr Können, die unsichtbaren Bauten zu errichten, als es Zeit braucht, einen Palast zu erstellen. Sei ein geduldiger Maurer, Zimmermann und Architekt deiner inneren Städte. Das Tagewerk eines Arbeiters beginnt frühmorgens und endet am Abend. Wer leistet so viel für sein zukünftiges Leben?

MITTWOCH, 21. JANUAR 1948, NEW YORK

Endlich bist du da ... Ich warte ungeduldig, bis du dich völlig mit mir verbunden fühlst. Unendlich viele neue Wahrheiten werden dir geoffenbart, wenn du dich wieder auf das Geleise der Besinnung zurückziehst. Jeder hat seine Aufgabe; die deine ist da. Ich liebe dich, Mama ...
Je weniger die Menschen die Weiten deines Friedens stören, um so mehr Himmlisches wird in deine Seele fließen. Erfülle dich mit Himmel, um berauscht zu werden von meinem Paradiese.

SAMSTAG, 24. JANUAR 1948, NEW YORK

Mama, laß dich durch niemanden beeinflussen.
Ich öffne dir die Wege, und Schritt um Schritt wirst du die verlornen Pfade wieder finden.
Ich fühle mich so weit entfernt von dir heute abend. Du mußt dich läutern ... Guten Abend.

»War mein Verhalten hier gut oder schlecht?«
Du hast viel Gutes getan, aber auch Dummes angestellt. Sich selbst aufbauen ist nicht möglich, ohne auszu-
gleiten. Umwälzungen werden sich in deiner Umgebung
vollziehen. Bete: das Wesentliche ist deine Seele. Ein
armseliger, menschlicher Verrat hat nicht mehr Bedeutung als das Platzen einer Seifenblase . . .

DONNERSTAG, 29. JANUAR 1948, NEW YORK

Reise ab und kehre in die Hürde der einsamen Stunden
zurück wie ein Lamm in den Schafstall. Begrenze das
Feld deiner Erfahrungen an den Grenzen deiner Seele
und schreite nicht über den Raum hinaus, den deine
Augen übersehen. Eine Quelle ist ein Wasserrinnsal, das
an den Ort gebunden ist, wo es fließt.

FEBRUAR 1948

PARIS, 7. FEBRUAR, ZURÜCK VON NEW YORK

Mama, jetzt sind wir beide wieder in unserem Nest des
Friedens. Ich bin glücklich zu spüren, daß du in dein
geistiges Heim zurückgekehrt bist; ich bereite dir Erleuchtungen vor; ich möchte dich in Spiralen der Sammlung einschließen. Du hast die Gewohnheit etwas verloren, auf den Himmel zu hören; das himmlische Abc muß
dir wieder geläufig werden. Dann werde ich die Bindungen, eine um die andere, wieder knüpfen, um dich neu
an die Familie anzuschließen, der du vor deiner Abreise
angehört hast. Um euch zu vereinigen, werde ich von
einem zum andern Brücken schlagen; aber sie werden
zerbrechlich sein wie Schaumgebäck. Benütze diese zarten Übergänge mit Vorsicht und bedenke, daß sie ein-

stürzen, wenn deine Seele nicht die Schwerelosigkeit des Äthers erwirbt. Sage dir unablässig: ich schreite über Seidenfäden.

Mama, die Zeit darf in dir den Eindruck dessen, was ich war, noch nicht verwischen; du lebst zu sehr in der Gewohnheit deiner Tränen, und dein Leid steht allem voran. Gott liebt diese Verhaltungsweise nicht, sie behindert dein Heil. Du mußt die Welt und dich selbst durch das Vergrößerungsglas deiner Frömmigkeit betrachten. Ein friedlicher Schleier muß deinen Augen alles verbergen, was nicht Gott ist. Laß göttliche Nebel alle armen menschlichen Konflikte einhüllen: so werden sie ihre Spitzen verlieren.

Wenn du in einen durch den Atem getrübten Spiegel blickst, wird dein Gesicht weder Schönheit noch Fehler aufweisen. Ebenso geht es mit den irdischen Dingen; sie müssen für dich ihren Glanz und ihre Mängel verlieren. Nur die Gottesliebe soll leuchten und dich blenden. Laß nicht ab, dir den Himmel vorzustellen. Dein Leid darf deine Ruhe nicht stören; denn wenn dein Leid deinen Frieden erdrückt, lässest du die Sorge um den Himmel in den Hintergrund treten. Der Himmel! Was ihr Menschen so nennt, muß eure Gedanken immerfort aufwühlen. Die Erde und ihre körperlichen Geschöpfe haben Bedeutung nur in dem Maße, wie sie vom Göttlichen bewohnt sind. Dein Glaube muß sein wie eine Quelle. Denk an den geheimnisvollen Weg eines Wasserlaufes, bis er an die Oberfläche des Bodens gelangt. Im Unsichtbaren durchziehen Schwingungen den Äther in Kreisen, die ebenso wunderbar sind wie der Lauf von Quellen. Ihr habt die Aufgabe, in euch günstigen Boden für Aufbrüche zu schaffen.

Mama, Schritt um Schritt kehrst du zurück ins Herz deiner tiefen Besinnungen. Innerer Frieden überdeckt den Tumult der gehetzten Tage, und langsam erhebt sich die Seele aus der Asche, mit der der Lärm sie überschüttet hat. Ich ergreife wieder Besitz von deinem andern Ich, wie die Flut des Meeres den Strand überflutet. Du bist wieder ganz vom Himmel überwölbt; so liebe ich dich. Friede in dir, Friede in deinem Geiste, damit er sich makellos über das Gewühl erhebe; jetzt wird dein Körper leicht werden.

Sich in sein zweites Ich zurückziehen, heißt, seine Schale nicht mehr fühlen.

Mama, dein Sohn lebt. Glaube diese Worte: der Tod ist das Leben.

MITTWOCH, II. FEBRUAR 1948, MITTERNACHT

Aschermittwoch

Im Augenblick, wo ich zu schreiben beginne, wird meine Türe von grauweißem Helldunkel in Form von Reifen gefärbt. Ich bin verblüfft von dieser Art wechselnder Wolkenerscheinungen auf meinen Wänden. Es ist Mitternacht. Das Zimmer ist dicht abgeschlossen. Die Zeichnungen bewegen sich.

Mama, du bist nicht von Sinnen; ich bin wirklich tot. Aber du stellst mich dir lebend vor, weil du in deinem ganzen Sein die Macht dieses Lebens verspürst. Sie durchdringt dich wie das Leben selbst; du fühlst, daß etwas ebenso Leichtes wie ein Windhauch nötig ist, um mich wiederzufinden. Denke an den Stoff, der die Flügel der Schmetterlinge bedeckt; man spürt ihn nicht; es ist eine Art Staub, der bei der Berührung zerfällt. Höre, die Wand, die uns von euch trennt, ist ebenso locker. Oh, wenn ihr euch so zu verfeinern wüßtet, daß ihr die

Seele sehen könntet, dann wäre es möglich, uns zu verbinden. Der Samenstaub hält kaum an den Blütenblättern; deine irdische Hülle ist nicht enger mit dir verbunden, als diese Stäublein es sind. Fasse wieder Vertrauen; du schreitest voran auf dem Wege der Befreiung.

Mama, ihr seid blind, völlig blind. Wenn ihr mehr an die himmlischen Pläne glauben wolltet, würdet ihr ruhiger sein. Verlasse dich weniger auf das Wirken deiner Betriebsamkeit als auf den Erfolg der Anstrengung, in dir Blumenfelder der Liebe zu pflanzen: sie werden der Ort unserer Zusammenkünfte sein; und die Engel werden dich führen. Es kommt darauf an, daß man vom Himmel bewohnt ist.

Ein einfaches, über einen Menschen gespanntes Zelttuch leitet den heftigsten Regen von ihm ab; du siehst, oft braucht es wenig, um geschützt zu sein.

Lasse so viel geistigen Wohlgeruch aus dir ausströmen, daß er die verdorbenen Dünste abzustoßen vermag. Sei der Strand, an dem die Wellen sich brechen; breite ein Meer von Süßigkeit um dich aus, und das Böse wird sich darin verfangen, bevor es dich erreicht hat.

Diese Mitteilung ruft mir in Erinnerung, daß Roland während seines Lebens auf zwei Grundtöne abgestimmt war: auf den irdischen und den überirdischen. Oft veränderten sich seine Gesten, seine Stimme, sein Verhalten. Er schien aus sich selbst herausgehoben zu sein.

Mama, du hast mir heute morgen durch deine Kommunion Strahlen von Freude gesandt. Ich folgte dir, Ebene um Ebene, wie ein Vogel den Insekten folgt, die ihm

Nahrung sind. Ich habe mich an deiner Frömmigkeit erlabt; sie war für einige Augenblicke meine Speise. Euer Fehler ist die beständige Meinung, ihr vermöget nichts für uns, und alle eure Akte seien wirkungslos für unser Leben. Mama, der Duft deiner Frömmigkeit war wie eine Weintraube für mich.

Ich bin glücklich über alles, was du entdeckt hast. Ja, ich bin die Verbindung zwischen dem Himmel und dir. Du bist noch nicht weit genug fortgeschritten, um Gott zu denken; du erinnerst dich an mich, stellst dir mein übernatürliches Leben vor, und das Übernatürliche dringt in dich ein. Um dir ein Bild von mir zu machen, mußt du alles Menschliche in deinem Geiste ausschalten; nach dieser Reinigung kann das Himmelreich im Mittelpunkt deiner Phantasie Gestalt annehmen. Stelle mich mehr und mehr dir vor, so oft wie möglich. Die Sonne verzehrt alles, was sie grell bescheint. Wenn du dich häufig den himmlischen Strahlen aussetzest, werden deine Unvollkommenheiten ihre Farbe verlieren.

»Roland, warum habe ich heute Vorahnungen und Freude?«

Eure Freuden sind nur das Aufsteigen heilsamer Dämpfe im Unsichtbaren. Deine Nerven sind von harmonischen Schwingungen berührt worden. Aber ihr seid zu schwerfällig, um diese Zustände analysieren zu können; ihr verspürt sie nur wie Unwissende; ihr seid wie Kinder, die nicht lesen können. Vieles schwebt für dich in der Luft und wird sich in deinem Herzen niederlassen. Warte.

Mama, wenn du sehen könntest, was für dich vorbereitet wird! Ich bin voll übersprudelnder Freude: wir werden uns im Überstofflichen eines Gedankens finden; die Vermählung deiner erhöhten Geistigkeit wird sich zwischen dem Jenseits und dir vollziehen; ich bereite den Rahmen vor, in dem sich diese Vereinigung vollzieht; Leben des Himmels wird daraus sprießen. Du wirst von Liebe übergossen; alle deine Gedanken werden von Verzükkungen gefärbt sein.

Erwarte wie eine Gottgeweihte die Erfüllung dieser Voraussage.

Hier habe ich eine Frage an Roland gestellt. Er behauptete etwas, was ich für unmöglich hielt, das aber in der Folge eingetreten ist, genau wie er es vorausgesagt hatte.

DONNERSTAG, 19. FEBRUAR 1948, PARIS

Mama, stell die Ruhe in deiner Seele wieder her. Entledige dich des Gewichtes menschlicher Geschäfte, um dich den himmlischen zu widmen; verliere dich auf den Pfaden des Himmels; pflücke die Blumen Gottes; bete, wie man Gänseblümchen entblättert; eure Sammlung ist wie Blütenregen unter unsern Schritten; bringe den Tumult der Menschen zum Schweigen in deinem Haupte.

Was bedeutet, nach ihrem Klingen zu vibrieren? Welches ist ihr Ton? Immer nur die Akkorde des Stofflichen: sie spielen ihre Spiele auf dem Boden.

Schwinge dich auf und komm mit mir. Komm in mein Reich des Friedens.

DERSELBE TAG, PARIS

Wie soll ich dir erklären, daß das Band zwischen uns nicht zerrissen ist und wir miteinander verbunden sind, wie als ich noch lebte? Hast du je überlegt, was ein Gefühl ist? Selbst getrennt vom geliebten Menschen, bricht die Kette nicht, sofern sie von guter Beschaffenheit ist. Da du mich nicht vergessen willst, ist das Band ebenso fest, wie wenn wir beide leben würden.

Das große »Ganze«, worin ich bin, wird mir vertraut;

man muß sich hier ebenfalls einleben; man schafft sich sein Heim in den Gefilden Gottes.

Löse dich gründlicher vom Bösen als bisher; der Versuch, dich zu erziehen, ermüdet mich. Welcher Zeitverlust. Du kommst immer zu mir mit der Hoffnung, daß ich dir deine irdische Zukunft voraussage, als ob das, was die Leute tun oder nicht tun, von höchster Bedeutung wäre. Gib deinen Wünschen eine andere Richtung und lerne endgültig, dein ganzes Wollen in den Himmel zu verlegen. Blumen der Freude werden sich öffnen in dir wie Blütenblätter im Sonnenlicht.

Mama, laß mich auffliegen in meine Morgenröte.

FREITAG, 20. FEBRUAR 1948, PARIS

Mama, meine Flügel berühren dich im Unsichtbaren; hast du schon die erhitzte Luft über einem Feuer zittern gesehen? Auch ihr habt eure Strahlung, und sie ist es, die unsere Fluiden erreichen. Der Rauch, der einem Feuer entsteigt, ist nicht mehr Flamme, sondern deren Verlängerung. Sei dir bewußt, daß dein Geist auch seine Dünste entwickelt; sie sind es, die uns verbinden. Wirf die Hitze der Himmelsliebe in die Gluten deiner Seele; speise deinen inneren Herd mit all deinem Leid, deinen Tränen und deiner Güte; so werde ich über dir rotes Leuchten sehen, das mir beweist, daß du dich verzehrst für Gott.

SAMSTAG, 21. FEBRUAR 1948, PARIS

Du stehst erst am Anfang deiner religiösen Erziehung; ich habe dir die großen geistigen Geheimnisse noch nicht geoffenbart, in denen sich das gottgeweihte Leben entfaltet.

Der Gedanke an Gott muß dein Wesen erfüllen, wie Wasser ein Glas füllt; dein Körper ist das Gefäß. Das Schwerelose deines Denkens muß wie Wachs geformt werden können und losgelöst sein von den Trieben. Wenn die Apostel sagen: »Man muß sich der Hand Gottes überlassen, sein Wille geschehe«, so bedeutet dies in Wirklichkeit, daß man lernen muß, den Lärm um sich herum von seinem Inneren fernzuhalten, um aufnahmebereit zu sein für die himmlischen Gaben. Ein Spiegel färbt sich unter dem Himmel mit den Farben des Himmels; eine Seele im Zustand der Eingebung spiegelt die Sterne des Gottesreiches wieder. Sei weiß wie eine Lilie, sei ein makelloser Leuchtschirm, damit alle Tönungen des Jenseits deine Sammlung zu färben vermögen. Das innere Leben ist sorgfältige Arbeit, und um das Leben der Engel zu leben, muß man vom Himmel geschliffen sein . . .

Dem Äther sollte große Aufmerksamkeit geschenkt werden; denn die Atmosphäre gehört zur Welt der Ebenen. Der Wechsel des Wetters bringt Strömungen mit sich, die den Astralkörper beeinflussen.

Die Seele, dieser Embryo des Göttlichen, den jeder in sich trägt, muß mit derselben Sorgfalt betreut werden wie ein Neugeborenes oder eine Pflanze. Die Seele ist der himmlische Samen, den Gott in jeden Menschen legt; ihm steht es frei, ihn zu pflegen oder verderben zu lassen. Die aufmerksame Seele geht, gleich einem Vogel, stets ihrer Nahrung nach. Die Nahrungsquellen sind zahllos in der unsichtbaren Welt; man muß nur mit den Augen der Seele zu sehen verstehen, und die Seele findet ihre Weiden . . .

Das Widerleuchten des Himmel ist überall.

SONNTAG, 22. FEBRUAR 1948, PARIS
NACH MITTERNACHT

Ich weiß nicht warum noch wie: Plötzlich wirft der Rahmen von Rolands Photographie einen leuchtenden Schimmer auf die Zimmertüre. Eine Art leuchtenden Schwertes durchschneidet das leere Innere des Rah-

mens. Drei schwache Schläge, oder genauer Knälle, er-
tönen in der Türe.

Mama, Scheren werden das Böse abschneiden; das Böse
wird abfallen; ein Gedanke wird seine Bestimmung an-
kündigen; halte dich bereit für das Zeichen des Himmels; alle Glocken der Himmel werden in deinen Ohren
erklingen; falle nieder zu Gottes Füßen in Gebet.

Lausche auf den Frieden deiner Seele; das Fest der Engel ist weiß wie fallender Schnee; ich bin so glücklich,
Mama; nichts bedrückt mich. Gib deinen Gebeten den
Glanz von Perlen, damit sie meines himmlischen Reiches
würdig seien, wenn sie bis zu mir gelangen.

Schließ dein Denken in meine Erinnerung ein, so wird
die Erinnerung dir zum Geleise werden für den Aufstieg
auf meine Ebene.

Wenn du mich in Erinnerung rufst und du etwas wie
Flügelschwingen um dich herum verspürst, so ist das
nicht sinnlos. Es entspricht einer Wirklichkeit, wenn ich
überhaupt diesen Ausdruck gebrauchen darf; denn der
von den Menschen gedachte Himmel bleibt eben stets
eine menschliche Vorstellung. Um Gott zu begreifen,
wie er ist, müßte man ein Gott sein, so sehr übersteigt
das Übernatürliche alles Natürliche. Aber eure Schauungen, so armselig sie auch sind, ermöglichen es, euch
dem Göttlichen zu nähern. Darum sollt ihr nicht fürchten, ihr könntet euren Geist mit Gebeten überhitzen.
Reinige die Teile deines Gehirns, die Gott berühren;
man muß rein sein, um die erste Zone des Reiches Gottes zu beschreiten. Die wirksamste Art, sich zu läutern,
besteht darin, Gott überall zu sehen. Unreine Augen

werden rein, wenn sie sich auf die Reinheit richten. Die weißen Blumen sind wie Filter für die Augen; sie reinigen den Blick.

Ich möchte dir zwei Dinge erklären, einmal: die Begeisterung für den Himmel ist jenen Herzen vorbehalten, die die himmlischen Schwingungen erworben haben. Die himmlische Schwingung ist eine Welle, die ihr in euch erzeugen könnt, wenn ihr alle eure Fähigkeiten auf das Jenseits ausrichtet. Um es dir verständlicher zu machen, möchte ich sagen: stelle in dir eine Antenne auf, die dir erlaubt, den Astralstrahl oder Strahl Gottes aufzufangen.

Deine Arbeit besteht darin, in deinem Denken unaufhörlich an Höhe zu gewinnen. Die Merkzeichen sind leicht festzustellen. Wie weit bist du fähig, die im Evangelium gelehrten Tugenden zu erfassen? Machst du Fortschritte? Gib dir Rechenschaft über deine Akte. Mama, ich bin sehr ernst, wenn ich so zu dir spreche; denn unser Wiederfinden hängt davon ab.

Die geistige Chemie der Seelen ist so zart, daß es genügt, daß die deinige weniger fein ist als die meine, um noch Jahrhunderte getrennt zu bleiben.

Zweitens: Betäube dich nicht mit Einbildungen. Die Geschöpfe hemmen dich. Alles, was von den Menschen kommt, stammt von unten. Was vom Himmel ist, kommt von oben. In jedem Augenblick deines Lebens bist du an der Wegscheide eines Aufstieges oder eines Abstieges.

Als Roland das Gespräch mit den Worten begann: ich möchte dir zwei Dinge erklären, hatte ich wie nie das Gefühl, nur Instrument zu sein; denn mein Kopf war leer.

Der Schatten verwandelt sich in Licht, der Schatten zerfließt im Licht: denke nach.

Ich bin glücklich, daß du heute morgen – in einem Halbschlaf, das heißt, im Zustand, wo der Körper in Ruhe liegt und der Geist allein wach ist – während der Dämmerung die Offenbarung des im Lichte sich auflösenden Dunkels hattest. Dieses Aufsaugen der Dunkelheit durch das Licht soll Gegenstand deiner Betrachtung sein. Stelle dir vor, dein Körper sei Dunkelheit und dein Sterben wie das Aufdämmern des Lichts. Du wirst in der Farbe des Schattens an den Pforten des Himmels anlangen, dann wird langsam das Licht des Jenseits den Schattenkörper durchdringen, bis er leuchtend ist. Jedes Tagwerden ist die Verwandlung des Dunkels in Licht. Das Aufsteigen der Seele ist der Augenblick des Sterbens, der Tod ist die Morgenröte.

FREITAG, 27. FEBRUAR 1948, PARIS
HALB EIN UHR NACHTS

Das Eis, der Nebel: zwei Dinge, die zu erläutern sind. Der Nebel, sagt man bei den Menschen, ist Keimträger; das ist wahr; aber er ist zugleich Träger göttlicher Atome. Es gibt einen gewissen Dunst, leicht, durchsichtig, der himmlischer Atem ist. In diesen Dämpfen verwischt sich das Erschaffene; sie bilden Schleier, die ebenso durchsichtig sind wie Libellenflügel; sie lassen die Umrisse verzehren und nur mehr Silhouetten erkennen. Ihr steht hier einem Werk der Entstofflichung, einem übernatürlichen Schauspiel gegenüber. Ein Wald im Nebeldunst verliert seine Stofflichkeit, seine Linien; ein wolkiger Schleier hüllt ihn ein. Wisse, daß diese Verwandlung den Veränderungen gleicht, denen ihr euch nach dem Tode zu unterziehen habt. Betrachte den Nebel; der Nebeldunst ist unsere erste Stufe: erlebte Landschaft ...

Dein inneres Leben muß brennend heiß sein, damit du beim Verlassen der Erde nicht frierst. Die Eissteppen, in die du gelangst, werden auftauen, wenn deine Frömmigkeit heiß ist wie ein Glutherd. Deine Glut wird das Eis auflösen.

Wenn das Wasser sich in Eis verwandelt, wird es des Lebens, der Bewegung, des Singens beraubt; unterhalte in deiner Seele die Wärme des Feuers.

Du hast mir gehorcht. Danke, Mama, ich bin glücklich.

Erwarte nichts von dieser Geste; man soll nicht immer auf Berechnung ausgehen. Der Gesang der Nachtigall verliert sich in der Nacht: nehmen wir an, du habest für niemanden gesungen. Doch die Schwingungen, die aus diesen Blüten stammen, erzeugen Veränderungen in der Atmosphäre. Sie werden Verbindungen herstellen, sie werden wie Möven sein, wie Tauben...

Nach dem Besuch der Ausstellung von Turner.

Turner... Turner ist mit einem kosmischen Strahl verbunden, das heißt, er malt unter einer Inspiration. Die Elemente haben ihn erschüttert. Ich möchte, daß auch du erschüttert wirst durch einen Sonnenuntergang, durch eine Morgenröte, von einem Dunstschleier. Im Nebeldunst hat sich sein Genie ausgedrückt, durch diese Seite ist er verbunden. Durch die Entstofflichung der Wirklichkeit hat er seinen Landschaften überirdischen Charakter gegeben; man könnte glauben, er sehe mit den Augen des Himmels.

DIENSTAG, 2. MÄRZ 1948, PARIS

Mama, komm rasch; dein anderes Ich ist zerschlagen durch die äußere Unruhe. Sich so zerstören lassen, ist eine ernste Sache. Der Sturm peitscht das Meer auf, daß Schiffe in Gefahr geraten können. Wisse, daß deine Betriebsamkeit unsere Beziehungen in Gefahr bringt; denn ich kann mich nur auf ruhigen Flächen aufhalten. Nimm dir vor, deinen Frieden nicht mehr aufs Spiel zu setzen. Die Möven wiegen sich in ruhigen Wassern. Sei stets eingedenk, daß ich auf deiner Seele schwebe wie auf einem See. Sei ruhig, und der Sturm wird sich legen; du hast mehr Macht, als du glaubst. Mache dich leicht, und die Schläge werden jene treffen, die an der Erde kleben.

Heute morgen warst du nicht am Ort unserer Zusammenkunft für die Feier meines Gedenktages. Unruhe erzeugt die schlimmsten Zerstreuungen. Du hast dich im Datum getäuscht. Du wußtest nicht, daß heute der zweite März ist. Schau, wie das Menschliche noch Gewalt hat über dich. Wenn deine Flügel kräftiger wären, könntest du dich leichter aufschwingen.

3. MÄRZ 1948, PARIS

Mama, sei nicht so glanzlos. Mut, löse dich aus der menschlichen Dichte, arbeite mehr an deinem inneren Leben. Die Harmonie kommt langsam zustande; Regeln und eine Technik muß man sich aneignen, bevor man Komponist wird. Das gilt auch für die innere Harmonie; wenn du nicht eifriger die Brosamen des Himmels sammelst, wirst du unfruchtbar sein. Gib acht! Sei immer auf der Lauer. Ich finde, du drehst dich im Kreise herum. Meine arme Mama, ich muß dich verlassen. Ich habe noch himmlische Aufgaben zu erfüllen.

Mittfasten

Mama, beherrsche dich. Nervöse Erscheinungen sind
wie Gärungen. Sie beflecken die Reinheit deiner Schwingungen. Wenn du Chemiker wärest, würdest du die
Reihe der niederen Verbindungen kennen. Nervöse Aufregungen sind körperliche Äußerungen. Lerne von den
Blumen; mit ihrer Wurzel verbunden, blühen und duften sie ohne jede Bewegung. Der große Seelenfrieden
muß einer wachsenden Blume ähnlich sein. Über deinem Körper ist der Himmel, über deiner Seele Gott.
Wenn du die Blicke aufwärts richtest, siehst du immer
den Himmel; wenn du betest, wirst du Gnade finden.
Laß deine Gedanken zu Strahlen werden; wenn du dich
bemühst, sie auf das Himmelreich auszurichten, werden
sie zum Allerhöchsten gelangen. Das Licht eines Leuchtturms vermag helle Straßen durch das Dunkel zu ziehen;
auch du kannst die Schichten der Dunkelheit sprengen,
die uns trennen, wenn du in dir ein himmlisches Feuer
unterhältst. Fiebre im göttlichen Fieber.

FREITAG, 5. MÄRZ 1948, PARIS

Mama, ich spiele mit deinem Lächeln, lächle mir zu mit
deiner Seele. Große, weiße Weiten trennen uns. Es ist
für mich mühsam, mit dir zu sprechen. Schwärme leuchtender Punkte fallen um mich nieder. Stelle dir einen
Regen von Goldkörnchen vor...
  Grabe dich ein in Schlaf. Hör auf zu denken; unterbrich das Leben; löse dich von dir selbst wie eine Frucht,
die vom Baume fällt. Tritt ein in den Abgrund der
Nacht. Es ist Zeit, daß du aufhörst zu fühlen. Ich kann
dir den Grund dieses Befehles nicht erklären *.
  Kurz: alles Menschliche sollst du von dir abtrennen.

---

* Die Begründung wurde mir zwei Jahre später gegeben. D. Ü.

Weiß und immer Weiß. Die Finger deines Sohnes berühren deine Wimpern.
Schlafe!

Mama, sorge dich nicht um mich. Ich bin erneut in der Himmelsbläue, und der Ton unserer Gespräche wird seine volle Kraft wieder finden. Verfeinere dich bis in die höchste Spitze deiner Gedanken, damit du bei der leisesten Berührung des Paradieses aufklingst. Das Paradies ist deine Stätte. Sei stets im Zustand der Gottesliebe; blicke auf zu den Engeln; bewege dich nur auf den Wegen, die aufsteigen zum Himmel, löse dich mehr und mehr von allem. Eine menschliche Bindung, die abbricht, ist abgeworfener Ballast; jedes irdische Band ist Schwere; um zum Himmelsblau sich aufzuschwingen, muß man von übernatürlicher Dichte sein.

Mama, es ist sehr schwer, die Seele feinfühliger zu machen. Leider sind oft physische Erschütterungen die notwendige Bedingung, damit eure seelische Oberschicht zutage trete oder sich kräftige. Wenn ihr die Feinfühligkeit der Engel habt, klingen die leisesten Berührungen des Jenseits in euch auf wie der Wind in den Bäumen. Die zarten, leichten Blätter sind, obwohl sie von den Ästen gehalten werden, an ihren Spitzen geschmeidig genug, um den Bewegungen des Windes zu folgen. Wenn deine Seele sich Gott entgegenstrecken würde, wie Tausende von Blättern zum Himmel aufstreben, würdest du in allen deinen Gedanken den himmlischen Hauch verspüren und gewiegt werden nach dem himmlischen Willen.

Mama, laß dich durch nichts zerstreuen. Du gleitest zurück. Die große Weisheit des Himmels dringt nur in euch ein, wenn ihr beständig Himmlisches in euch wachsen läßt. Erleuchtungen treffen nur Entzückte. Dein Leben verarmt in dem Maße, wie die Zeit dich von meinem Tode entfernt; gib acht ...

Sich in die göttlichen Kreise einzuschließen lernen, verlangt eine harte Lehrzeit. Zwei Wege stehen euch zur Verfügung, um euch im Herzen eures Glaubens wiederzufinden: der erste besteht im Verzicht und in der Geduld; um die Wege zu begehen, die Abgründen entlang zu den reinen Gipfeln führen, braucht es Geduld.

Der zweite ist die Erschütterung durch ein Leid, das ihr ohne Hilfe Gottes nicht zu ertragen imstande wäret; ihr hüllt euch dann in Frömmigkeit ein. Eine solche Haltung hat nur Wert, wenn sie der Zeit widersteht und sich stets auf demselben Grad der Erhebung, in derselben Wärme hält. Für Gott brennen, heißt, in sich einen stets glühenden Herd unterhalten. Wer sich unter dem Eindruck von Schicksalsschlägen bekehrt hat, muß sehr Sorge tragen, daß sein Glaube nicht ein Strohfeuer sei.

Mama, du mußt dich zurückziehen! Der Friede muß wieder in dich zurückfließen. Laß dein Gewissen dich verzehren. Die irdischen Dinge müssen sich in der Erde verlieren. Bündel von Freude steigen aus reinen Herzen auf.

»Wie bist du, Roland?

Der Frühling ist in mir; meine Freuden sind sprießende Blumen. Aber ich möchte dich sehen.

Mama, dein Sohn spricht mit dir, höre aufmerksam auf meine Stimme. Dein Leben wird werden wie ein Kreis; wenn du einen Regenbogen bilden könntest, würdest du das erhalten, was sich in deinem andern Ich vollziehen soll. Aber ich spreche in dunkeln Formeln zu dir, und du kannst mich nicht verstehen *. Wir sind leider immer wieder gezwungen, uns auf euer Niveau hinunter zu lassen. Von hier aus scheint uns eure Erde so etwas wie eine Kleinkinderschule zu sein; hin und wieder ist unter den fortgeschrittensten Menschen der eine oder andere imstande, gewisse unserer Schwingungen zu fassen, natürlich nur die einfachsten; dann heulen die andern auf . . .

Meine liebe, arme, alte Mama, wenn du dich in meiner Wunderwelt ergehen könntest! Kein menschliches Gehirn kann sich vom Garten der Engel eine Vorstellung machen. Wenn du mich liebst, so freue dich über meinen Tod.

FREITAG, 12. MÄRZ 1948, PARIS, EIN UHR MORGENS

Mama, ich bin glücklich, wenn dein letzter Gedanke vor dem Einschlafen, auch wenn es sehr spät ist, mir gilt; deine Treue umhüllt mich mit Liebe. Ich werde diese Tage versuchen, dir ein Zeichen zu senden. Sei sehr aufmerksam. Dein Kopf soll wie ein unbelichteter Film sein.

Oh, wenn doch euer Geist nicht von menschlichen Eindrücken kreuz und quer zerstrichen wäre! Es wäre uns leichter, in euch Töne aus unsern Gefilden aufklingen zu lassen. Um dir dies verständlich zu machen, gebe ich

---

* Ich war eben am Lesen der Druckbogen, als mir die Post eine hervorragende Studie über den Regenbogen brachte. Ich kenne den Autor nicht, so daß ich erneut an die Verwandtschaft derjenigen denken muß, die sich mit den gleichen Fragen beschäftigen, und überdies an die Gewißheit, daß sie sich schließlich im Raume begegnen werden. Die Studie wurde mir von Genf aus zugesandt.

dir ein Beispiel: stelle dir ein makelloses Schneefeld vor. Wenn eine Taube über die glatte Oberfläche hüpft, wird sie darin Spuren zurücklassen. Ebenso verhält es sich mit den himmlischen Kundgebungen; sie können sich nur auf reinen Gedanken einprägen, die wie ein mit frischgefallenem Schnee überdecktes Feld sind.

PASSIONSSONNTAG, 14. MÄRZ 1948, PARIS

Mama, ich bin sehr stolz auf dich. Du gibst jetzt deinem rechtgläubigen, geistlichen Leben seine richtige Bedeutung; du beugst dich den Riten, den Gesetzen; du gehorchst Gott dem Herrn, das gibt dir die Berechtigung, eines Tages in sein Reich zu treten.

Diese Stufen der Unterwerfung müssen notwendigerweise begangen werden; sie stärken die Muskeln deiner Seele, übe dich geduldig; unterziehe dich den Prüfungen; Gott läßt sich nicht betrügen. Das Evangelium sagt: »Liebe Gott mehr als deinen Nächsten und mehr als dich selbst.« Das bedeutet, daß deine erste Pflicht die Pflicht Gott gegenüber ist. Wenn ihr die Dinge des Himmels mit Liebe zu betrachten wüßtet, würde sich der Himmel in euch einprägen. Wenn deine Augen lange auf die Sonne gerichtet sind, siehst du überall Sonnenscheiben. Mama, ich möchte, daß du dich nur mehr mit himmlischen Aufgaben beschäftigst; jede Neigung, die du verlierst, ist eine irdische Wurzel, die abstirbt; wenn kein Herz dich mehr auf Erden zurückhält, wird deine Zeit bei den Menschen zu Ende gehen; dann werden die Engel dich holen.

Um geradewegs hierher zu gelangen, muß dein zweites Ich höhere Ebenen erreicht haben; du wirst die Orte der Läuterung in deiner körperlichen Entwicklung durchmachen; du befindest dich im höllischen Zyklus. Sage dir, daß du in der Richtung auf das Jenseits Fortschritte machst.

Die Erde schließt sich wieder über einer Furche, die Zeit läßt Wunden vernarben. Mama, es wäre normal, daß das Leben meine Erinnerungen überdeckte. Doch, arme Mami, deine Wunde ist noch immer offen; aber all das Blut, das fließt, leert deine Seele von der Sünde.
Entschuldige, Roland, ich kann nicht mehr anders als weinen.

Mama, Stein um Stein mußt du Prüfungen überstehen. Der Kreuzweg möge deinem eigenen Kreuz einen Sinn geben. Muß man nicht erst gekreuzigt werden, um in der Glorie auferstehen zu können? Wenn ihr aufhören wolltet, blind zu sein, würdet ihr verstehen, daß ihr auch leiden müßt, was Gott gelitten hat, um zur Erlösung zu gelangen. Das Fleisch, diese unvollkommene Hülle, ist der Mantel, der die Seele bedeckt, und die Schmerzen, die es zerreißen, dienen dem Geiste zur Vervollkommnung. Die großen Prüfungen sind Siebe des Bösen; nichts weckt euch heftiger auf als der Schmerz, weil der Schmerz euch oft in die Reue stürzt. Die Reue ist der erste Schritt zum Himmel.

Jesus hat euch im Erleiden der Marter bewiesen, daß der Mensch in seinem Fleische den Todeskampf erleben muß, um sich zu erheben; das ist ein Symbol. Wer ans Unglück genagelt worden ist, wird seine Schuld gesühnt haben, und Gott wird ihn aufnehmen. Freue dich: du stehst vor den Toren des Himmels.

An ihre Pflicht sollten die Menschen mehr denken. Ich will versuchen, dir diese Tugend zu erklären.

Es gibt zwei Arten von Pflichten: die gegen den Mitmenschen und die gegen sich selbst. Die Pflicht sich selbst gegenüber ist die wichtigere. Ich erkläre mich: die erste Aufgabe des Menschen besteht darin, in seinem Innern das Denken auf einer hohen Wertstufe zu halten. Ich will damit sagen: du hast die Aufgabe, dein zweites Ich aufzubauen nach strengen Regeln, die dir stets Pflichten dir gegenüber zu erfüllen geben. Dein zweites Ich, dein Doppelwesen, dieser unsichtbare Gast, besteht aus Schwingungen; das in der menschlichen Schale verborgene Schemen ist voller Ansprüche.

Bemühe dich vor allem um dieses zweite Personwesen; es soll dich ganz erfüllen, wie Wasser ein Gefäß ausfüllt; beuge dich seinem Willen; gehorche ihm, wenn es verlangt, liebevoll zu sein; so wirst du die Liebe besitzen. Ein geheimnisvoller Bau wird sich in dir erheben, so stark, daß du nie mehr Pflichten gegenüber deinem Nächsten zu erfüllen hast, sondern nur noch Liebesakte.

Es ist nicht ratsam, Nächstenliebe aus Pflicht zu üben; sie muß aus dem Herzen kommen. Wenn du erst dein Herz geboren hast, wird es handeln. Ich sage dir: ihr habt nur Pflichten gegen euch selbst, gegenüber euren eigenen Fähigkeiten; pflege sie bis zum äußersten, so wird dein Wohltun Liebe werden.

Mama, ich kann versichern, ohne ein Datum zu nennen oder weitere Erklärungen zu geben, daß ihr wieder angstvolle Zeiten erleben werdet. Schwingungen werden die Menschen erschüttern, chaotische Wellenzüge bringen die Köpfe zum Beben. Es wird jetzt keinen Krieg geben; die Kampfesspannungen schieben ihre Wirkung auf, aber Guerillakriege verletzen unaufhörlich die Rinde des Planeten; eine offene Wunde muß vorhanden sein, damit das Blut nicht aufhöre zu fließen. Sühneherde werden stets über der Erde schweben und sich da und dort niederlassen. Schuldige und Unschuldige werden zusammen sterben.

Kampfherde ziehen die schlechten Wellen an, die über euern Planeten ziehen; ich glaube, daß es ihnen gelingen wird, die Gesamtheit der Angriffsströmungen in Bahnen zu leiten. Ein Blitzableiter fängt die gesamte Elektrizität eines zürnenden Himmels auf. Vielleicht schlägt der Blitz nicht ein auf eure Kugel, dank den Geschwüren, die die Feuerschläge örtlich festhalten.

PALMSONNTAG, 21. MÄRZ 1948, MORGENS, PARIS

Das Zusammenspiel, das in kleinem Maßstab im menschlichen Körper herrscht, ist die Ordnung, die zwischen euch und dem All herrschen sollte; ihr seid ein Teil des Ganzen, wie eure Hände oder Füße ein Teil des Menschen sind.

Einigkeit herrscht in eurem Körper, weil kein Glied auf ein Eigenleben hinzielt oder wegstrebt; die genossene Nahrung verteilt sich im Organismus zum Wohle des Ganzen. Diese vollkommene Harmonie sollte auch in eurer Vorstellung von der astralen Welt vorhanden sein; ihr würdet euch bewußt werden, daß ihr Organe des beseelten Alls seid. Wenn im menschlichen Körper Harmonie herrscht, so ist im Denken des Menschen eine Dualität vorhanden; es sind zwei Wesen in ihm: eines, das menschlich denkt, und ein anderes, das Gott gemäß denkt. Das ist die Hölle, die das Geschöpf in sich trägt, der innere Kampf: der Kampf des Engels und des Tieres. Er hebt an mit dem Erwachen des Gewissens.

Du mußt eine reine Kirche in dir tragen.

STÜRMISCHER TAG

Ich habe eines Tages, während eines Schneesturms, mitten unter die weißen Flocken gemischt, einen Re-

gen feiner, leuchtender Punkte fallen gesehen. Er glich,
im kleinen, einer Lawine von Sternen. Seit diesem Ta-
ge sehe ich oft blaue Punkte sich um Menschen herum
bilden. Ich beschränke mich darauf, auf diese Erschei-
nung hinzuweisen, ohne irgendeine Folgerung aus ihr
zu ziehen.

MONTAG, 22. MÄRZ 1948, MORGENS, PARIS

Mama, ich habe dir vieles mitzuteilen. Ich muß dir Erklärungen über das beschauende Leben geben. Es gibt
zwei Arten der Beschauung: die innere oder göttliche
und die Beschauung der erschaffenen Welt.

Wenn du eine Blume anschaust, kannst du es auf
zweierlei Arten tun; Beispiel: ich sehe diese Blume, sie
ist rosafarben, sie ist blau oder weiß, und Schluß. Die
andere Weise, wie es die Engel tun, erzeugt den beschau-
lichen Zustand in dir. Du beschaust das Geschöpf, du
bewunderst es, und eine Art Gnade flutet ein in dich; du
erhebst dich, du wirst erfüllt von Glückseligkeit; kurz,
das Geschöpfliche ist dir Mittel zum Zweck. Melodien
erklingen in deiner Seele, und du bist überglücklich, weil
die Schönheit dich auf den höchsten Gipfel deines Selbst
emporgehoben hat. Wenn du Anlagen zu beschaulichem
Leben in dir hast, so werden sie sich, wenn Gelegenheit
dazu gegeben wird, entfalten. Wenn ein Herz vom Himmel erfüllt ist, spricht alles ihm vom Himmel. Aber wisse, daß Schweigen, Sammlung und Frieden die Grund-
bedingungen sind, damit diese Gnadenquellen in euch
fließen.

Auf zweiter Stufe steht die göttliche Beschauung oder
Versenkung. Man erlebt sie bei geschlossenen Augen.
Sie vollzieht sich im Innern, im Herzen des Ichs; sie
quillt auf im Nichts des Körpers, sie bildet sich im zweiten Zustand, und, zitternd im Schwund des »ich denke«,
wächst sie über den Menschen hinaus gleich den Flammen des Heiligen Geistes; sie ist deren Verlängerung.

Mama, laß dir deinen Glauben in unsere Beziehungen
von niemandem zerstören. Sobald ein Mensch dich deswegen ärgert, bist du völlig verwirrt. Durchtränke dich
mehr und mehr mit der Süßigkeit, Gott zu lieben. Der
Bruch zwischen X ... und dir verlagert den Wellenzug,
der zu mir gelangte, und stört das Gleichgewicht in der
Hilfe, die mir von der Erde her zuteil wurde. Stelle dir
einen Tisch vor, dem man zwei Füße abgesägt hat: alles,
was auf ihm liegt, gleitet zu Boden. Ich muß meine Harmonie wieder neu schaffen, ich muß neue Fluiden finden, um meine Schwere zu ertragen.

Du hast bei mir, in meiner Kapelle, den psychischen
Schlaf erlebt. Die Seele schläft in sich selbst, der Körper
wird wie aufgehoben im Sein, und das zweite Ich wacht
auf. Für einige Sekunden stirbt das Fleisch, damit die
zweite Ebène hervortreten kann; die Sinne sind ausgelöscht zugunsten des sechsten Sinnes, der im Innern des
Menschen sich entfaltet wie Flügel. Diese Teilung ist
der Anfang der Verwandlung; es ist der Augenblick,
wo die Larve sich bildet; das menschliche Leben muß
schweigen, damit das göttliche Schweigen lebe.

Mama, wir ziehen oft über dieselben Ufer. Stille deinen Durst sooft wie möglich an den gleichen Quellen
wie ich. Sei bescheiden. Gott liebt die Demut.

Dein Sohn.

Mama, ich bitte dich, studiere die Pflanzen. Wenn du
mit deinem sechsten Sinn das Leben der Pflanzen be-
obachtest, wirst du eine Unzahl von Geheimnissen entdecken.

Du darfst nicht fortfahren, die Seele auf so simple Art zu ergründen; ich zeige dir die Wege; an dir ist es, zu arbeiten. Die Astrologie könnte dir auch Tore öffnen; geh aufs Land hinaus mit vielen Büchern und sammle dich; werde Magd himmlischer Aufgaben. Mit Hilfe der Sammlung und des Gebetes wird dein Geist sich klären. Ich freue mich am Gedanken an dieses Zusammensein, geliebte Mami; komm zu mir in die große Einsamkeit der Natur. Ich werde dir Frische, Harmonie und Entzückung vermitteln; ich kann diese Begegnung kaum mehr erwarten; ich werde tanzen in deinem Schweigen und mich wie ein Schmetterling auf alle Blumen deiner Freuden setzen. Mama, ich werde deinen Blütenstaub nippen; mache aus deinem inneren Leben eine Blumenwiese.

KARFREITAG, 26. MÄRZ 1948, NACHTS HALB EIN UHR

Mama, welch ein Geschenk zu deinem Karfreitag!...

Eine Aufmunterung, wohltätig zu sein. Warum bemühst du dich noch um andere Dinge als um die Vervollkommnung deines inneren Lebens und die Hilfe für die Bedürftigen? Du mußt die Lebenskraft, die dir noch verbleibt, auf diese Weise verbrauchen; diese letzten irdischen Akkorde werden dir viele Gnaden vermitteln! Je reicher dein Herz wird, um so näher kommst du mir.

Die Reise ins Jenseits ist lang. Sorge vor und fülle deine Hände mit Engelsbrot, sonst wirst du Hungers sterben. Lege dir gewissenhaft einen Vorrat an, Krume um Krume. Sammle Tag für Tag den Blütenstaub der himmlischen Gnaden; denn es braucht Millionen von Nektartropfen, um den Wegen Gottes entlang zu gehen. Du würdest dich nicht auf eine weite Reise begeben, ohne dich mit Nahrung zu versehen; begreife, daß du nichts anderes für deinen Unterhalt besitzest als deinen geistigen Vorrat. Speisen der Seele, die nicht mehr wiegen als ein Lichtschimmer. Deine Akte in der göttlichen

Ordnung werfen ihre Schlagschatten bis zum Himmel.
Fülle deine Reisetasche vor der Abreise!

Du bist an der Wende einer Entwicklung, du befindest
dich in einer Verwandlung. Du hast gelernt, daß die Insekten während ihres Larvenlebens mehrmals ihre Hüllen wechseln. Der Mechanismus der Veränderung ist
noch nicht ganz abgeklärt, doch wird er meistens durch
gewisse Drüsen des Gehirnes ausgelöst. Betrachte dieses
Phänomen als Symbol. Was sich am Insekt vollzieht,
wiederholt sich im Leben des zweiten Ichs. Euer unsichtbares Wesen verwandelt sich wie eine Larve, und es
sind die Verwandlungen eurer psychischen Zellen, die
für das zukünftige Leben zählen. Deine Tränen haben
in himmlischem Boden gekeimt. Gott verlangt beständig
von seinen Geschöpfen die Erneuerung ihres Eifers.
Deine eigene Verwandlung bereitet sich vor; morgen
bist du nicht mehr interessiert an den Problemen von
gestern. Alle deine Glieder werden aufgeboten zu einem
himmlischen Dienst. Du wirst deinen Körper ermüden,
du wirst unablässig auf steinigen Straßen wandern und
deine Sohlen wundlaufen, aber langsam wird dein Heil
geschmiedet.

Dein anderes Ich wird in die Drangsal der Verwandlungen treten. Eure Seelen wechseln die Haut, wie ein
Baum zur Jahreszeit die Blätter wechselt; denn eure
Entwicklungen entsprechen himmlischen Kalendern, von
denen ihr nichts wißt. Die Gestirne wirken auf euch
ebenso stark wie auf die Tagesschmetterlinge, die nach
Sonnenuntergang nicht mehr fliegen, oder wie auf Pflanzen, die nach zehn Uhr morgens keinen Nektar mehr erzeugen können. Wisse, daß es Strahlen gibt, die auf eure
psychischen Zellen beschleunigend wirken. Ihr müßt
lernen, in eurem zweiten Ich günstige Bedingungen für
die geistige Entfaltung zu schaffen und die Richtung,

wie auch die mit dem Astralen verbundenen Rhythmen, zu erkennen. Es ist schwer, sich in die Achse gewisser Strahlungen zu stellen.

Die Wirkung des Lichtes auf eure geistigen Organe kann in euch innere Auferstehungen erzeugen. Denke an die Leuchtkäfer, die sich erst nach sieben Uhr abends bewegen können, an jene, die Leuchtsignale nur nachts aussenden, und an die Insekten, die sich durch ihren Geruchssinn leiten lassen, ... alles Symbole ... Wenn ihr genügend feine Antennen hättet, um die duftenden Quellen der Tugenden zu entdecken, würdet ihr geradewegs auf jene zugehen, die seelischen Wohlgeruch verbreiten. Der Schwarm der »Reinen« würde sich bilden; der Geruch der echten Herzen sollte euch auf hundert Meilen in der Runde anziehen.

BEIM ERWACHEN, OSTERDIENSTAG, 30. MÄRZ 1948
PARIS

Zahlreich sind die von körperlichem Mißbehagen verwirrten Träume. Erkenne darin wiederum ein Symbol. In euren Köpfen entstehen Bilder; die Tore des Paradieses tun sich auf. Ihr flattert von Täuschung zu Täuschung. Aber wenn unglücklicherweise euer Körper leidend ist und Schmerzen euer Fleisch quälen, so bilden sich die schrecklichen Alpträume. Das beweist, daß euer Aufschwung zum Himmel an den Stoff gekettet bleibt. Ihr besitzt Geistigkeit, aber sie ist mit dem Körperlichen verbunden. Der Kampf ums Jenseits beginnt mit eurer Geburt. Fluiden und Schwere: aus diesem Gegensatz entsteht das dämonische Gezerrtsein, das sich seit eurem Eintritt in die Welt in euch abspielt. Der Kampf des Himmels und der Erde entbrennt in eurer Schale, in der geschlossenen Hülle, wo Tauben und Ungeheuer Seite an Seite leben ...

Du hast nur mehr in Worte zu kleiden, was ich dir während des Schlafes gesandt habe: die Erde ist der Bo-

den, den Gott euch gab, um eure Samenkörner zu pflanzen. Säe, säe, Tag um Tag, eine neue Tugend in dir. Deine Blütezeit ist anderswo, sie ist für den Himmel. Alles,
was du auf Erden tun kannst, besteht darin, deine Seele
zu besäen. Die Ernte! Sie wird wunderbar sein. Die Engel werden deine Ähren schneiden.

AM SELBEN TAGE, PARIS

Mama, meine Flügel streifen dich. Du bist erstaunt, daß
ich von meinen Flügeln spreche; du bist verwirrt. Für
euch ist das Jenseits, das Astrale, unvorstellbar, und sobald wir mit euch in Bildern aus unserer Welt sprechen,
glaubt ihr nicht.

Ich möchte dir einen Menschen nach seinem Tode beschreiben. Leider kann ich es nicht; denn du hast das
vielerlei Leben, das es auf Erden gibt, nicht genügend
studiert. Betrachte die Pflanzen mit größerer Aufmerksamkeit; beobachte die Vögel, die Insekten. Laß dich
tiefer durchdringen von der Wirkung der Schwingungen. Um einen Astralkörper zu bilden, müßte man mit
dem Gesang der Nachtigallen beginnen und beim Leuchten eines Sternes enden. Wenn du dich geduldig bemühst, alle Nervensysteme und lebendigen Zellen zu
studieren, die auf eurem Planeten in Überfülle vorhanden sind, könntest du dir eine Vorstellung machen von
einem Wesen der zweiten Dimension.

Wenn ein Insekt mit blicklosen Augen auf eine Duft-
quelle zufliegt, so kann bewiesen werden, daß es seinen
Orientierungssinn im Geruchsinn hat. Wenn andere Insekten sich auf eine Lichtquelle stürzen, so beweist dies,
daß sie durch Licht gelenkt werden. Überlege: eine
Helle ist ein so starker Anziehungspol, daß sie den blinden Flug eines Tieres zu lenken vermag.

Warum sollte es uns Engeln nicht möglich sein, so starke Lichter leuchten zu lassen, daß ihr gezwungen werdet, sie zu beachten? Wie Nachtfalter aus dem Dunkel

der Nacht auf eine Lampe zufliegen, so könnt ihr, wenn ihr himmlische Antennen besitzt, auf unsere Hellen zueilen.

Ich wiederhole dir: um ein Astralwesen zu beschreiben, müßte man eine Synthese aller Nervensysteme, aller Schwingungen, aller Farben machen. Man müßte die Atmung einer Pflanze, die Zartheit eines Blütenblattes, den Wohlgeruch einer Blume, die Durchsichtigkeit des Wassers, den Wohlklang des Schweigens nehmen. Hast du schon dem Schweigen auf dem Wasser zugehört?

AM SELBEN TAG, PARIS

Mama, sammle dich tief. Es ist schwer, so glatt zu werden wie eine Schneedecke. Doch sind es diese weiten Oberflächen, die unsern Seelen wohltun.

»Wie ist dir, mein Sohn?«

Ich bin in deinen Armen, Mama; ich habe es gern, wenn du mir Fragen stellst.

»Mußt du nicht leiden, Roland?«

Mama, das Wort leiden hat keinen Sinn mehr für mich. Ich habe die rauhen Zonen überschritten, wo unsere Fluiden sich stoßen. Mein Licht kennt keine Verdunkelung mehr. Die größten Leiden zu Beginn des astralen Lebens sind die Wechsel von Licht und Schatten, von Leuchten und Nichtleuchten; wenn wir das himmlische Licht nicht mehr aufnehmen, verlieren wir die wichtigsten Strahlen und die Hüllen unserer Tugenden werden trübe.

Verzweiflungskrise.

»Roland, ich kann nicht mehr.«

Mama, ich spüre, du bist völlig zerrissen. Deine Verzweiflung macht dich empfindlicher, dein Leid läutert dich. Erspare dir keine Träne, sie schmückt dein himmlisches Kleid.

Wärmewellen bilden für gewisse Insekten Orientierungsmittel. Die gleichen Strahlungserscheinungen bestehen zwischen Himmel und Erde. Es gibt also im Unsichtbaren Führer für die himmlischen Wege. Aber diese Wege sind immer leer; denn eure geistigen Antennen sind zu schwach, um die Wellen aufzufangen.

Mit Hilfe eures sechsten Sinnes vermögt ihr die Achse der göttlichen Sonnenstrahlen zu entdecken. Dann wird eure Dunkelheit aufgehellt und ihr seid fähig, Licht in die Richtung des Jenseits widerzustrahlen.

Das Erwachen des sechsten Sinnes macht eine Menge von Geheimnissen begreifbar und läßt euch die Ebene erkennen, die über der eurigen liegt. Wenn ihr einmal dieses Organ besitzt, öffnet sich euch ein neues Weltall.

Um ein Astralwesen, ein Vollwesen zu bilden, müßt ihr eine Verschmelzung aller Eigenschaften vornehmen, die im Lebendigen auf Erden eingeschlossen sind, von den Pflanzen angefangen bis zu den Insekten, von den Insekten bis zu den Elementen. Das menschliche Sein ist nur ein Fragment des ganzen Seins.

AM SELBEN TAG, PARIS

Das Holz knistert unter der Wirkung des Feuers. Unter der Wirkung eines Astralstrahles kann das Holz es ebenfalls tun. Es ist nicht die Gegenwart eurer Toten im Holz, wie die Magie es behauptet.

Mama, halb sieben Uhr früh! Eilig durchschrittest du die Gassen, um auf einer Steinstufe vor Gott niederzuknien. Du hattest die Hände gefaltet, die Augen geschlossen. Das Nichts trat in dich ein, dein Körper zerfloß, du stießest vor in dein anderes Ich; die ganze Zeit, die du vor der unverhüllten Hostie verbracht hast, lebtest du in deinem eigenen Schlagschatten, welcher der zweite Zustand ist. Mama, du hast mich mit Freude überschüttet, und ich konnte dir sofort eine Antwort geben.

Bedenke, daß alles, was du im Sinne der Nächstenliebe tust, dir einen Stern auf die Stirne drückt; es wird für mich leichter, dich zu finden. Ihr taucht oft ein in Schattengebilde, und wir erkennen euch nicht mehr. Ein Wurm verliert sich in der Nacht, ein Leuchtwürmchen sieht man. Eure Liebesakte entzünden Phosphor in euren Zellen, und ihr strahlt im Unsichtbaren. Mein Blick war auf dich geheftet. Danke, Mama. Wisse, daß euer Panzer nur Strahlen wirft, wenn ihr auf himmlischen Wegen wandelt, das heißt, in göttlicher Beleuchtung.

Quasimodo

Ein Wort Rolands vor seinem Tod: »Arme Mama, die erste Trennung.«

Das Verschwinden eines Leides macht Platz in dir für ein anderes Leid; so wird sich dein Leben abspielen bis zum Tage unserer Begegnung. Das Aufblühen des Schmerzes füllt dein Segel, wie der Wind die Segel eines Schiffes bläht. Dein Mut fährt weiter, aber die Böen sind so stark, daß sie den Mast zerbrechen. Aufeinanderfolgende Katastrophen zwingen dich, jeden Tag dich wieder kräftiger aufzubauen, unglückselige Seglerin, die ihr Steuer auf Gott ausrichtet...

Allein, immer allein; du spannst die Segel, so gut du kannst, aber der Kompaß fehlt dir. Die himmlischen Kardinalpunkte sind von den Menschen noch nicht entdeckt worden. Deine Seele spannt sich, du segelst mit deinem ganzen Sein. Aber die Stürme zerschmettern dich, du bist erst Lehrling. Arme Seglerin des Himmels, ohne jede Erfahrung.

DERSELBE TAG, MITTERNACHT

Mama, ich lege meine Hände in die deinen, meine Flügel schließen sich über dir, du bist in meinem Astralkreise.

Am Tage deines Todes wirst du aus deinem Körper treten wie die Sonne aus einer Wolke, und unser beider Leuchten wird gemeinsam beben. Wir werden zittern vor Freude, wir werden vibrieren wie Töne. Ich werde dich in alle deine Gebete einhüllen für den Gang durch die kalten Zonen, die vor dem Paradiese liegen. Geduld. Erhöhe deine geistige Tätigkeit, erhebe dich über den Stoff, wachse über dich selbst hinaus, entblöße dich, Blatt um Blatt wie ein Baum im Herbst, damit nur mehr dein Saft, der göttlichen Wesens ist, in deiner Rinde lebe.

MONTAG, 5. APRIL 1948, ELF UHR ABENDS

Mama, ich wollte dir schon längst einen Beweis für die Wirklichkeit unserer Verbindung geben. Wisse, daß im Unsichtbaren Schwärme von Geistern leben; diese Gruppen sehen und erkennen sich aus weitesten Entfernungen.

Ich erzähle hier ein Ereignis, das ich am 5. September 1948 erlebte und das sich auf diesen Satz zu beziehen

scheint. Ich kam aus der Bretagne zurück und war ver-
loren im Bahnhof Montparnasse in einer dichten Men-
ge. Ich konnte mein Gepäck nicht stehen lassen, um ein
Taxi zu holen. Da bahnte sich eine Dame einen Weg
durch die Menge auf mich zu, sprach mich an und
schlug mir vor, das Gepäck zu hüten, währenddem ich
versuchen sollte, einen Wagen zu finden. Leicht arg-
wöhnisch, zögerte ich, nahm aber schließlich ihr Ange-
bot an.

Wir stiegen zusammen ins Auto und begannen ein Ge-
spräch. Ich stellte mich vor; da stieß sie einen Schrei
aus: »Bevor ich den Zug nahm, las ich einen Artikel
über das Buch: „Einklang der Welten", und Sie sind
die Person, die ich kennen lernen wollte.«

Ich werde versuchen, X ... in meine Strahlen zu fassen; er wird um seines eigenen Glückes willen dem
Schwarm, dem du angehörst, eingegliedert werden. Er
nähert sich gleich einem mit zarten Fühlern ausgerüste-
ten Insekt und wird in deinen Kreis treten. Danke
Gott. Meine Engel werden ihn aufsuchen in seiner Einsamkeit. Mit Gott wird er über die andern triumphieren.
Ich sehe Flügel um ihn, ich will ihm helfen.
Himmlischer Blütenstaub kreist im Unsichtbaren, und
gewisse, mit geistigen Blütenstempeln versehene Menschen nehmen diesen Samen auf. Dann gebären die vom
Himmel befruchteten Seelen wiederum Himmel.

SAMSTAG, 10. APRIL 1948, ZEHNEINHALB UHR, PARIS

Mama, schau mich an. Engel sind zu meinen Seiten; sie
neigen sich über deine Wohnung, ihre Flügel zittern,
dein Zimmer ist voller Töne, die du nicht hören kannst.
Deine Weise zu hören ist die Sammlung; öffne die Ohren
deiner Seele. Während unserer Gespräche mußt du mit
dem sechsten Sinne leben; aber trotz all deines guten
Willens wirst du nichts nach menschlicher Art hören:

nur dein Glaube vibriert und die Wellenkreise, die in ihm Gestalt annehmen. Ein Blatt erzittert, wenn der Wind weht; so muß eine Seele unter der Brise des Himmels bewegt werden. Dein Herz soll erbeben; schwanke, wie die leichten Schmetterlinge in der Ruhe vom geringsten Windhauch gewiegt werden. Alles singt um dich herum, alles ist belebt, aber du siehst nichts, deine groß geöffneten Augen sind wie geschlossen. Arme Blinde, arme Taube, euer guter Wille ist euer einziges Verdienst, und Gott wird es euch anrechnen, wenn ihr Sterne seht, wo nur Nebel vorhanden ist.

Das Schweigen klingt an deine Ohren; und doch ist nur Schweigen da. Fahre fort, das Reich Gottes aus dem Nichts aufzubauen. Hinter diesem Nichts ist alles, was du nicht siehst, aber doch existiert. Schaffe unaufhörlich an deinen himmlischen Reichen; denn wisse, daß sie allein Wirklichkeit sind. Denke, denke Edles: ich schwinge mich aufwärts.

AM SELBEN TAG, PARIS, MITTERNACHT

Mama, teile dich auf, schwinge dich empor, versuche, die geistigen Auftriebe zu finden, von denen euer Äther geladen ist. Wir werfen unablässig Leitern von Schwingungen zu euch hin; an euch ist es, ihre Stufen zu erklimmen.

Ich liebe dich, Mama, und habe deine Treue nötig. Schlafe!

Diese Leiter aus Schwingung wurde mir auf eigenartige Weise gesandt. Plötzlich hat sich mein Zimmer mit Rauch angefüllt, und eine wirkliche Leiter aus Strahlen bildete sich vom Boden aus zu einer Höhe, wo sich unzählige Lichtreflexe zeigten und auf der Zimmerdecke tanzten.

Geliebte Mama, ich werfe mich in deine Arme. Höre nicht auf die Bösen, die uns zu trennen versuchen und die Veröffentlichung des Buches verhindern wollen, das ich dir sende. Es sind Steine, die du aus dem Wege räumen mußt. Wissen sie, daß man die Weiten der himmlischen Straßen mit bloßen Füßen zu gehen hat?

Friede deiner Seele; die Leidenden stehen auf unserer Seite, auf die »Glücklichen« und die Verleumder kommt es nicht an. Schreite voran wie eine Blinde, an deinen Glauben geklammert; schreite mit zerronnenen Augen, um nur mehr die inneren Wege zu sehen, die zu Gott führen.

OHNE DATUM, 1948

Die Blumen! ... Ihr schaut sie an mit Augen, die gewohnheitsmäßig darauf blicken, und ihr seht sie nicht mehr; ihr findet ihr Vorhandensein selbstverständlich. Höre, was ich dir sagen will: die Blumen haben Saugorgane, die ihnen erlauben, aus dem Boden Säfte zu ziehen zur Bildung ihrer ätherischen Organe.

Darüber mußt du nachdenken, und du wirst in das Reich der Verwandlungen, der Symbole eindringen. Bedenke, welch außerordentliche Zartheit, welche Vollkommenheit ein Blütenstempel aufweisen muß, um durch den vom Winde verwehten Blütenstaub befruchtet werden zu können. Der Wind legt das Liebeskorn auf das schöpferische Organ. Das Weiterleben der Blumenwelt hängt von den Elementen ab. Ein Blumenfeld kann entstehen durch die Spiele des Windes. Ihr erlebt dies täglich und findet es ganz natürlich.

Das Blütenfleisch ist aus Zellen gebildet, denen ein kosmischer Strahl seine Farbe einprägen kann. Diese stoffliche Verdichtung im Pflanzlichen stellt einen Teil der astralen Welt dar; sie ist eine Loslösung vom Ganzen. Im Grase versteckt oder an Ästen blühend: Blumen sind Parzellen des Göttlichen.

Mama, heute abend ist der Himmel übersät mit Sternen; der Frühling ist auf der Erde eingezogen, der Saft steigt in den Pflanzen, die Keime durchstoßen den Boden, das Leben und das Astrale klingen zusammen zu einer Woge der Entfaltung. Dein Planet ist in voller Trächtigkeit. Das ist auch bedeutungsvoll für den Himmel; denn unsere Strahlen sind dem Kosmos verbunden. Könnte es dir einfallen, die Sonne von ihren Strahlen zu trennen? Wenn wir der Mittelpunkt sind, wenn wir euch erleuchten, so kommen eure Schwingungen zu uns zurück. Selbst das Aufblühen einer Blume wirft Licht ins Jenseits zurück. Nun kannst du dir von der Bedeutung des werdenden Frühlings eine Vorstellung machen.

Wenn ihr aufmerksamer wäret, so würdet ihr Kränze von Symbolen in der Entfaltung der Jahreszeiten sehen. Das Wachsen eines Maiglöckchens ist oft wichtiger als das ganze Leben gewisser Menschen. Den ersten Maiglöckchenstrauß des Jahres hast du in meiner Kapelle niedergelegt; danke, Mama.

12. APRIL, MITTAG

Mein Namenstag

Niemand auf der Welt hat daran gedacht, mir gute Wünsche zum Feste zu geben; diese Einsamkeit ist wie ein Symbol. Keinerlei Aufmerksamkeit von seiten der Menschen, keine Blume; ich bin allein.

Mittag; ich trete ans Fenster, um die Blumen zu pflegen, die ich in Rolands Kapelle tragen will zu seinem Gedenktag, am 2. Mai. Ich betrachte meine Blumentöpfe mit mehr Aufmerksamkeit als gewöhnlich.

O Wunder! In einem Bündel grüner Blätter entdecke ich das erste Weiß eines Maiglöckchens. Eine Träne tritt mir in die Augen, und ich danke Gott, daß er mir dieses Geschenk zum Feiertag gemacht hat. Ist diese

Blume nicht in der Wärme des Himmels gewachsen?
Und warum hat sie sich gerade am heutigen Tage zu
entfalten begonnen? Ich bin um so stärker betroffen, als
Roland mir gestern sagte: »Das Wachsen eines Mai-
glöckleins ist oft bedeutungsvoller als das ganze Leben
gewisser Menschen.«
Wärme und Jahreszeit scheinen sich verbunden zu ha-
ben, um mir dieses Geschenk zu machen. Soll ich nicht
ein Zeichen sehen in der Erscheinung des kleinen, wei-
ßen Glöckleins? Ich komme mir plötzlich schuldbela-
den vor, weil ich die Dinge nicht aufmerksam genug
betrachte. Während wie vieler Tage habe ich meine
Pflanzen nicht eingehender geprüft? Wäre ich auf-
merksamer, so würde sich das Unsichtbare vielleicht
öfters kundtun um mich herum. Roland, hast du diese
Glöcklein zum Blühen gebracht?

Mama, kannst du dir ein Bild von den Berechnungen
machen, denen diese Pflanze gefolgt ist, damit ihre Wurzeln in der Erde die notwendigen Nährstoffe erhielten,
um genau an diesem Tage aufzubrechen? Eine Rech-
nung himmlischer Arithmetik, die euch unverständlich
ist, Mama. Bete, damit Gott dir die Gabe des Erkennens
und Verstehens gibt.

DERSELBE TAG, PARIS

Mama, liebste Mama, dein Tag ist leer, bar jeder
menschlichen Gegenwart, ein Tag in dir selbst. Trium-
phiere, denn nichts läßt besser die himmlischen Wege
erkennen als die Nacktheit des Schweigens. In diesem
Frieden zeichnen sich die Linien des Himmels schärfer
ab. Arme Mama, die zu ihrem Feste nur die Blüte eines
Maiglöckchens, das sich unter ihren Augen zur Entfaltung brachte, erhielt; du wirst weinen, weil meine Zärtlichkeit deinem Herzen fehlt. Mama, ich umfange mit
meinen Armen deine Seele; dein Sohn neigt sich über

dich. Schwingen wir uns zusammen auf, auf den Flügeln eines Gebetes.

»Wie geht es dir, Roland?«

Ich bin voller Freude. Wie soll ich dir die Herrlichkeit des neuen Lebens verständlich machen. Das Jenseits ist grenzenlos, euer Planet ist voller Schranken. Euer Verstand reicht über gewisse Kreise nicht hinaus; hier sind die Horizonte unendlich. Die Zeit ist nicht die Zeit...

Fahre fort, die Verwandlung zu studieren. Der Saft einer Blume kann in Honig verwandelt werden, aber Bienen sind nötig dafür. Der beste Teil deiner Seele kann sich in eine himmlische Substanz umwandeln; aber zu diesem Werke braucht es Arbeiterinnen des Himmels. Es genügt nicht, nur einzusammeln; das reinigende Organ muß vorhanden sein. Die Aufgabe ist beendet, wenn die Waben gefüllt sind.

DIENSTAG, 13. APRIL 1948, PARIS

Halb sieben Uhr; ich gehe in die Messe.

Nach der Kommunion habe ich dir Wogen der Unendlichkeit gesandt. Das menschliche Leben wurde Welle um Welle ertränkt, und du empfandest ein himmlisches Entfalten in dir: die Gnade. Schlafähnlicher Zustand, in welchem alles Menschliche stillesteht; Zustand, wo das Astrale das Stoffliche völlig überflutet. So lebtest du einige Sekunden, ins Jenseits getaucht, auf der Höhe der zweiten Ebene. Du näherst dich. Geduld.

AM SELBEN MORGEN

Wenn du deine Hand über einem Gegenstand schließest, umfaßt sie Stoffliches.

Wenn du deine Hand über Wasser schließest, hältst du nichts zurück.

Wenn du deine Flügel über himmlische Werte neigst, wirst du sie in dich aufnehmen unter der Bedingung, daß dein Gefieder dicht genug ist, jedes Teilchen zurückzuhalten.

Der Himmel ist wie der Äther: er verflüchtigt sich über unreinen Herzen.

Wasser muß ein guter Leitstoff sein, denn sobald ich Wasser berühre, steigt die Erinnerung an Roland in mir auf.

MITTWOCH, 14. APRIL 1948

Das höhere Leben hat seine rückläufigen Wellen. Wenn du in deinem andern Ich das erzeugst, was ihr auf Erden elektromagnetische Wellen benennt, wirst du leicht die Tonleitern finden, die im Jenseits klingen.

SAMSTAG, 17. APRIL 1948, PARIS, MITTERNACHT

Mama, wenn ich dir erklären wollte, daß dein zweites Ich in einen andern Kreis eintreten werde, verschieden von jenem, worin du dich vor einiger Zeit befunden hast, so würdest du mir nicht glauben; denn du könntest es nicht begreifen. Aber du wechselst die Zone im Astralen. Dein Körper zieht nicht mehr die gleichen Strahlen an. Deine Haut wird sich von Schwingungen, die von den früheren ganz verschieden sind, nähren, so daß dein zweites Ich sich verändern wird. Gewisse Zugvögel folgen den Jahreszeiten; das tut auch euer magnetischer Körper. Sobald ihr einen bestimmten Grad der Entwicklung erreicht habt, wendet ihr euch Gegenden zu, die euch günstig sind. Günstig für das Leben oder den Tod, das bleibt ein Geheimnis für dich. Schlafe.

Ihr seid dem Anziehungsbereich der Engel zugänglich, wenn ihr euch im zweiten Zustand befindet, das heißt, wenn alles Äußerliche aufhört, auf euch einzuwirken.

Wenn ihr auf dieser Ebene anlangt, seid ihr schon von einem himmlischen Strahl umfangen.

Mama, Sieg! In deinem zweiten Ich schält sich die Seele aus einer Hülle, deine Seele kleidet sich neu. Du gelangst in den Lichtschein eines neuen Kreises. Schattenfetzen liegen zu deinen Füßen; dein Haupt ist im Licht.

Mama, bei der Kommunion ist dir das Geheimnis des geistigen Keimens geoffenbart worden. Höre mich an: damit ein Korn aufsprießt, muß eine große Zahl von Elementen mitwirken: eine Harmonie zwischen dem Kosmos und dem Samen, Wärme, Wasser, Sonnenstrahlen. Das Zusammenwirken der astralen Vibrationen und des Wachsens der Pflanze soll dir zeigen, daß es nicht genügt, im Stande der Gnade zu sein, um Himmlisches aufkeimen zu lassen. Man muß auch im Bereich der Liebe Gottes leben, das heißt, in den Rhythmen der echten Gläubigkeit. Die Kirche feiert nicht belanglos ihre Feste; nicht umsonst gibt es heilige Wochen, das Osterfest, Weihnachten, einen Muttergottes-Monat. Diese geistlichen Feiertage sind gleichsam die Jahreszeiten des Himmels. Man muß sie aufmerksam miterleben, denn unter ihrem Einfluß verkörpern sich gewisse Tugenden in eurem zweiten Ich. Nur in gewissenhaften Herzen wachsen gute Früchte. Wenn die Wurzeln in reines Erdreich dringen, wird das Wachstum makellos sein. Lebe ein durch die Liebe gezeichnetes Leben. So werden deine Gedanken kräftig sein, die Engel werden sich in deiner Seele niederlassen, und himmlische Fühler dich durchdringen. Unterhalte in dir stets eine hohe Auffassung vom Leben.

Mama, so viele Leute betrachten unsere Gespräche als
Fabeleien. Das höhere Leben, das ich dich lehre, ist für
sie Geschwätz aus deinem Unterbewußtsein. Sie ver-
neinen, ohne zu beweisen, sie behaupten, daß nur sie in
der Wahrheit seien. Laß sie reden. Du wirst deine
Pflicht erfüllt haben, wenn du die Lehren, die ich dir
gebe, allen zugänglich gemacht hast. Danke, Mama, daß
du sie nicht für dich allein behältst und den Kritikern
mutig entgegentrittst.

Arme Mama, du bist noch immer auf den Straßen, die
Mut erfordern. Ich liebte deinen Mut. Erinnerst du dich,
daß du die feindlichen Sperren überschrittest, um mir
Zucker zu verschaffen?

Ich bin jetzt völlig anders und kann dir immer weniger
erklären wie. Doch fahre fort, die außerordentlichen
Erscheinungen der Natur zu beobachten.

MITTWOCH, 21. APRIL 1948, PARIS, MITTERNACHT

Mama, ich bin da.

*Im gleichen Augenblick ertönt ein Schlag gegen die
Türe Rolands. Da dies sich beinahe jedesmal bei Beginn seiner Mitteilungen ereignet, will ich nun ein für
allemal dieses Phänomen nicht mehr dem Zufall zu-
schreiben.*

Du bist aufgewühlt. Eure Erregungen erzeugen im
zweiten Ich gleichsam Grundwellen. Es wird uns dann
schwer, uns niederzulassen in euch.

Bete, Mama, das wird dich auf friedliche Wege führen,
und wir können unsere Gespräche wieder aufnehmen.

Damit der Blütenstaub die Blütennarben einer Blume
befruchten kann, ist die Mithilfe des Windes nötig; damit der himmlische Blütenstaub die Seele des Menschen
befruchten kann, bedarf es ebenfalls eines Hilfsmittels.

Dieses Hilfsmittel ist die Sammlung. Ein Herz im Frieden nimmt den Atem des Himmels auf.

Zum zweiten Mal knackt es in Rolands Türe.

Mama. Alles soll knarren!

Drittes Knacken in Rolands Türe.

Mama, erhebe dein Gesicht, falte die Hände...

Viertes Knarren links, in meinem Bett.

... und erwarte nichts, denn man darf nie etwas erwarten. Wisse, Gott liebt jene besonders, die nichts für sich erbitten. Ihr selbst zieht es vor, aus eigenem Antrieb Wohltaten zu spenden; ihr fürchtet jene, die euch darum angehen.

DONNERSTAG, 22. APRIL 1948, PARIS, MITTERNACHT

Mama, komm schnell, ich habe mit dir zu sprechen; du hast oft schon gedacht, ich sage dir Dinge voraus, die nie eintreffen. Ich will dir den Schlüssel zu diesem Geheimnis geben: wir Engel können nicht Wunder wirken, wir können euch nur behilflich sein. Stelle dir vor, du wünschtest unbedingt eine Blume zu erhalten, die erst im Samenkorn vorhanden ist. Sofort beschaffst du dir den Samen und pflanzest ihn an. Du kannst sein Wachstum fördern. Wenn es an der Pflege fehlt, gibt es keine Ernte. Wer ist dann schuldig? Du.

Genau so verhält es sich mit unseren Voraussagen. In eine Hand lege ich dir eine Möglichkeit, in die andere Mittel sie zu verwirklichen. Du magst die beiden Elemente geschickt miteinander verbinden. Wenn du dir keine Mühe gibst, wirst du nichts zu ernten haben. Um viel zu ernten, ist eine entsprechend große Arbeit zu leisten. Die meisten Menschen machen halt auf halbem Wege. Die Schwachen haben zu zarte Stengel, sie zerbrechen. Ihr Duft klebt an der Erde. Denke an das verborgene Leben der Veilchen; man muß sie aufstöbern. Gewisse Wesen verbreiten einen Wohlgeruch, aber nur in der engsten Umgebung. Um sie zu finden, muß man sie suchen.

Unter den Menschen gibt es Rassen und Auslese wie in der Tier- und Pflanzenwelt. Du kannst vom Schilfe nicht verlangen, daß er den Duft einer Lilie ausströme. Der Schilf ist zurückhaltend, während die Lilie ihren Wohlgeruch kräftig von sich gibt. Die Umgebung und alles, selbst die den Duft verbreitende Luft, begünstigen die Blume.

Das will besagen, daß es Individuen mit kurzen und solche mit langen Wellen gibt. Wesentlich für euch ist, den Platz zu erkennen, an den ihr hingehört. Eure Hölle besteht darin, zu wünschen, anders zu sein als ihr seid. Wenn Goldlack sich in eine Bougainvilla verwandeln wollte, so müßte er doch als Goldlack leben und sterben, aber sein ganzes Dasein wäre vom Neid vergiftet.

FREITAG MORGEN, 23. APRIL 1948, PARIS

Es soll dich verwundern, daß so viele Leute Blumen pflanzen oder in Sträuße binden, ohne dabei anderes zu sehen als eine ganz handgreifliche Handlung. Das beweist, daß das Stoffgebundene euren Geist völlig verstopft. Mit welcher Sorglosigkeit geht ihr mit diesen himmlischen Stoffen um, die eine Quelle voller Symbole sind, ohne euch je eine tiefere Frage zu stellen!

Die außerordentlichsten Ziselierungen, die raffiniertesten Berechnungen liegen vor euren Augen, ohne daß ihr durch die übersinnliche Erscheinung des Zusammenklingens vom Irdischen und Kosmischen gerührt werdet. Unfähig bis zur Stumpfheit, gibt sich euer Geist damit zufrieden, Naturgeschichte zu treiben und ein Gebiet mit kalter Berechnung zu behandeln, das euch übernatürliche Probleme stellen sollte. Ich wiederhole dir noch einmal: studiere gewissenhaft das Leben der Pflanzen.

Du wirst darin himmlische Gesetze entdecken. Deine Arbeitsweise ist zu langsam; beeile dich, denn in Wahrheit weißt du nicht, ob dein Tod nicht hinter der Minute steht, die im Anzug ist.

MONTAG, 26. APRIL 1948

Rolands Buch ist mir um sieben Uhr abends ins Haus gebracht worden. Zur selben Zeit begann ich die Lektüre eines Werkes über Unsere Liebe Frau von La Salette mit der Absicht, darüber gemäß den Weisungen Rolands ein Mysterienspiel zu schreiben.

DIENSTAG, 27. APRIL 1948, ELF UHR ABENDS

Mama, du hast mich mehrere Tage allein gelassen, ich bin nicht zufrieden. Weg mit den Beschäftigungen, die dich hindern, zu mir zu kommen! Ein Spaziergang ins Land hinaus hat dich wieder dich finden lassen. Ich konnte dich mit einem Astralstrahle fassen. Ich bin festlich gestimmt, weil du die Anziehungskraft des Lichtes gespürt hast.

Denk an einen Nachtfalter, um dir eine Vorstellung vom Leben nach dem Tode zu machen. Wie viele Meilen Dunkelheit durchfliegt er, um an eine Lichtquelle zu gelangen! Er zeichnet Wege in die Nacht, um Helle zu finden. Ebensolche Wege müssen wir nach dem Tode begehen.

Auf der Erde flattern Nachtfalter auf das Licht zu. Auf der zweiten Ebene zielen unsere Seelen auf die Sterne hin. Licht, immer Licht! Widerscheine, Strahlen, das sind unsere Jakobsleitern!

O zerbrechliche Mama, du fügst diesen Frühling dem Frühling meines Todes hinzu, und alles weint in dir. Verliere dein inneres Leben nicht durch Weinen über dein Leid. Ich habe dich zur Jahreszeit verlassen, wo die

Nachtigallen singen; ich habe dich verlassen, als der Frühling in voller Entfaltung war; du bist zerbrochen, als alles in Blüten stand. Laß deine Geburt zum Göttlichen in dir sich vollziehen. Es ist Zeit, daß die Schale zerbreche; dein Glaube ist der Schnabelschlag. Bete!

FREITAG, 30. APRIL 1948, MITTERNACHT

Mama, endlich ebbt die Aufregung des Lebens in dir ab!

Ich bin verärgert. Du weißt, was zu tun ist, um dich von den Strahlen der Gnade berühren zu lassen. Aber du zerstreust dich: eine Art Schulschwänzen der Seele. Das ist nicht gut.

Du mußt aufmerksamer sein, als du es bist, um Zeichen zu sehen. Das höhere Leben in sich aufbauen ist so schwierig wie eine Kathedrale aus Stein errichten. Stelle dir vor, in dir sei ein Bienenhaus mit Waben. Tausende von Zellen bleiben leer, wenn nicht täglich Gebete sie füllen. Dein Leben muß aus unzähligen Bemühungen bestehen, aus tausend geistigen Quellen, aus Tausenden von Blicken zum Himmel. Eine Seele in Vereinigung mit Gott ist eine von Ekstasen durchflutete Seele. Schöpfe deine himmlische Liebe aus dem Kelch der Sakramente.

MAI 1948

1. MAI 1948, PARIS

Du mußt viel denken, gut denken, edel denken. Ihr baut im Denken das kosmische Weltall. Der Akt der Nächstenliebe ist ein Liebesakt, dem jeder irdische Egoismus fehlt. Der Akt des Denkens, wie Gott ihn will, ist ein von allem geistigen Egoismus entblößter Liebesakt.

Auch der Kosmos braucht Gaben. Sein ganzes Denken den unsichtbaren Kräften widmen, ist ebenso heroisch, wie sein ganzes Leben dem Elend der Menschen zu weihen ...

Auf Erden ist der Stoff fest, der Boden ist fest, die Gegenstände sind fest. In eurem zweiten Ich ist das, was ihr schaut, bewegt; es ist verwandt mit dem Wasser. Das Wasser gleicht am meisten der inneren Substanz, der unfaßbaren Substanz des Menschen. Das Wasser ist ein Spiegel, das Wasser ist bewegt, das Wasser ist fluid; doch ist es fähig, Gewichte zu tragen. Das Denken ist unstofflich, aber das lastende Werden des Menschen ruht völlig auf ihm. Das Wasser gleicht dem Denken, das Wasser kann sich färben, das Wasser spiegelt Scheine wider; das Denken schillert, das Denken vibriert, das Denken vermag Berge zu heben. Dein anderes Ich ist wie ein Ozean. Du trägst in deinem Denken die Unendlichkeit deiner Fähigkeiten und die Möglichkeit, zu leben oder zu sterben für die Ewigkeit.

DERSELBE TAG, MITTERNACHT

Mama, ich war nicht sicher, ob du kommen würdest, und ich war sehr in Ängsten. Ich sehe so gut, arme Mama, wie du an die Erde gebunden bist wie eine Frucht an den Baum. Du bist vom Himmel noch nicht golden genug gefärbt, um dich vom Leben loslösen zu können. Deine Seele ist noch nicht reif. Tränke dich mit Paradies, nähre dich mit göttlichen Speisen.

In der Morgendämmerung sind die Felder mit Tau bedeckt, die Gräser von durchsichtigen Perlen übersät. Dein Herz muß wie die Wiesen mit geistigen Perlen geschmückt sein. Geh morgen zu Gott hin mit überklaren Gedanken. Empfange Gott im Frieden. O herrlicher Augenblick des Seelenmahles am heiligen Tisch, wo Gott sich euch schenkt!

Mama, ich bin vierzehn irdische Jahre und zwei Jahre Himmel alt. Hier muß man sich, wie bei euch, seinen Platz bereiten. Man muß seine himmlischen Sterne verdienen. Der Weg zu Gott ist hart. Auf Erden gibt es Steine auf den Wegen, hier die Dornen der heiligen Krone. Das Symbol der Dornen an den Rosen soll Gegenstand deiner Betrachtung sein . . .

Ich hülle dich ein in meine Liebe, Mama, ich umschließe dich mit meinen Flügeln. Färbe dich mit Liebe. Danke, Mama, für die vielen Blumen.

Alles Menschliche ist wie ein Spinnetz auf deiner Seele. Ich liebe dich, Mama . . .

Mein Buch! Wenn du mein freudiges Lachen hören könntest! . . .

NACHT VOM 1. AUF DEN 2. MAI

Eigenartige Nacht! Ich hatte im Halbschlafe die Gewißheit, daß ich am Morgen einen Vogel in Rolands Kapelle finden werde; mit diesem Gedanken schlief ich ein. Mitten in der Nacht wachte ich auf und bemerkte ein Leuchten in meinem Zimmer. Genau in der Mitte der Decke glänzte ein Schein in Flügelform; ich konnte nicht anders, als dieses vogelähnliche Gebilde, das mein Zimmer erhellte, zu betrachten. Dann schien die Atmosphäre plötzlich zu zerreißen, um mich das Unwägbare sehen zu lassen. Hinter der Luft lag eine bewegte Unendlichkeit. Schattenwogen stiegen auf wie Rauchwirbel oder wie farblos dahineilende Wolken. Der erste Schleier war aufgerissen; ich sah, was den Blicken sich entzieht, ich sah das Unsichtbare, ich sah die Luft.

Wenn ich weiter fortgeschritten wäre, würden sich, dessen bin ich gewiß, in dieser Atmosphäre Leuchtwirkungen entzündet und die Schatten Gestalt angenommen haben.

*Jahrzeitmesse für Roland, die am Montag, den 3. Mai,
gelesen wird, weil der 2. Mai ein Sonntag war.*

Mama, dein treues Andenken an mich hat mit Treue
nichts zu tun. Käme es dir in den Sinn, von der Liebe
einer Mutter für ihr lebendes Kind zu sagen: »Sie ist ihm
treu?« Ich bin nicht tot. Ich bin so wirklich da, wie wenn
ich lebte. Ich bin dir nur aus den Augen und Ohren
verschwunden, aber ich erfülle dein anderes Ich. Meine
Gegenwart belebt deine übernatürlichen Strebungen.
Darum fühlst du dich mehr und mehr vom Jenseits in
Anspruch genommen. Wenige Menschen verstehen sich
zu verlieren in den astralen Zonen; ihr lernt nur langsam, euch auf diesen unendlichen Wegen zu bewegen.
Doch auf einmal machst du Fortschritte. Ein Kind wird
mit dem Größerwerden sicher im Gehen. Dein Gang ist
weniger schwankend.

DERSELBE TAG

Dein anderes Leben ist das Unwägbare um deinen Körper; es ist gefärbt, doch unsichtbar. Darum rate ich dir,
unablässig an seiner Vervollkommnung zu arbeiten,
denn es ist der Teil von dir, der weiterlebt.

Ein Diamant muß rein sein, um reines Feuer ausstrahlen
zu können. Nun aber leugnest du keineswegs die Stofflichkeit dieses Edelsteins, ebenso wenig die Reflexe seines Feuers. Warum also so viel Zweifel, wenn ich dir die
Geheimnisse der Verwandlungen erkläre? Der geringste
Fleck in einem Stein verändert sein Leuchten. Der kleinste Fleck in eurem andern Ich trübt eure Tönungen.

Du mußt deine psychischen Zellen zu einem Prisma
formen: dann kannst du dich aufschwingen ins Reich
der sieben Farben, in das ich bald gelangen werde.

Mama, wie kannst du mehrere Tage verstreichen lassen, ohne mich anzuhören? Du kannst dir nicht vorstellen, was für Brüche das in der Kette der uns verbindenden Vibrationen erzeugt. Zu meinen Lebzeiten bist du herbeigeeilt, wenn ich rief. Ich hatte nur ein Wort zu sagen: »Mama.« Wie oft habe ich in den vergangenen vier Tagen Mama gerufen, ohne eine Antwort zu erhalten!

Überprüfe dein Tun genau und frage dich, was dich von mir ferngehalten hat. Dienstag, Mittwoch, Donnerstag. Hätten dich, als ich noch lebte, X..., Y..., Z... hindern können, mir gute Nacht zu sagen?

Mama, erinnere dich aller lieben Worte, die du mir zwanzigmal des Tages gegeben hast. Achtung, Mama! Gott ist anspruchsvoll.

SONNTAG, 9. MAI, ELF UHR ABENDS, PARIS

Fest der Jeanne d'Arc

Mama, stürze dich hinunter aus deiner Höhe, tauche in die Leere, um die Unendlichkeit und die Ewigkeit des Weiterlebens zu fühlen. Man muß sich bis zur Betäubung, bis zur Ohnmacht abmühen, um den Himmel zu erlangen.

Ich möchte etwas Paradies auf deinem Herzen zerdrücken, aber deine Seele ist noch nicht genügend von Gnaden durchtränkt. Die Gnade dringt nur stoßweise in dich ein; immer wieder weicht sie den Schatten. Sie ist wie eine armselige Sonne an einem traurigen Wintertag. Deine Gottesliebe ist in der Tiefe langer Schattenzeiten begraben. Dein Glaube gleicht einem schütteren, fröstelnden Vogel: er zittert in der Kälte lichtloser Stunden.

Es ist mir oft nicht leicht, dich zu stützen und mitzureißen. Oh, wenn ich dich bei der Hand nehmen könnte. Mama, ich bin da... Schließe dich ein in die Besinnung wie die Biene in eine Rose. Bete unablässig, bete bis zur

Erschöpfung, bete für mich, bete für den ganzen Himmel, und der Himmel wird über deine Seele himmlischen
Tau tropfen lassen. Sei umfangen von den Flügeln der
Engel! Ich wollte, du wärest erschüttert wie ein Gewit-
terhimmel. Gewaltige Dinge kommen über mich, darum
erstickst du auf der Erde. Wann werden die uns trennenden Wände fallen? Du läufst nicht schnell genug
auf den Wegen, die zum Himmel führen.

»Was wird der morgige Tag mir bringen?«

Du wirst Fäden spannen, aber ich entschwinde, wenn
du darauf dringst, daß ich dir die Zukunft voraussage;
gute Nacht!

DIENSTAG, 11. MAI 1948, PARIS, EIN UHR MORGENS

Mama, schließe die Augen, sammle dich und öffne deinen Geist für das Jenseits. Damit zwei Flüsse von ver-
schiedener Höhenlage zusammenfließen können, muß
ein Wasserfall vorhanden sein. Diesen Fall, sein Brau-
sen und Schäumen mußt du verspüren, wenn du mit dem
Himmel in Verbindung treten willst. Du wirst dich nie
genug in Gott verlieren. Dein Geist muß endlose Fahr-
ten auf den heiligen Straßen machen. Rode, fälle, lichte
das Böse, beschneide die Sünde, wie der Holzer aufs
Holz schlägt, um es zu spalten; mit harten Mühsalen
wirst du dich zur Glückseligkeit erheben.

MITTWOCH, 12. MAI 1948, PARIS, NEUN UHR MORGENS

Mama, du denkst an mich; dieses Denken muß dich
überdecken wie eine Glocke. Es muß dich trennen von
der Welt und darf nur mehr die Klänge des Himmels zu
dir dringen lassen. Schließ dich ein in die vibrierende
Bronze, in völlig abgeschlossene Einsamkeit...

Gewisse Pflanzen besitzen so empfindliche Organe, daß
sie Duft aufnehmen und abgeben können. Sie sind also,
in diesem Punkte, wirklich vollkommen.

Sie vermögen auch farbige Schwingungen aufzufangen und selbst Tönungen zu erzeugen.

Jede ihrer Blüten, jedes ihrer Blätter ist eine für Farb- und Duftschwingungen empfindliche Antenne.

MITTWOCH, 12. MAI 1948, ELF UHR ABENDS, PARIS

Mama, suche weder Schatten noch Farben noch irgendein Zeichen. Du mußt spüren, wie mein Denken dich trifft wie helles Licht. Es ist warm, heute abend. Die Nacht ist klar. Die Schwalben sind zurückgekehrt. Bedeutungsvolle Anwesenheit. Sie folgen im Fluge unsichtbaren, mit wohltuenden Wellen geladenen Strömungen, die sie euch zuführen und um euch verbreiten. In der Ordnung der verborgenen Gesetze ist die Ankunft der Schwalben ein großes Ereignis.

Freu dich; sei glücklich in deinem höheren Leben; denn wohltätige Schwingungen werden dich erreichen; wenn du sie zu fassen verstehst, werden sie dir ebenso heilsam sein wie ein Glas Wasser einem Dürstenden.

DONNERSTAG, 13. MAI 1948

Mama! Jubel! Freude! Wenn du wüßtest!

Stoß mein irdisches Andenken ab von dir!

Arme Mama, zerspalten zwischen Himmel und Erde! Oh, daß ich die Macht besäße, dich sofort einladen zu können! Aber dein menschliches Dienen ist noch nicht zu Ende.

DERSELBE TAG

Über die Farben.

Weiß ist, im Gegensatz zu der Meinung der Menschen, die »Überfarbe«: Weiß steht über den sieben Tönen, aus denen die Lichtstrahlen bestehen.

Weiß sieht man in der Nacht. Weiß ist mehr als alle Farben, weil es ihre Verneinung ist.

DERSELBE TAG

»Mein Engel, bist du es wirklich, der meine Hand führt, ich zweifle.«

Mama, ich glaubte, du seiest vernünftig geworden; vernünftig sein heißt, den Glauben haben, einen so starken Glauben, daß er alles vernichtet, was nicht er selber ist.

Wenn man behauptet, daß dein Glaube unrichtig sei, auf was stützt man sich dann? Auf Wahrscheinlichkeiten, nicht mehr; niemand ist imstande, dir zu beweisen, daß er falsch sei, so wenig du beweisen kannst, daß er wahr ist. Wer ist nun näher bei der Wahrheit? Du wirst angegriffen, weil du meine Mitteilungen veröffentlicht hast; ich werde später darauf zurückkommen; ich muß jetzt gehen.

FREITAG MORGEN

Mama, jetzt, wo du in das Licht eines Strahles eingefangen bist, wirst du unablässig, und mehr und mehr, vom Paradies betaut werden. Die ganze Schöpfung Gottes wird sich aufhellen, und du wirst von Offenbarung zu Offenbarung gelangen. Ich nenne Offenbarung die Entdeckung des Göttlichen in allen Dingen.

FREITAG, 14. MAI 1948, LES ANDELYS

Mama, du hast den Himmel betrachtet und den Himmel ins Herz aufgenommen wie einen Pfeil. Das Blau der himmlischen Wölbung war so blau, daß du von ihm bis ins Innerste deines Wesens geblendet warst. Denk an die unermeßlichen Weiten, die dein Blick durchdrungen hat, um den Himmel zu erreichen. Wenn du in deiner

Entwicklung weiter fortgeschritten sein wirst, vermagst du deine Seele in ebenso große Fernen zu versenken, wie sie der Himmel deinen Augen dargeboten hat.

Du findest es nicht außerordentlich, wenn deine Blicke das Unendliche berühren. Warum sollte deine Seele nicht ebenso die Fähigkeit haben, ins Unsichtbare vorzustoßen? Da würde sie ins Reich Gottes gelangen. Aber eine solche geistige Beweglichkeit kann nur durch das Gebet erreicht werden. Bete, wie du atmest. Die Atmosphäre des Himmels schaffst du dir durch das Gebet.

FREITAG, 14. MAI 1948, MITTERNACHT

Mama, nimm mich überall mit, wohin du gehst. Ich muß in deinem inneren Leben meinen Platz besitzen, wie ich ihn zu Hause hatte, als ich noch lebte. Der Tod ist nicht der Tod, er ist im Gegenteil die Auferstehung für jene, die in ihrem Herzen die Verwandlung des Überlebens zu vollziehen verstehen.

Ich befinde mich gegenwärtig in einem Kreis, der mir erlaubt, dir zu helfen, aber du bist nicht aufmerksam genug. Schlafe!

15. MAI 1948, LES ANDELYS

Wenn du wirklich so empfindsam geworden wärest wie ein Schmetterlingsflügel, hätte ich großen Einfluß auf dich, und der geringste geistige Hauch, die kleinste himmlische Schwingung würde dich von der Erde losreißen.

Um stets vom himmlischen Geiste getragen zu sein, muß das Jenseits sich in euch ergießen und eure Gedanken bis zum äußersten Rande füllen.

Überfließe vom Himmel. Trage den ganzen Himmel in dir. Dies ist die einzige Möglichkeit, zu glühen wie die Engel.

Mama, heute morgen habe ich dich bei der Messe gesehen; höre, wie! Du glichst den armen Schmetterlingen,
die gegen ein geschlossenes Fenster stoßen. Dein Leid
besteht darin, nicht zu wissen, wie ich lebe und wo ich
bin; dein Geist möchte immer ins Unendliche blicken,
aber der Vorhang ist gesenkt, du prallst an, deine Flügel
zerbrechen, und du zweifelst. Du zweifelst an dir selbst,
du zweifelst an Gott, du beargwöhnst alles, was dein
Geist sieht und vernimmt, und stehst ohne Glauben zu
Füßen der Mauer. Dein innerer Himmel verdunkelt sich;
du versinkst im Schatten; du glaubst nicht mehr an die
Auferstehung; die Nacht umhüllt dich wie ein Leichen-
tuch; du bist im Grabe.

Weine, Mama, weine, so verwundbar, weine, so wenig
vom Unendlichen durchdrungen zu sein. Weine, daß
dein innerer Himmel so hinfällig ist wie ein Tautropfen.
Ein Nichts löscht die Gewißheit in dir aus. Weine, Mama.

Heute ist das Fest des Heiligen Geistes, das Gedenken
an den Tag, als die Apostel den Heiligen Geist in Gestalt feuriger Zungen sahen, und du fühlst dich kaum
berührt vom Sinngehalt dieser Erscheinung. Denke nach,
Mama, es gibt ein natürliches Sinnbild dafür: die Dunst-
gebilde, die euren Leib umhüllen und für euch unsichtbar sind, waren einmal Menschen sichtbar und wurden
»Geisthauch« genannt; Ausstrahlungen dieses Geist-
wesens sind leuchtend geworden... Im Unsichtbaren
trägt ihr alle über eurem Haupte solche Feuerzungen,
Flammen, mehr oder weniger leuchtend, gemäß der
Reinheit eures inneren Zustandes.

Es entspricht völlig der wahren Bedeutung der religiösen Symbole, wenn ich dir sage, daß du leuchten mußt, damit ich dich sehen kann. Alles ist in den Lehrwahrheiten enthalten, aber ihr seid blind und versucht nie, über die materielle Schöpfung hinaus zu blicken ...

Mama, ich bin entzückt, daß du während deines Spazierganges durch den Garten so aufmerksam warst. Du hast dich bemüht, einige Geheimnisse der Blumenwelt eingehend zu beobachten. Mit Verwunderung hast du die drei Verwandlungen der Bohnengewächse betrachtet.

Erst sind es Blüten, dann wachsen aus diesen Blüten grüne Blättchen wie zwei zusammengefaltete Flügel. Sie wachsen, bis die Blütenblätter abfallen. Sie ernähren sich von Sternen, Sonne, Erde und Wasser. Körnchen bilden sich in ihnen. Zum drittenmal muß die Hülle absterben, damit die Frucht sich endlich zeige. Betrachte die Zahl der sich folgenden Decken, bis die Körner sich bilden können.

Wisse, auch eure Seelen können nur wachsen in aufeinanderfolgenden Entwicklungen. Der Blütenkelch muß seine Blätter verlieren und mehrmals sich wieder bilden, bevor die himmlische Ganzheit in euch zu leben vermag ...

Und die zwei Verwandlungen des wilden Vergißmeinnicht! Blüten, die rosafarben wachsen und blau sterben.

Alles Geheimnisse, die ihr geduldig studieren sollt; denn sie alle sind Symbole.

Das Unendliche! Der Raum!

Du mußt dich derart von allem loslösen, daß du die Erde zu überwinden vermagst. Du wirst nach der Besinnung der Geheimnisse, die ich dir vor Augen stelle, verstehen, daß nichts Lebendes mehr deine Aufmerksamkeit beanspruchen soll. Dann wirst du ins Ewige vordringen.

Wenn ein Vogel auffliegt, wohin begibt er sich? Ins Unendliche. Der Aufflug und der Fall im Raum sind zwei
gleichartige Bewegungen. Deine Gänge dürfen sich nur
mehr im Leeren vollziehen, aber du wirst erst nach der
Erreichung einer höheren Entwicklungsstufe dazu gelangen.

Gib dir Rechenschaft, daß alles, was du auf Erden beobachten kannst, immer nur das Leben ist; nur durch
die Annäherung an den Himmel wirst du deine Sinnes-
empfindungen der Reihe nach bis zur allerletzten kreu-
zigen können. Du tust dein Bestes, wenn du dich über
die Natur neigst; aber es gibt höhere Ebenen. Der Himmel ist nackt, und auf diese Blöße mußt du hinstreben.

Arbeite, arbeite unablässig; gehe über Kunst und Natur hinaus, um ins Nichts deines Selbst zu gelangen.
Alles, was ich sage, scheint dir unwirklich zu sein. Geduld, Mama, du hast heute einen Schein über einem
neuen Horizont erblickt, aber du bist noch so weit von
ihm entfernt, daß dieser helle Streifen wieder verschwinden wird und du auf das tiefere Niveau des
»Ausdrückbaren« zurückfallen wirst.

DONNERSTAG, 20. MAI 1948, PARIS

Mama, je höher ich aufsteige, um so schwieriger wird
unsere Verbindung. Du magst dir wohl Mühe geben,
dich aufzuschwingen; du bleibst in dir selbst begrenzt.

Ein Mensch hat die körperliche Kraft nicht, um einen
Berg zu heben; ein Geist kann geistig nicht immer vorwärtsschreiten. Das ist die Hölle eurer Welt. Bedeutend
mehr Seelen, als du dir vorstellst, bemühen sich, Fortschritte zu erzielen, aber das Feld ihrer Bemühungen ist
begrenzt. Ihr könnt über eure Erde nicht hinaus; ihr vermögt nicht, über die Erdkugel hinaus zu blicken; ihr
könnt nicht höher denken, als euer innerer Himmel ist,
und dieser Himmel besteht nur aus Fleisch und Blut.
Arme, an den Körper geschweißte Sterbliche, ihr seid

gekreuzigt auf dem Kreuze der Zeit, die euch Nägel und Dornen beschert!

Die Zeit bringt für alles eine Lösung; sie beendet das Leben, sie zerschneidet die Beständigkeit der Erinnerung; sie trennt euch; sie läßt euch manchmal jene vergessen, die ihr am tiefsten geliebt habt. Alles vergeht in euch, weil keine Spur von Ewigkeit in eurem sterblichen Körper vorhanden ist. Man muß unsterblich geworden sein, um sich die Ewigkeit vorstellen zu können.

DONNERSTAG, 20. MAI 1948

Mama, beobachte sehr aufmerksam gewisse liturgische Riten, denn du findest in ihnen ebenfalls die volle Symphonie der Geheimnisse, die ich dir zu erklären versuche.

Die Farben haben in der Liturgie der römischen Kirche eine so große Bedeutung, daß jedes Fest seine Farbe besitzt. Alle Farben entfalten sich so vor Gott. Bestimmte Feste sind von der weißen Farbe begleitet, andere werden in der grünen gefeiert, in violetter oder in roter. Wieder andere stehen unter dem Zeichen des »Goldzaubers«. Ihr ahnt die Wichtigkeit der Farbenschwingungen nicht. Wenn ihr wüßtet, was eine Farbe ausströmt! In der Astralwelt haben die Farben ihre Wirkung. Sie zerfließen, sie leuchten, sie ziehen gewisse Strahlen an, die besondere Wellen aussenden. Die Synthese der Farben ist im katholischen Gottesdienst in ihrer ganzen Fülle zugegen – eine herrliche Säule, die sich wie eine Festung unter den verfeinerten Werten erhebt.

FREITAG, 21. MAI 1948, PARIS

Mama, man muß stark sein, um intensiv an Gott denken zu können. Laß in dir weder den Glauben noch die Hoffnung erkalten; sie sind eure beiden Gipfelpunkte.

Ich möchte in dein armes Leben Sternenbänder streuen.

Gib den Menschen, so viel du kannst, Hoffnung auf das Jenseits.

»Was wird sich in der Welt ereignen?«

Die Menschen stürzen in ihr Verderben, aber es wird noch ordentlich Zeit vergehen, bevor sie in den Abgrund fallen. 1958 wird ein verhängnisvolles Jahr sein.

Mein Himmel ist wunderbar . . .

Es ist gut, daß du vom Göttlichen dich völlig angezogen fühlst und nicht mehr darüber reden kannst. Die Erde saugt das Wasser auf; eine Seele muß die himmlischen Wellen ansaugen und darf meist nichts davon merken lassen. Wohin verliert sich der Tautropfen, den der Boden aufnimmt?

X . . . ist am Karfreitagmittag in den Kreis der verbundenen Wellen gelangt.

Wie ich dir sagte, bilden sich unter den Menschen Schwärme wie bei den Insekten; wenn ihr in einen Strahlungsbereich tretet, sehen wir euch, folgen euch und versuchen, euch zu helfen.

Diese Brüderlichkeit unter heiligen Familien kann euch besondere Gnaden vermitteln, denn sie schafft Wege im Unsichtbaren. Wenn einer von euch einen solchen Weg entdeckt, kann er den ganzen Schwarm zu reichlich fließenden Quellen nach sich ziehn.

Wenn eine Biene eine Blume von seltenem Wohlgeruch entdeckt, fliegt das ganze Bienenvolk auf sie zu. Die geistige Familie muß einen Brückenbogen bilden.

Mama, sorge dich nicht um mich. Die Empfindung, die du heute nachmittag verspürt hast, als ob ein Gewicht an deinen Körper gehängt würde, erleben wir gleich nach unserem Sterben. Wir versuchen, uns zu erheben, aber der Stoff hält uns zurück wie Blei. Dieses Blei besteht aus allen unsern Fehlern. Jeder Irrtum in unserem geistigen Leben ist ein Stein in der Seele.

Lang ist der Weg bis zum Himmel. Denke oft an diese bevorstehende Reise, die Reise in die Ewigkeit.

»Kannst du mir von X... sprechen?«

Sein Herz ist oft müde, aber seine Müdigkeit ist in ihm wie eine Quelle. Sie läßt ihn höhere Ebenen erreichen. Sein Leben erhebt sich, Plan um Plan. Jeder Aufstieg wird für einige Zeit bei dem jeweils Erreichten unterbrochen, und immer glaubt er, auf der letzten Ebene angelangt zu sein; aber gerade in diesem Zeitpunkt schwingt sich seine Seele wieder höher hinauf. Er kann sich nie genug freuen, ein Diener Gottes zu sein. Ich kreise ihn ein in meine Kreise; ihr werdet zusammenarbeiten zum Ruhme des Himmels. Erinnere dich: an einem Karfreitag, mittags, habe ich deine Schritte zu ihm hin gelenkt. Neue Wege werden sich ihm öffnen; er wird gegenwärtig durch einen Strahl der astralen Welt gefaßt, der die Form eines Fächers hat.

Zwei Tage später erhielt ich ein Gedicht über Roland von X..., das er zur selben Zeit niedergeschrieben hat, als ich diese Mitteilung erhielt.

MONTAG, 24. MAI 1948, PARIS

Mama, du bist nicht im Zustande der Gnade seit einiger Zeit. Der Abstand, der darum zwischen dir und mir entsteht, erzeugt Auflösung. Du spürst mich weniger gut, ich finde dich weniger gut.

Aber laß dich nicht entmutigen, wir werden dieses Chaos bald überwinden. Heilige dich unablässig und arbeite an deinen geistigen Wegen, wie sich eine Raupe ihre Seidenstraßen von Blatt zu Blatt webt. So wirst du den nährenden Nektar wiederfinden.

Ich bemerke, daß der Morgen für die Aufnahme von
Rolands Mitteilungen günstiger wird. Die reine Luft
der Dämmerung scheint mir ein gutes Beförderungs-
mittel zu sein; überdies bin ich im nüchternen Zustand
aufnahmebereiter. Mein Zimmer ist voll von Knistern;
die Vögel lassen sich auf meinem Balkon nieder; alles
kostbare Winke, daß mein Geist sich aufschwingen
möge.

Mama, man muß auf hoher Ebene leben, man muß seine
Weiden in der Höhe suchen. Gleich den Schmetterlingen, die auf den Gipfeln geboren werden, wachsen
und sterben, müßt ihr eure Seelen gewöhnen, nur mehr
die leichte Luft gereinigter Atmosphären einzuatmen.
Sobald ihr auf einem gewissen geistigen Niveau angelangt seid, verliert ihr leicht eure Geduld um Menschen
herum, deren Geist erst zu stammeln beginnt. Die Härte,
die ihr den Mitmenschen gegenüber an den Tag legt,
schmerzt einfache Herzen. Verlangt darum nicht von
den Engeln, was ihr selbst unerträglich findet; auferlegt
uns nicht die harte Prüfung, mittelmäßige Gesellschaft
ertragen zu müssen.

DIENSTAG, 25. MAI 1948, PARIS

Die Gedanken schaffen sich ihren Weg, wie Wasser sein
Bett gräbt. Still dringen sie in die Herzen, lassen in
ihnen ihr Lied erklingen, und eines Tages brechen sie
auf ins Licht wie leuchtende Quellen. Das Geheimnis
der Verwirklichungen ist immer mit einer magnetischen
Kraft verbunden. Wenn die Gedanken wirklich echt
klingen, wenn sie im Einklang mit dem Himmel sind,
gehen sie nicht zugrunde. Aber um aus dem ersten Kreise
herauszutreten, müssen ihre Antennen auf die Harmonie
des Himmels abgestimmt sein.

Fronleichnam

Mama, werden deine Verwandlungen dich von mir entfernen? Werden meine Verwandlungen mich von dir
entfernen? Wir stehen an einem folgenschweren Wen-
depunkt unserer Beziehungen. Dein anderes Ich tritt in
eine neue Entwicklung ein.

Der Baum des Lebens, der in euch ist, entwickelt sich
euch unbewußt, und die Jahreszeiten bedecken ihn mit
Blättern, Blüten und Früchten wie einen Baum des Waldes. Er ist empfindsam auf Licht und Gestirne, er kann
sich entblättern und absterben. Das Beispiel der im
Schatten vergessenen Kapuzinerkressen, deren farblose
Stengel sich ringelten, um dann abzusterben, beweist
dir, daß die Lichtstrahlen eine Notwendigkeit für das
Leben sind.

Deine Seele ist ebenso empfindsam wie eine Pflanze.
Setze sie stets dem himmlischen Lichte aus, auf daß sie
nicht sterbe. Sonst wird verderben, was ich in dir zum
Reifen brachte, und wir werden uns nicht wiederfinden.
Ich wiederhole dir, wir stehen an einem Scheideweg.
Mama, ich gebe dir Zeichen, aber mein Schiffchen ist
aus Federn gebaut, und wenn du nicht leicht bist wie
eine Libelle, wird es umkippen. Vergrabe dich ins Gebet, das Gebet wird dich retten.

Mama, du sprichst zuviel; du erklärst zuviel. Wozu dienen Worte? Wenn ein Stein ins Wasser fällt, erzeugt er
Kreise, die sich lautlos erweitern. Ebenso geht es mit
großen Gedanken: ihre Kreise vergrößern sich in der
Stille.

Du machst offensichtlich Rückschritte, gib acht, Marcelle.

»Sprich von dir, Roland.«

Mein Reich ist mein Reich; du hast kein Recht mehr, in meine Zonen der Glückseligkeit zu blicken. Ich kann nur von mir sprechen, wenn du auf höhere Grade der Vollkommenheit gelangt bist.

Mami, schreite geradeaus, sei bestimmter.

MONTAG, 31. MAI 1948, PARIS

Mama, ich folge dir; ich sehe dich zu Menschen gehen, denen du helfen möchtest, himmlische Töne im Geiste zum Erklingen zu bringen. Es ist lieb von dir, Mama, für Gott dich zu bemühen, der Himmel bemerkt es und findet dich rührend.

Es gibt zwei Wege, deine Aufgabe zu erfüllen. Wenn du den geringsten persönlichen Ehrgeiz mitspielen läßt, wird dir alles unnütz sein. Überwache deine Beweggründe, überwache deine Instinkte. Kein Hochmut darf euch je beseelen.

Es hat mich gefreut, daß du nach deinem Besuche bei X . . . in eine Kirche geeilt bist. Das Heiligste Altarsakrament war ausgesetzt; welche Gnade! . . . Das ist ein Zeichen. . .

Alles wird sich nach deinem Wunsche vollziehen, aber unter der Bedingung, daß du in deiner inneren Erwartung demütig bleibst. Das Verhalten deines zweiten Ichs hat sehr große Bedeutung, denn von ihm strahlen die Wellen aus, die den Gedanken in X . . . wachrufen, der dir teuer ist.

Die Blumen werden vom Blütenstaub befruchtet, der im Winde treibt. Den Samen der Gedanken gibt es auch. Durch deine Vermittlung werde ich im Unsichtbaren eine Art himmlischen Staubes verbreiten, der im Gehirn von X . . . keimen wird.

Hier fragte ich, ob der Schriftsteller X . . . einen Literaturpreis erhalten werde. »Ja«, wurde mir geantwortet. Aber die Auszeichnung, an die ich dachte, wurde einem

andern zuerkannt, X ... erhielt sie nicht. Ich war ent-
täuscht und zum Zweifeln geneigt.
Einen Monat darauf besuchte mich der Schriftsteller;
man beglückwünschte ihn zu dem ihm zugesprochenen
Preis. Ich umarmte ihn. »Aber regen Sie sich nicht zu
sehr auf«, sagte er mir, »es ist eine unbedeutende An-
erkennung.«
»Das ist gleichgültig, Sie haben eine Auszeichnung er-
halten, das ist wesentlich. Roland hat mich nicht ge-
täuscht.«

JUNI 1948

MITTWOCH, 2. JUNI 1948, PARIS

Mama, ich sollte wie auf Erden meine Bubensprache
sprechen, daß du mich erkennst. Wenn ich als Junge in
der Himmelssprache rede, wirst du mich nicht erkennen.

Damit wir uns also verständigen können, muß ich dich
langsam ins Göttliche einführen durch dir zugängliche
Beispiele, das heißt, durch irdische Beispiele.

Erhebe dich täglich mehr: das ist dein Mittel, mich zu
erreichen. Unser vollkommenster Treffpunkt ist der heilige Tisch. Während der dort verbrachten Augenblicke
stehen wir uns am nächsten. Die Entzückung der heiligen Kommunion muß alle deine Gedanken mit Sternen
übersäen.

3. JUNI 1948, PARIS

Als ich in mein Zimmer trat, wurde ich durch ein Licht,
das sich vor Rolands Bild befand, wie durch einen
Scheinwerfer geblendet.

Mama, ich strahle ...

Die Verbindung zwischen uns ist da, aber du spürst
sie weniger, denn deine Fortschritte sind ungenügend.

Schatten umgeben dich, weil dein sechster Sinn sich nicht entwickelt. Kannst du Blumen sehen in der Nacht? Ebenso verhält es sich mit den inneren Schätzen; sie sind da, aber du erkennst sie nicht.

Es wird mir immer schwieriger, dich zu führen, denn ich entferne mich vom Unvollkommenen. Wenn du weiterhin meine Mitteilungen erhalten willst, mußt du aufmerksamer sein, viel näher bei der Vollkommenheit. Du weißt sehr wohl, was ich unter Vollkommenheit verstehe. Die Grenzen im menschlichen Leben können nur mit Gottes Kraft überschritten werden; du mußt darum im Zustand der Gnade sein. Der Zustand der Gnade ist die Betäubung des Körperlichen zugunsten der himmlischen Inspiration. Dein zweites Ich muß weiß werden wie eine Hostie, so werden die Farben des Paradieses deine Seele tönen.

Einsame Wege, verlassene Straßen: diese Pfade mußt du einschlagen.

HALB EIN UHR NACHTS, 3. JUNI 1948, PARIS

Glocken beginnen in vollen Tönen zu läuten. Ich trete ans Fenster; draußen ist nur das Schweigen der Nacht. Ich mache mich wieder ans Schreiben; wiederum erklingen die Glocken. Freude: seit langem hat sich die leuchtende Feder nicht mehr auf meiner Wand abgezeichnet, heute abend ist sie da.

Mama, du bist durch das Erlebnis des Schmerzes wieder mit deinem Schmerze verbunden worden, und das Wunder der den Sinnen zugänglichen Erscheinungen ist wieder dein Reich.

Im Unsichtbaren können Kurzschlüsse entstehen zwischen zwei verschiedenen Ebenen. Solche Störungen sind euch unerklärliche Phänomene ...

Du wirst bald aus dem Schacht der Tage ohne klingende Wellen heraustreten. Wenn ein Maulwurf in seinen Erdgang kriecht, sieht er das Licht nicht mehr, das trotzdem weiterleuchtet. Ähnlich geht es mit dir, du wirst bald aus den dunkeln Gängen herauskommen, in denen du dich bewegt hast, und langsam wird dich das himmlische Licht von neuem treffen.

Schlafe.

Ich liebe dich, Mama; eine Entspannung mußte in der Atmosphäre ausgelöst werden. Ich bin närrisch vor Freude; sie ist eingetreten.

MONTAG, 7. JUNI 1948, PARIS, ELF UHR ABENDS

Mama... Oh, Mama! So lange bist du nicht gekommen! Sage nicht immer, die Verbindung zwischen uns lasse sich nicht herstellen; bekenne, daß du nicht mehr kommst.

Ich bin doch immer um dich, ich sende dir Zeichen; ich werfe siebenfarbene Flügel auf deine Wände.

Während des Schreibens erhebe ich die Augen zu Rolands Bild und erblicke auf der Wand in der Richtung seiner Zimmertüre, mit weißem Licht gezeichnet, einen Punkt und einen Strich, ähnlich jenen, die im Buchdruck gebräuchlich sind für einen eingeschobenen Satz. Natürlich viel größer.

»Was soll ich von diesem leuchtenden Streifen denken? Ich verstehe nicht, erkläre mir.«

Das ist ein Verbindungsstrich zwischen dir und mir, ein Zeichen gleich euren Zeichen; zeichne ihn auf das Papier, und du wirst ihn verstehen. – Wenn ein Schriftsteller Worte bezeichnen will, die in direkter Rede gesprochen werden, macht er da nicht einen Punkt und darauf einen Strich? Ich sende dir das gleiche Zeichen in der Richtung zum Himmel hin, denn dein Gespräch mit dem Himmel darf nie mehr abbrechen.

»Was sagst du zu spiritistischen Experimenten?«

Ich habe dir schon erklärt, daß ich sie dir verbiete. Sie sind nicht dein Weg; du darfst keinen zusätzlichen Beweis suchen zu denen, die ich dir gebe; kein Medium ist nötig zwischen dir und mir. Ich habe deine Feder in die Tinten des Himmels getaucht, warum willst du noch andere Instrumente suchen? Bleibe in den Grenzen, die ich dir gezogen habe.

»Was denkst du von diesen Menschen?«

Ich werde mich mit ihnen beschäftigen; ihre Seelen werden erleuchtet; bete für ihren Kummer, der mächtiger ist als ihr Leben; er wird sie fortwehen wie einen papierenen Drachen.

Gegen Mitternacht habe ich von der Straße her eine Stimme rufen hören: Roland. Ich habe hingesehen; niemand befand sich auf der Straße, sie war menschenleer.

MITTWOCH, 9. JUNI 1948

Mama, deine Erinnerungen werden so lebendig in dir, daß du dich in sie wie in ein dorniges Gebüsch hineinstürzest. Diese Wirbel von Gesichtern, durch die ich in deinem Denken noch lebe, durch die ich mich wiederbilde, haben ihre Bedeutung. Sie entsprechen Bedürfnissen im Astralen. Leider kann ich dir darüber keinerlei Erklärungen geben. Es genügt, wenn du weißt, daß Tränen deiner Seele ebenso notwendig sind wie Wasser der Pflanze. O Geheimnis des Leidens; Geheimnis der Tränen! Ihr vergießt sie, ohne ihren Wert zu kennen, sie perlen eine um die andere aus euren brandigen Augen. Die himmlischen Quellen werden nie versiegen, da immer Tränen fließen werden.

FREITAG, 11. JUNI 1948

Mama, ein Stern steigt auf.

Wenn ein Scheinwerfer eine Straße erhellt, so schreitet

ihr im Lichte seiner Strahlen durch die Nacht. Ebenso verhält es sich mit euren geistigen Durchbrüchen. Wenn ihr in eurem inneren Leben einen leuchtenden Herd besitzt, wird er vor euch unendliche Hellen verbreiten, denen ihr nur zu folgen habt.

Mama, seit mehreren Tagen möchte ich dir vom Unterschied des Gebetes in den Gotteshäusern und im »stillen Kämmerlein« sprechen. Die Kirche ist im gewissen Sinne ein Resonanzboden, der das Echo der Gebete weiterwirft.

Es ist eigenartig, ihr denkt nur an euch selbst, und viele Leute pflegen zu sagen: »Es ist mir angenehmer, zu Hause zu beten.« Könntet ihr euch nicht hin und wieder fragen, was der Wille Gottes ist?

Es gibt mehrfach Gründe dafür, daß das Gebet an geheiligten Stätten wirksamer ist. Einmal, weil sie geweiht sind und die Gnade ungehemmter in sie hinabsteigt. Gott ist in den Kirchen, und ihr findet ihn dort nur darum nicht, weil ihr zerstreut seid. Wenn ihr wirklich auf den Himmel abgestimmt wäret, würdet ihr im Hause Gottes ein solches Wohlbefinden verspüren, daß ihr es unaufhörlich aufsuchen möchtet.

Ich finde es abscheulich, daß ihr euer Bedürfnis, zu beten, von der Notwendigkeit trennt, zu Gott zu gehen. Zerstreut in der Kirche sind die, die nur Embryonen von Glauben in sich haben. Das Paradies ist so weit von ihnen entfernt, daß sie die Gegenwart des Göttlichen da nicht spüren, wo das Göttliche wohnt. Gott ist in allen geweihten Stätten. Darum ist der Kirchenbesuch erquickend. Wenn ihr Gott in ihnen nicht findet, so sucht den Grund dafür nur in euch selbst.

Mama, das Leiden ist ein himmlisches Mittel der Bereicherung. Schmerzvolle Seelen sind auf die Harmonien des Jenseits besonders gut abgestimmte Instrumente. Wenn dein Fleisch verwundet ist, bringt dir die
leiseste Berührung Schmerzen, mit einem Wort, du bist
überempfindlich. Ebenso verhält es sich mit Seelen im
Zustand der Verzweiflung; sie sind für himmlische
Winke besonders aufnahmefähig. Deine Tränen, deine
Traurigkeit, deine hoffnungslosen Gedanken sind rin-
denlose Stellen in dir, durch die der Himmel leichter
eindringen kann.

Geduld, Mama, schlafe.

17. JUNI 1948, MITTERNACHT, PARIS

Mama, zwei Dinge sind nötig.

Erstens: du mußt mich erreichen. Einen Verstorbenen
erreichen, heißt auf ihn hoffen. Erhoffe mich in deinem
andern Ich; verschließe dein Wesen allem, was nicht
vom Himmel ist; schließe dich ein in den großen Ge-
wölben des inneren Friedens, verharre im Gebet zu
Füßen der ungeheuren Mauer, die dich vom Jenseits
trennt.

Zweitens: die Verstärkung deiner Bildkraft. Bemühe
dich, höhere Stufen zu erreichen, wie ein Vogel von Ast
zu Ast hüpft, um auf den Gipfel des Baumes zu gelangen.
Ersteige alle Spitzen deines Ichs, eine um die andere;
von dort aus wirst du mich müheloser erreichen und die
Klänge besser zu unterscheiden vermögen, die ich dir zu
senden versuche. Ich bin beschwingt heute abend.

Arme Mama! Ich möchte dich in die Wölbung eines
Regenbogens stellen. O Mama, ich möchte, daß ein Stern
auf deinem Herzen ruhe.

*Zwei Sterne leuchten zu Füßen von Rolands Bild, der
eine weiß, der andere feuerfarben.*

Mama, du wirst immer unvernünftiger. Es scheint mir, dein anderes Ich zerfließe in dir. Wenn du so fortfährst, verbleiben von deinem Innenleben nur mehr ein paar Tröpfchen Tau. Die Masse eines Schneeballs wird größer, wenn er längere Zeit rollt; wenn er aber schmilzt, was bleibt? Eine Wasserlache.

Die Geistigkeit ist ebenso feinmaschig wie das Gewebe eines Spitzentüchleins. Sie ist wie Tüll. Täuschung für die beständige Flut des Gemeinen. Sei geschickt genug, von dir die Ströme von Schmutz abzuleiten, die die Außenwelt auf betende Seelen zu wälzen immer bereit ist. Friede deinem Innersten! Nur die reinen Wasser der Gipfel sollen sich in deine Glückseligkeit ergießen.

FREITAG, 18. JUNI 1948, MITTERNACHT, PARIS

Mama, wir berühren uns durch unsere Flügel, du mich mit den Flügeln deiner Gedanken, ich dich mit meinen Schwingungen.

Höre nur auf den inneren Gesang, der aus deinem zweiten Ich aufklingt wie das Sprudeln einer Quelle in einer Erdmulde.

Schwarz ist dem Anruf meiner Gedanken nicht günstig; deine Augen sind unruhig; höre auf mit diesem Versuch; er verschafft dir keinen zusätzlichen Beweis.

Jemand hat mir geraten, im Dunkeln zu schreiben.

»Roland, man ersucht mich, dir diese Frage zu stellen: „Warum hast du so wenig von der Muttergottes gesprochen?"«

Der heilige Ludwig hat Frankreich regiert. Ist das ein Grund, daß alle Franzosen ihn gekannt haben? Wenn wir im Reiche Gottes und der heiligen Jungfrau sind, gelangen wir doch nur selten in ihr Licht; es gibt bei uns sehr genaue Gesetze.

Als ich Bemerkungen zu gewissen Stellen von »Au diapason du ciel» für X ... niederschrieb, begann der Griff meiner Türe zu ächzen, wie wenn eine Hand sich auf ihn legte, um sie zu öffnen. Das Geräusch dauerte mehrere Sekunden; es klang langsam und spitz. Einige Minuten darauf gab es einen wirklichen Klang im Schloß. Ich zuckte zusammen, so laut war er.

Mama, ich liebe es, wenn du den Himmel mit so viel Aufmerksamkeit betrachtest. Dein Blick verlor sich, ertrunken im Blau, Rosa, Weiß und Grau. Diese Farbenbänder haben langsam den Raum vor deinen beobachtenden Augen durchzogen, und dein Geist ist auf den fließenden Wellen dieser farbigen Dünste fortgetragen worden. Dein Körper schien dir schwer zu sein, denn deine Phantasie durchflog die Unendlichkeit.

Unsere Ebene ist wie dieser Himmel, der euren Horizont abschließt. Wir bewegen uns in fließendem, farbigem Äther. Unser Aufenthaltsort gleicht der Himmelskuppel. Warum seid ihr so wenig verzückt im Anblick des Himmels? Dieser Himmel ist wunderbarer als ein Ozean, weil in seiner Endlosigkeit die Wolken in Bewegung sind wie das Meer, Gestalten bilden, Farben erzeugen, Ebenen und Berge erstehen lassen. Der Tag wird dort geboren und stirbt, wenn die Dunkelheit ihn tötet. Das alles sind Symbole, die vor euch auftauchen und verschwinden, ohne daß ihr je über das große Geheimnis nachdenkt, das im Halbrund enthalten ist, das euren Planeten umgibt: Kuppel aus Bläue und Nacht.

Mama, euer Weltall ist übersät von himmlischen Zeichen. Aber man muß auf den Zehenspitzen auftreten, um sie nicht zu verscheuchen. Ebenso furchtsam wie Schmetterlinge, verschwinden sie, sobald euer schwerfälliger Geist sie einfangen will. Hingegen strömen sie ein auf reine Herzen; das ist ein Privilegium der Freude des Himmels.

Die zweite Ebene gewinnt Leben in euch, wenn ihr fähig geworden seid, zwischen der Außenwelt und dem Jenseits Fäden zu spinnen.

Ein fallendes Blütenblatt, ein singender Vogel, eine aufschnellende Libelle: das alles sind Zeichen, die zum Bau der Gewölbe eures inneren Paradieses dienen sollen.

Sobald ihr auf eine göttliche Welle abgestimmt seid, müßt ihr verstehen, Symbole zu erkennen, und die Zeichen werden auf euch einfallen wie Insekten auf das Licht.

SONNTAG, 20. JUNI 1948

Mama, der Anziehungspol eines Bergbaches ist der Talgrund; der Anziehungspol des Regentropfens der Boden. Alles, was nicht Flügel besitzt, fällt auf die Erde. Deine Seele wird auch unablässig von der Tiefe angezogen! Um die Macht dieses physikalischen Gesetzes zu brechen, muß man in die Ordnung der psychischen Gesetze aufsteigen, wo gesagt ist, daß der Wassertropfen zu seiner Quelle zurückkehrt, wie die Seele wieder aufsteigt zu Gott. Eure Andacht muß nicht die Erde nähren, sondern sich im Gegenteil ins Unendliche erheben, damit sie ihr Ziel erreiche: Gottes Reich...

Du hast heute nachmittag in der Kirche beim Anhören der tausend Kinderstimmen den Widerhall des ersten Planes oder ersten Himmels vernommen, der über der Erde liegt. Ich bin über diese Harmonien hinausgelangt. Mama, es ist unbedingt nötig, geistige Anziehungspole zu besitzen, denn die Seelen fühlen sich nach dem Tode durch das Gesetz des Schwergewichtes erfaßt und gelangen so zu vollkommeneren Entwicklungen . . .

Belegt eure zukünftigen Wege mit geistigen Zeichen; auf diese Weise findet ihr die Pfade des Himmels müheloser.

21. JUNI 1948, ELF UHR ABENDS

Du hast den Himmel betrachtet und bist vom Himmel berauscht worden. Das Leuchten der Himmelswölbung ist in deinen Blick gefallen, und aus deinen Augen in die Seele. Da hast du dich der Verzückung geöffnet wie Blütenblätter der Sonne.

Wenn du einen Garten in die Höhe der Himmelsbläue heben könntest, wärest du auf meiner Ebene . . .

Das Sterben des Tages in die Nacht ist wie das Ende eines Lebens. Die Augen füllen sich mit Schatten, bis die Ebene der Menschen völlig verdunkelt ist; dann fühlt man sich plötzlich erhellt von der anderen Seite des Ichs, von der Seite der Seele her. Das Sterben des Tages gleicht am meisten dem menschlichen Tod.

Die Erdkugel tritt im Kreisen in dunkle Zonen ein. Der Mensch hört im Sterben auf, sich um ein irdisches Licht zu drehen, denn er wird dem himmlischen ausgesetzt. Der Körper hält die Seele zurück; der Körper muß also Entsagung üben und sich auf einen himmlischen Pol ausrichten. Ich will dies verständlicher ausdrücken: Wenn die Erde notwendig ist für die Raupe, und die Luft Bedingung für den Aufflug eines Schmetterlinges, so ist das Auffangen astraler Wellen unumgänglich für das Leben der Seele. Wie ein Rutengänger mit seiner Rute Wasser sucht, so muß der Freund der Engel genügend empfindliche Antennen besitzen, um die himmlischen Fluiden aufzufinden. Sobald ihr nicht mehr vom Fleische beschwert seid, zieht euch die Kraft des Jenseits an.

Mama, meine Gedanken werden in Fülle in dich dringen; deine Hand wird leicht wie eine Flaumfeder über
das Papier eilen.

Hänge dich wie eine Spinne an den Faden, den ich im
Innern deiner eigenen Seele zu weben beginne. Ich will
dir ausführlich die Wirkung deiner Gedanken auf dein
anderes Ich darlegen. Wiederhole dir unablässig, daß
man dieses zweite Ich in sich selbst formen, wie man
einem Haufen Schnee eine Form geben kann. Wenn die
Temperatur eisig bleibt, schmelzen die Flocken nicht.
Ebendas gilt für das innere Leben; es bleibt in fester
Form, wenn deine Wertigkeit sich nicht ändert. Gott
lädt seine Freunde erst im Augenblick ein, wo ihre Seele
mit der Pracht des Himmels bekleidet ist.

Würdest du in Lumpen einen König besuchen? Wieviele Seelen sind in Fetzen gekleidet! Jeder minderwer-
tige Gedanke reißt euer zweites Ich in Stücke.

Ihr könnt Steine gegen die Sterne werfen, die Steine
fallen zurück, die Sterne bleiben unberührt, weil sie
nicht in eurer Reichweite sind. Aber euer zweites Ich
ist in euch; es lebt auf der Ebene der Steine, der Erde,
der Dornen; darum könnt ihr es blutig schlagen und mit
Wunden bedecken. Ein böser Gedanke dringt wie ein
Pfeil in diese euren blinden Augen unsichtbare Person.
Denke also stets auf der Höhe, wo die Engel leben.

»Roland!«

Mama, weine nicht, heute ist ein großer Tag, ich habe
für dich einen Halbkreis an die Decke gezeichnet; du
warst eingeschlossen in dieser Lichtlinie wie in einem
Regenbogen.

JULI 1948

Du mußt dich täglich mehr von den irdischen Einflüssen lösen und dich mit den Gütern des Jenseits füllen. »Ganz sein«, nach himmlischer Auffassung, bedeutet, nur mehr für göttliche Schwingungen empfänglich sein.

Dieser Zustand ist außerhalb des Klosters und ohne geistliche Zucht schwer zu erreichen, denn jeder vom Leben umspülte Mensch vibriert im menschlichen Gleichklang. Die über dem Reiche des Stofflichen liegende Ebene ist der nächste Ausgangspunkt für den Himmel; aber die sieben Strecken des inneren Lebens müssen durchschritten werden, bis man auf diese Ebene gelangt. Es sind ihrer sieben, weil das Licht der Sonne aus sieben Farben zusammengesetzt ist. Warum hast du nicht früher schon an dieses Symbol gedacht, das auch an die sieben Himmel erinnert? ...

Wer im Verlaufe seines Lebens verlernt, wird mit »Rückschritt« geschlagen; Zeit und Irrtümer reißen Federn aus seinen Flügeln, und er endet auf bloßer Erde. Er wird gezwungen sein, sich völlig neu aufzubauen im andern Leben.

Die Jakobsleiter in eurem Innern besteht aus sieben Sprossen. Mit diesen Worten gebe ich dir die Erklärung deines Traumes.

Ich stieg eine ins Leere gestellte Leiter hinauf; auf einer gewissen Höhe fehlte eine Sprosse, so daß ich wieder hinabzusteigen gezwungen war. Roland war mit mir, und er bat mich, weiter zu steigen. Aber wie hätte ich es können?

Ich erblickte in der Ferne den beleuchteten Turm, den ich hätte erreichen sollen.

Um heilig zu werden, muß dein Ich sich sieben Verwandlungen unterziehen.

O wenn ich bei dir wäre! Denke nach. Betrachte den Weg, den du seit meinem Aufflug zurückgelegt hast. Unsere Trennung ist nur vorübergehend. Wenn das andere geschehen wäre, wenn du vor mir gestorben wärest, hätten wir wahrscheinlich Ewigkeiten benötigt, um wieder zusammenzukommen. Die Gesetze Gottes sind unwandelbar, denn sie beherrschen das Astralganze. Gott kann in den Grundsätzen in keiner Weise nachgeben. Wenn ein Halm im Stahl verbleibt, ist der Stahl brüchig; ein Schatten in der Reinheit der Schwingungen glorreicher Körper, und das ganze Licht des Jenseits ist verändert. Darum sind Reinigungszonen notwendig. Deine Kreuzigung auf Erden verkürzt die himmlische Prüfung.

Warum haben die Menschen nicht über die symbolische Bedeutung der Konzentrationslager nachgedacht? Diese Gärten des Elends und der Martern waren das »Spiegelbild« der düsteren Örtlichkeiten, die man Hölle nennt. Die Qual des Hungers, die Prüfung des Feuers, der Ruten, der Kälte, der Krankheit entsprechen den sieben Prüfungen, von denen die Schrift spricht...

Die Sünder sterben ein zweites Mal nach ihrem Tode und werden ein zweites Mal auferstehen, wenn sie nicht in die geschlossene Hölle geworfen werden. Denn es gibt zwei Höllen: die ewige und die vorübergehende, die Fegefeuer genannt wird. Liebet einander; die Liebe wird euch retten.

SAMSTAG, 3. JULI 1948, MORGENS

Ein böser Blick auf einen Gegenstand oder einen Menschen zerstört seinen Magnetismus.

Mama, Sommerfäden durchziehen meinen Himmel; mein Himmel ist übersät von sprühenden Lichtern. Alles ist bewegt, alles summt; Garben von Leuchtgebilden zerfließen im Äther.

Ich bin durch deinen Geist mit dir verbunden; deine Gedanken sind Seidenbänder, die bis zu mir herauf gelangen und mein Herz umhüllen. Sei meinem Andenken treu; du wirst mit meinem Andenken verbunden sterben, wie Efeu am Stamm.

Ich bin deine geistige Stütze. Wenn deine Frömmigkeit auf meine Ebene vorstößt, wird deine sterbliche Hülle zerfallen, und du wirst von deinem verklärten Körper Besitz ergreifen. Diesen Leib der Herrlichkeit mußt du Tag um Tag aufbauen, Zug um Zug, Punkt um Punkt, wie man eine Stickerei ausführt. Benütze die schönsten Stoffe deiner Seele, damit die Farben deiner himmlischen Tunika die Tore des Reiches dir öffnen, in das ich gelangt bin.

Mama, das Echo des Jenseits widerhallt in euch, wenn ihr dem Himmel in richtiger Weise gegenübersteht. Darum haben die von euch eingeschlagenen Wege so große Bedeutung. Die himmlische Orientierung ist eine Wissenschaft, die den Menschen bekannt sein sollte; sie hat feste Gesetze, aber ihr wißt nichts von ihnen. Bemühe dich, in ihrer Kenntnis Fortschritte zu machen.

Mama, die himmlischen Zusammenkünfte sollten den Vorrang haben vor den menschlichen; du legst den Anrufen der Menschen gegenüber größere Pünktlichkeit an den Tag als den Aufforderungen der Engel. Die Schläge auf eure unsichtbare Hülle schwächen eure Gewißheit, so daß sie euch nicht bis zum Verzicht zu führen imstande ist. Das Göttliche klingt so leise an eure Ohren, daß es den äußeren Lärm nicht zu überdecken vermag.

Versuche nicht, die Ereignisse zu beeinflussen oder zu lenken, denn du lebst in der Bahre deines übernatürlichen Schicksals, und ein Engel ist es, der die Zügel deines Lebens in Händen hält.

Von einer Sekunde auf die andere kannst du sterben, wenn Gott dich ruft.

DONNERSTAG, 8. JULI 1948, PARIS

Mama, es ist nicht verwunderlich, daß du weniger an den Geburtstag meines irdischen Lebens als an den des himmlischen denkst. Morgen, am 9. Juli, wäre ich siebzehn Jahre alt... Vor zwei Jahren und zwei Monaten habe ich dich verlassen; diese Daten werden sich nie mehr wiederholen. Wenn du tiefer in die Lehre von den Zahlen eingedrungen wärest, könnte ich dir vieles auf diesem Gebiete mitteilen.

FREITAG, 9. JULI 1948, PARIS

Mama, vor siebzehn Jahren hast du ein Kind zur Welt gebracht, das du als dein eigen betrachtet hast, das aber in Wirklichkeit Gott gehörte. Der ganze Reigen der Instinkte tritt bei einer Geburt auf den Plan, und die niedersten sind oft die stärksten. Die Gier des Besitzens beherrscht die andern. Das Kind ist ein selbständiges Geschöpf. Aber der Egoismus herrscht unumschränkt um es herum. Der Instinkt der Autorität entwickelt sich. Der Ausdruck der Eltern: »Ich habe recht«, ist abscheulich. Der Hochmut wächst maßlos in den Beziehungen zwischen Eltern und Kind. »In seinem Alter verstand

ich alles besser ...« Das Kind befriedigt auch den irdischen Unsterblichkeitsinstinkt des Menschen. »Mein Na-
me wird nicht erlöschen, mein Blut nicht verschwinden,
ich werde weiterleben in meiner Nachkommenschaft.«
Alles irdische Lüste, die befriedigt werden. »Fleisch von
meinem Fleisch«, sagen die Eltern, wo sie erklären sollten: »Geist von meinem Geist.« Der Mutterinstinkt ist
degeneriert. Betrachte die Gottesmutter; sie hat ihren
Sohn hingegeben für die Rettung der Welt. Maria hatte
keinerlei Besitzesinstinkt ihrem Sohne gegenüber.

SONNTAG, 11. JULI 1948, ELF UHR ABENDS

Mama, die Tage vergehen, und die Distanz zwischen uns
ist meßbar nach der Zeit, die uns trennt. Das Leben
eines Menschen ist wie das Leben einer Muschel; man
lebt es, an die Erde gebunden. Das höhere Leben überschreitet die Ebenen oder Himmel. Die sieben Himmel
der Schrift sind eine Wahrheit, die du glauben mußt.

Wenn in eurem menschlichen Leben die Zeit einförmig
ist, so bildet sie für uns einen dem Fluge des Schmetterlings zu den Berggipfeln vergleichbaren Aufstieg. Unsere Landschaften wechseln. O Süße der himmlischen
Erhebungen! Die Zeit trägt uns, wie der Wind eine
Feder trägt; die Zeit fließt dahin wie ein Bach, und ich
entferne mich ebenso rasch von dir wie strömendes
Wasser. Jede verflossene Minute ist eine überwundene
Strecke.

Denke unablässig an die Glückseligkeit des Jenseits,
damit wir uns für die ganze Ewigkeit verbinden können.
Deine Erleuchtungen und Entrückungen müssen dich
vom Erschaffenen ablenken! Wie der Wind den Blütenstaub verweht, so möge dich das Gebet der Erde ent-
reißen und an die Grenze des Engelreiches tragen.

Ein bestimmtes Ereignis ist im Leben von X ... ein-
getroffen: es wurde mir von Roland angekündigt, aber
da es sich nicht an dem von mir angenommenen Tage
ereignet hat, glaubte ich, Roland habe sich getäuscht in
seiner Voraussage. Ich bin heute bewegt von Freude
und Scham.

DONNERSTAG, 15. JULI 1948, MITTERNACHT, PARIS

Mama, zähle die Tage, an denen du mich nicht angehört
hast, und schlage die Augen nieder. Du solltest von Reue
zerfließen ...

Mama, dein Sohn lebt. Du scheinst meinem Weiterleben weniger Aufmerksamkeit zu schenken als meiner
menschlichen Existenz. Wenn du dich so wenig um das
Übernatürliche bemühst, entleerst du dein unsichtbares
Ich, du machst Rückschritte. Eine Verabredung des
Himmels verpassen, ist schwerwiegend; lasse dich weniger gehen, wenn es sich um Gott handelt. Öffne deine
Augen dem Himmel, dem Himmel, den du in dir trägst
wie einen Widerschein und in den du erst nach deinem
Tode gelangen kannst. Dein Tod ist gewiß. Warum so
klagen wegen eines Ereignisses, das eintreten wird? Die
Stunden, die zu leben sind, gleichen Ruderschlägen, die
in der Zeit auszuführen sind; gib acht, daß du keinen
einzigen auslässest, sonst wirst du von der Richtung ab-
getrieben, und das Ziel wird um so später erreicht.

Tauche dich in emsiges Bemühen um deine innere Vervollkommnung. Schmücke dein zweites Ich mit Blumen,
wie du mein Bild schmückst; trage strahlende Sträuße
in dir, Beete von Verzückungen. Liebe Gott, lerne die
heilige Jungfrau verehren; Mama, sie ist meine ewige
Mutter; sie ist zart wie das aufsteigende Licht, sie ist
wie der Tag, der die Nacht verscheucht, und die Schatten weichen vor ihr zurück. Schlafe ein mit dem Ge-

danken, daß das höhere Leben deinem Leben verbunden ist.

Mama, höre mich an wie ein Kind; Mama, dein Sohn ist über alle Morgenröten, über alle Dämmerungen des Ewigen hinausgelangt. Zwischen Morgen und Abend herrscht das Licht. Das soll dich dem Geheimnis der Heiligsten Dreifaltigkeit näherbringen. Drei Personen in einer einzigen Natur: drei Elemente im Ganzen, mit der Ewigkeit des immerwährenden Beginns.

Das Sterben des Lichts ist in allen Punkten das Symbol des menschlichen Sterbens.

Das Verschwinden des Lichtes soll den Menschen eintauchen in den Schlaf, der ein scheinbarer Tod ist. Das Licht muß ihn erwecken, wie das himmlische Licht den Toten auferwecken wird. Dieser Todeskampf des Tages in die Dämmerung hinein ist ein Gegenstück zu dem, was wir im Augenblick des Sterbens erleben. Die Erde wird Dunkelheit; wir erkennen die Schöpfung nicht mehr. Dann durchschreiten wir eine dunkle, der Nacht vergleichbare Gegend. Wie Wolken im Dämmern eines düsteren Abends werden wir durch den Raum getragen, bis endlich die himmlische Morgenröte sich ankündigt. Aber wir sind noch fern von Gott, ebenso fern, wie die Erde von der Sonne entfernt ist. Wir verspüren die göttliche Wärme, aber vermögen nicht ins Licht zu schauen. Wir befinden uns erst im Reiche der Engel. Glückselig jene, die um ihrer Tugenden willen dem Reiche der Leiden entrinnen, denn der Aufstieg zum übernatürlichen Leben beginnt für sie, und die sieben Himmel türmen sich vor ihnen auf.

Auf dieser Reise kann uns nur helfen, was unser zweites Ich mit sich bringt. In diese zweite, aus der Asche geborene Person treten wir nach unserem Tode. Nie kann ich dich genügend mahnen, an ihrer Vervollkommnung zu arbeiten.

Die ganze, von Gott in dich gelegte Liebe möge dir behilflich sein, diesen unsichtbaren Gast zu pflegen! Stärke
mit Glückseligkeit und Entzückungen sein geheimnisvolles Leben.

Mama, euer Glaube ist wie die oberste Spitze eures
Selbst. Manchmal erhebt sie sich in solche Höhen, daß
sie die ersten Stufen des Himmels erreicht. Diese pfeil-
artigen Ausbrüche gelangen bis auf unsere Gefilde.

»Sprich mir von den Erscheinungen.«

Die Erscheinungen haben ihre Bedeutung, denn sie beweisen, daß Gott den undurchsichtigen Schirm zerreißt,
der den Menschen am Sehen hindert. Die Schöpfung ist
eine Mauer; auf der andern Seite ist unser Reich. Die
Mauer fällt, wenn Gott es will. Ihr befindet euch dann
nicht im Himmel, sondern im Angesicht eures eigenen
Himmels.

Ich erkläre: Die Muttergottes von La Salette trägt deshalb eine Kopfbedeckung, weil sich Melanie die Muttergottes so vorstellt; das will besagen: Gott zeigt sich euch
nach dem Maße eures Begreifens. Betrachte dieses Gesetz vom Gleichgewicht. Niemand kann betrügen mit
den Waagen des Himmels. Dein seelisches Gewicht ist
das Gewicht, das du hier vorweisen kannst...

»Was soll ich der jungen Freundin antworten?«

Sie soll sich keine Sorgen machen; ihr Weg ist vorge-
zeichnet. Der Tag wird kommen, wo sie nicht mehr
anders handeln kann... Ein zögernder Mensch trägt
nicht genügend Sonne in sich, um sein eigenes Ich zur
Reife zu bringen. Das Herz hat seine Blütezeiten wie die
Natur. Es entfaltet sich nur in der inneren Wärme. Sie
soll sich gedulden. Alles bereitet sich vor.

»Roland, siehst du etwas für mich?«

Die Vorstufen des Todes müssen dem Frieden und der
Arbeit gewidmet sein. Läutere unablässig dein anderes

Ich. Deine Betrachtungen sind sehr wertvoll. Dein Gedanke über das Leiden mißfällt mir nicht; er wird deine Behaglichkeit zerstören.

Mama, die fortwährende Verbindung zwischen Himmel und Erde darf nie unterbrochen werden. Stelle dir vor, du wanderst auf einer breiten, geraden, ausgebauten Straße. Was würdest du sagen, wenn diese Straße beständig von Wildwassern unterbrochen wäre? Das Äußerliche ist die Flut, welche die zu Gott führenden Wege unterbricht. Alles, was nicht reinen Ursprunges ist, zerstückelt die Seele. Dein Glaube muß wie ein Fels ohne Riß in dir sein...

Der Geistliche hat dir gesagt: »Es gibt drei Hypothesen, um den Ursprung Ihrer Mitteilungen erklären zu können: die erste läßt sie aus Ihrem Unterbewußtsein kommen; nach der zweiten legen Sie Eingebungen Rolands aus; nach der dritten spricht Roland selbst.« Die Menschen mögen nachdenken! Wie können sie die Ebene festlegen, wo die Wurzeln der Eingebung verhaftet sind? Ist sie etwas, das ihr empfängt, oder lebt sie in eurem zweiten Ich, das heißt, in einem Wesen, das euch fremd und euer geheimnisvoller Gast ist, dessen Wille so oft mit euren eigenen Ansichten nicht im Einklang steht? Erhältst du nicht Verhaltungsregeln, die deinen eigenen Wünschen entgegengesetzt sind? Schlußfolgerung: Ich führe dein Denken und Handeln unabhängig von dir.

Mama, geliebte Mama, dein Geist ist von meinen Fluiden so völlig durchtränkt, daß im Augenblick, wo du aufhörst, die Beute des Geschöpflichen zu sein, unsere Elektrizitäten sich verbinden.

Die Ungläubigen erklären nichts, weil sie von einem Unterbewußtseinszustand sprechen, ohne zu wissen, was das Unterbewußtsein ist. Das Problem stellt sich in Wirklichkeit folgendermaßen: Ihr trägt auf euren Schultern zwei Köpfe, den sichtbaren und den unsichtbaren. Wer nährt diesen zweiten Geist? Woher gewinnt er seine graue Substanz? Aus welcher Quelle wird er versorgt? Aus den irdischen Nebeln oder der Klarheit der übernatürlichen Welt? Wenn der Mensch in seiner Entwicklung im Stoff verhaftet bleibt, wächst er nie über sie hinaus. Euer zweiter Kopf wird durch das Göttliche allein in Schwingung und Bewegung gesetzt.

O wunderbares Geschenk Gottes! Eure unsichtbare Stirne ragt schon hinein in die ewige Stadt!

SONNTAG, 25. JULI 1948

Mama, die andere Welt,... die ihr nicht seht,... die euch unvorstellbare Welt... Der Himmel, von dem sich jeder ein seiner Phantasie entsprechendes Bild macht...

Dein Himmel ist nicht der gleiche wie der Himmel deines Nachbarn; der Himmel des Katholiken ist nicht der mohammedanische, und dieser nicht der des Israeliten noch der des Protestanten. Und doch seid ihr alle beherrscht von demselben Jenseits. Wenn ihr wirklich einmal die Gewohnheit abzulegen vermöchtet, nur den stofflichen Aspekt des Weltalls zu sehen, würdet ihr zur himmlischen Schau gelangen; aber ihr seid blind, und euer Geist stößt sich an den Formen; ihr seht nur die Gestalt, ohne je bis zu den Sinnbildern vorzudringen.

Der Himmel kennt Strecken, Stufen, Dimensionen. Unter deiner Haut fließt Blut, und man müßte deine Gedanken ritzen, um den göttlichen Saft aufquellen zu lassen. Eure Phantasie besitzt ebenfalls Formen, und euer Himmel ist stets von Erde durchsetzt. Löse deine Empfindungen auf; dann wirst du bis ins Mark deiner denkenden Substanz gelangen.

Mama, die Sterne glitzern am Himmel, und der ganze
Himmel ist Funkeln. Das Schauspiel einer Sommernacht
ist voller Symbole. Du mußt deine astrologischen Kenntnisse beiseite schieben und direkt auf das Sinnbild zusteuern. Der Himmel bildet über euch einen mit leuchtenden Gestirnen übersäten Kreis; ihr seid eingefangen
in diesen Kreis der Grenzenlosigkeit, und das Unendliche bietet sich an mit seinem ganzen Ewigkeitsgehalt,
ohne daß ihr dieses Undenkbare zu denken versucht.

»Roland, mein Engel, ich verstehe dich nicht, drücke
dich klarer aus.«

Mama, denke nach; versuche, über deine Grenzen hin-
auszutreten, so werden wir dieses Gespräch später wieder aufnehmen können. Das Undenkbare wird für ein
an seine fünf Sinne gebundenes Wesen denkbar, wenn
es seinen sechsten Sinn zu gebrauchen versteht...

Mama, der Himmel entschwindet in dir...

Das Leiden hält dich in seinen Knoten, und manchmal
drücken die Taue dein Herz so stark, daß du dich ihnen
entwinden möchtest; Gottes Hand zieht sie aber noch
fester an. An deine Tränen gebunden, gekettet an mein
Andenken, leidest du übermenschliche Schmerzen; denke
an Maria, als sie ihren Sohn sterben sah. Alle Schmerzen der Erde sind von der göttlichen Familie durchlitten
worden. Warum verlangst du glücklicher zu sein als dein
Gott und die Königin der Ewigkeit?

»Wie ist dir, Roland?«

Ich bin in Glück gebettet; ich bin in deinem andern Ich
wie tönende Schwingungen im Innern einer Muschel...
Schlafe. Ich bin sehr beschäftigt.

28. JULI 1948

Die einen reißen das Unkraut mit Instrumenten aus; und
viele reinigen die Wege der Vollkommenheit mit ihren

Tränen. Du, Mama, wirst im Schweiße deiner Seele das Brot der Engel erhalten. Gott schenkt jedem sein heiliges Manna; vieler Los ist das Leid. Nimm es an.

Ihr müßt euch aus der Erde reißen; ihr müßt euch lösen vom Lehm; ihr müßt euch trennen vom Stamm; alle Ankerketten müßt ihr brechen. Vom Ballast eures körperlichen Gewichtes befreit, beginnt euer Aufflug zu Gott. Aber er muß von der Erde aus vollzogen werden; wer ihn nicht zeit seines Menschenlebens versucht hat, wird im Himmel noch Erde finden.

Es ist nicht immer leicht, sich von einer Flut von Gedanken zu befreien, die an den Stoff gebunden sind. Ich hatte einen schlimmen Abend, einen Abend, wo das Geschöpfliche in mir tobte, als plötzlich ein Hauch von Wohlgeruch sich in mein Zimmer ergoß. Sogleich verschwand die Wirklichkeit der gemarterten Welt wie von einer unsichtbaren Hand ausgelöscht.

Ich finde zwei Wassertropfen auf der Photographie Rolands, zwischen dem Bild und dem Glas, in der unteren linken Ecke. Wie haben sie in den Rahmen eindringen können?
Gleich darauf setze ich mich in die linke Ecke des Salons. Eine Freundin kommt; ich erzähle ihr von der eigenartigen Erscheinung dieser Wassertropfen; im selben Moment ertönt ein herzzerreißender Schrei hart neben mir. Es war weder das Gurren einer Taube noch

der Schrei einer Eule, sondern eine Art gezogener, trauernder Klage.

»Roland, sage mir, was bedeutet dieser Schrei?«

Glaube immer fester, daß gewisse Vögel in Strömungen eingefangen werden können, die zu lenken uns möglich ist...

Denke an diesen Tag; der Schrei ist die Vorankündigung eines gewaltigen Ereignisses, das sich vorbereitet; bereite dich vor.

SAMSTAG, 31. JULI 1948

Mama, es ist Zeit, daß du dich zusammennimmst; es ist Zeit, in dich zu gehen; schließe alle Fenster nach der Außenwelt. Der Gedankenaustausch auf diesem geistigen Gebiete ist selten fruchtbar; nicht auf deine Umgebung sollst du blicken, sondern in dich hinein.

Die Pflege deines Ichs ist wichtig; nicht für dich, sondern für die Summe der Energien, die du ausgibst, um einen bestimmten Entwicklungsgrad zu erreichen; denn jede Entwicklung schafft in der unsichtbaren Welt eine Stufe oder einen Boden, zu dem andere sich aufschwingen können.

Wie auf Erden gibt es auch im Unsichtbaren Pioniere. Ihre Aufgabe besteht in der Reinigung der Strömungen, oder besser, im Auffangen von Wellenzügen, die von den himmlischen Planeten stammen und sich im Äther fortbewegen. Deine Seele muß ebenso empfindsam sein wie die Zeiger der Meßinstrumente. Um zu dieser Vollkommenheit zu gelangen, mußt du, wie ich dir schon dargelegt habe, unablässig an der Läuterung deines Ichs arbeiten, das heißt, jenes Teiles von dir selbst, der mit höheren Ebenen in Verbindung steht.

Du kannst, ohne es je zu spüren, Wellen ausstrahlen, die in die fruchtbare Erde wachsamer Geister eindringen.

Was ich dir offenbare, ist so wahr, daß du es überprüfen kannst; ein Gedanke wird Hunderte von Stunden, bevor er Gestalt annimmt, geboren. Ist der Satz, der alles erklärt: »Der Gedanke liegt in der Luft«, nicht ein Gemeinplatz?

AUGUST 1948

MONTAG, 2. AUGUST 1948

Durch das Studium der Biologie könntest du erfahren, daß alle Grundgesetze des psychischen Lebens sich im Leben der organisierten Körper wiederfinden. Um die psychischen Gesetze zu verstehen, brauchst du nur die im Mineralreiche herrschenden Gesetze auf sie zu übertragen; es gibt in der Chemie und Physik Erscheinungen, die sich im Kraftfeld der Seele entsprechend abspielen; die Zeit wird kommen, wo Experimente die Wahrheit meiner Worte bezeugen werden.

Arbeite, arbeite unablässig; so wirst du eines Tages den Schlüssel für die inneren Riten finden; das Leben und die Geheimnisse deines zweiten Ichs werden dir entschleiert werden.

Auf Erden werden die Ungebildeten nicht zugelassen, die Auserwählten anzuhören. Gott läßt nur jene in sein Reich eintreten, deren Seele entfaltet ist.

Schau dich um. Die pflanzliche Welt hat unabweisbare Forderungen. Warum sollte eine Tugend weniger hart zu pflegen sein als ein Stück Weinberg? Der Mensch im Weinberg ist Sklave der Pflanze. Sein Geist, sein Bemühen, alles ist hingerichtet auf die irdische Entwicklung. Arme Blinde, ihr habt nur Augen für das Geschaffene; hört doch von Zeit zu Zeit auf, eure Sorgen nur den Gaben der Erde zu widmen. Seid nicht nur damit beschäftigt, Formen aus Stein, Lehm oder Ton zu bilden, denn ihr habt auch Statuen in eurem Innern. Wenn man den Stoff mit Werkzeugen formt, so wird der Seele durch das Denken Gestalt gegeben.

O zartes Reich, unsichtbar wie das Nichts, ungreifbar wie die Luft! Reich ohne erkennbare Formen, in dem die auf- und absteigenden Bogen sich in den Himmel zeichnen.

Seid euch eurer inneren Verantwortung bewußt und lenkt den Gang eurer Gedanken, wie man den Gang der Ernte lenkt. Eure Ernten sind alle im Jenseits; pflegt das zweite Ich, Ähre um Ähre, Korn um Korn, denn euer Mahl ist an der Tafel Gottes.

Etwas Außerordentliches ist vorgefallen. Zum ersten-mal seit dem Tode meines Sohnes habe ich vergessen, am zweiten Tage des Monats eine Messe zu seinem Ge-denken lesen zu lassen. Sind deswegen so viele Zeichen um mich herum ausgelöst worden? Zwei Wassertrop-fen, gleichsam Tränen, waren unter das Glas von Ro-lands Bild gedrungen; dann die Klage des unsicht-baren Vogels. Als mir mein Vergessen am 3. August bewußt wurde, eilte ich in die Messe und betete in Ro-lands Kapelle. Ich versuchte, mit einer Reihe von Zündhölzern eine Kerze anzuzünden. Keines fing Feuer. Der Schwefel sprang mir auf die Hände, klebte an mei-nen Nägeln und brannte mich; endlich nahm die Kerze das Feuer an, erlosch aber sogleich wieder.

Da wurde ich endlich auf den hartnäckig schlechten Willen des Stoffes aufmerksam...

DIENSTAG, 3. AUGUST 1948

Mama, jetzt ist dein inneres Verhalten genau, wie es sein muß, damit ich mich mühelos mit dir in Verbindung setzen kann. Dein Zustand entspricht dem Zustand des toten Willens, dein Geist liegt offen vor mir; es geht mir leicht, mit dir zu sprechen. Höre mich an: Ihr müßt in euch Gipfel haben, Spitzen; ihr könnt sie aber nur selten allein erreichen.

Ihr braucht Gottes Hilfe. Darum ist euch die Kommunion von großem Nutzen, sie erhöht euch über euch selbst hinaus.

Wenn ihr in verlassene Höhen gelangt seid, das heißt, wenn ihr nur mehr Seele seid, verbreitet sich das himmlische Licht in euch, und ihr seid während Augenblicken umfangen von »verfeinernden« Schwingungen. Aber ihr verspürt den Wunsch zu solcher Erhebung nur, wenn ihr euch gerufen, eingeladen fühlt; dann häuft ihr in euch den nötigen Mut an, um die Steilhänge zu durchsteigen, die euch von den Gipfeln trennen. Die Berührung mit der Hostie ist der beschwingende Anstoß, der euch über die Wirklichkeit hinausträgt. Geheiligte Minute, die euch ins Unendliche mitreißt. Liebe diese morgendlichen Messen der Wochentage, diese demütigen Messen, denn sie sind wie Boote.

DONNERSTAG, 5. AUGUST 1948, MORGENS

Mama, suche deine geistigen Ausgangspunkte nicht im »Gedachten«, sondern in dir selbst. Trinke das Quellwasser an der Quelle selbst. Wenn du spürst, daß du austrocknest, so weißt du, daß deine Lebensart den Befruchtungen des Jenseits nicht entspricht.

Die euch in die nährenden Strömungen führenden Gesetze sind schwer zu entdecken. Eure Seele lebt in den Tag hinein, ohne zu wissen, was ihr heilsam ist und was nicht. Alles wirkt auf sie ein: das Klima, die Sonnenstrahlen, gesehene, gehörte und betrachtete Dinge. Diese Wellen durchziehen eure psychischen Kanäle und bilden die Farbtöne eurer Seele. Eure geistige Fruchtbarkeit gleicht stark jener der Pflanzen. Denke darüber nach, daß der Weinstock durch den Blütenstaub der benachbarten Pflanzen befruchtet wird, selbst wenn diese andern Arten und Reifegraden angehören. In gewissen

Fällen könnte ein Weinberg absterben, wenn der mit dem Blütenstaub beladene Wind das Leben in seinen Organen nicht wiedererwecken würde.

Übertrage dieses Beispiel auf das geistige Leben: es gibt Köpfe, die Ideen- und Gedankenströme ausstrahlen; wie Blütenstaub schweben diese Wellen in der Luft und sind immer bereit, sich festzusetzen; doch sie vermögen nur zeugend zu wirken in Köpfen, die mit psychischen Blütenstempeln versehen sind. Daher ist es wichtig, stets im Zustand geistiger Aufnahmefähigkeit zu sein.

Die Rinde eurer Seele muß dünner und dünner werden, je mehr ihr euch dem Tode nähert. Alle eure Unvollkommenheiten müssen von euch fallen wie die Blätter vom Weinstock.

FREITAG, 6. AUGUST 1948

Ich fühle mich gewaltsam aufgeweckt und gezwungen, einen Bleistift in die Hand zu nehmen und zu schreiben.

Mama, gewaltig und einsam schwebt ein Vogel über dir, der dich nie mehr verlassen wird: er ist deine höchste Spitze.

7. AUGUST 1948

Kampf, unaufhörlicher Kampf des Menschen, um die Myriaden von Übeln zu bekämpfen, die gegen die Reinheit anstürmen.

Der Winzer ist eine Art Schutzengel seines Weinberges. Er führt einen unablässigen Kampf, um die Reinheit seiner Trauben zu wahren, denn die unversehrte Beere ist eine Beute, eine Zielscheibe für die Verderbnis; der Mensch muß alle Listen der Natur zunichte machen, um seine Früchte zu retten. Die Erde, das Wetter, das Wasser, die Sonne, das Ungreifbare, das Handgreifliche:

alles spielt mit für das Wohl oder Wehe der Ernte. Ein Sonnenstrahl kann eine Pflanze zur Reife bringen oder sie zerstören, ein Wassertropfen sie tränken oder vernichten.

Es geht also darum, die von Gott in das Weltall gelegten Kräfte auszugleichen, in Harmonie miteinander zu bringen.

Der Mensch – er auch – besitzt in seinem inneren Leben ein Bündel von Gaben; es ist seine Aufgabe, für die Fülle seiner Ernten besorgt zu sein.

DIENSTAG, 10. AUGUST, ABENDS

Mama, du siehst, wieviel schwieriger es ist, mich zu hören, sobald du nicht jeden Tag kommst.

Wenn du Mehl in ein Sieb leerst, mußt du es lange schütteln, bis eine kleine Wolke durchdringt. So verhält es sich auch mit uns beiden; viele Entzückungen müssen in dir liegen, auf daß ich leicht durch den Filter zu dringen vermag. Folge mir Schritt um Schritt in meinem astralen Leben, wie du mir Schritt um Schritt gefolgt bist, als ich gehen lernte...

»Roland, was muß ich tun? Ich leide mehr und mehr.«

Dein Leid reinigt viele ungepflegte Wege...

Je mehr du eindringst in dein tieferes Leben, um so mehr wirst du dich mit dem Zustand der Leere verschmelzen, der unerläßliche Bedingung ist für den Eintritt in die reinen Zonen.

Sei sehr wachsam; arbeite an deinem Gewande für das Jenseits. Ich liebe dich, Mama.

OHNE DATUM

Mama, der Himmel möge sich umstürzen in dich, wie ein Boot umkippt, das mit einer zu großen Last von Blumen beladen ist; und deine Seele wird mit himmlischen Blütenblättern bedeckt werden...

Der Schatten ist nur Schatten für Augen, die in der Nacht nicht sehen; nackte Augen können nicht in die Sonne blicken. Baue dein inneres Leben stufenweise aus.

»Roland, erkläre dich.«

Unter jeder Stufe oder geistigen Ebene muß ein starkes Fundament sein. Es ist sehr schwierig, sie auf andere Weise als im Rahmen der gewohnten Prinzipien aufzubauen, denn euch fehlt im andern Falle jeder Anhaltspunkt.

Bauten ohne Material, unsichtbare Bauten, Bauten der Vorstellungskraft ... Wie sind die himmlischen Dimensionen? Arme Unwissende, ihr kennt die Fingerzeige der heiligen Gesetze nicht, die euch gegeben sind.

Seine Herde gut zu hüten wissen, ist eine Triebfeder am astralen Wagen. Löse dich los vom Bösen ...

SAMSTAG, 14. AUGUST 1948, KERESTAT

Ich bin heute morgen durch einen Schmetterling geweckt worden.

Mama, wie glücklich bin ich, dich endlich in der Stille und im Frieden der Natur zu finden. Es ist uns immer schwierig, im Lärm niederzusteigen. Du begegnest in den Gassen keinem Schmetterling ...

Welche Mühsal für uns, mit dem Stoff wieder in Berührung zu treten, denn er enthält alle unsere überstandenen Knechtschaften in sich. Wisse, daß die Speisen des Jenseits astrale Schwingungen sind, und unsere übernatürliche Schwerelosigkeit von dieser gewichtlosen Nahrung stammt.

SONNTAG, 15. AUGUST 1948, KERESTAT

Ich habe dich während der Messe gesehen. Du hast den Zustand der Abschließung in der Menge erreicht. Trotz der Geräusche bist du zur höchsten geistigen Erhebung gelangt; du hast es verstanden, durch die Überwindung der Zeit dich in die Leere zu verlieren. Die Zeit war nicht mehr vorhanden für dich, da du dir nicht Rechenschaft zu geben vermochtest, ob du eine Minute oder eine Stunde in diesem Zustand verharrt bist. Zum erstenmal war der Begriff der Zeit in dir ausgelöscht...

Eine Reihe neuer Entwicklungen mußt du aufspüren. Deine Vorbereitung ist aber zu ungenügend, als daß ich sie dir eröffnen könnte; dein Ohr ist nicht fein genug. Man muß genau die Stelle finden, wo unsere Schwingungen in euch ein Echo zu erzeugen vermögen. Dein großes Unbehagen ist verursacht durch die schlechte Behandlung deiner inneren Güter. Geduld, Mama... Bedenke, daß es viel Sonne braucht, um eine Frucht zur Reife zu bringen; oft gehen die Jahreszeiten zu Ende, ohne daß etwas Vollkommenes erreicht worden ist. Folge langsam, ruhig und stetig den einsamen Wegen; du hörst dich besser in der Stille, weil die reinen Harmonien sich deiner Seele ungehinderter nähern können.

Man muß erlernen, das Stoffliche in sich ebenso leicht zu überwinden, wie ein Glas sich brechen läßt. Erst nach diesem Akt der Vernichtung vermögt ihr in euer anderes Ich vorzudringen.

Die Lettern dieses Satzes haben sich wahrhaftig in mein Denken so eingeprägt, daß ich sie ablesen konnte.

Die Gesetze, die die Biologie beherrschen, stehen am Anfang allen Begreifens der psychischen Entwicklung.

MONTAG, 16. AUGUST 1948, MORGENS, KERESTAT

Mama, du mußt in der Schöpfung das Symbol der übernatürlichen Entwicklungen suchen: eine Farbe, das Wasser, das Aufdämmern des Tages, das Entschwinden des Lichts enthalten die Synthese der sieben Himmel in sich.

Mama, ich habe mich heute viel mit dir beschäftigt, und diesen Abend komme ich nur, um dir zu sagen, daß ich dich liebe.

Ich berühre deine Seele; schlafe, Mama, ich werde in deinen Schlaf kommen.

Mama, es gibt eine geistige Radioaktivität, wie es eine biologische gibt.

»Was ist diese Radioaktivität?«

Die Erweckung eurer inneren Lichtgebilde kann verstärkt werden in Verbindung mit gewissen Strahlungen. Das Wasser ist Leiter von psychischem Radium. Alles in der Natur vermag eure Seelen zu beleben. Was gibt es Mitreißenderes für geistige Menschen als das Schauspiel der Elemente? Erregen nicht, auf tieferen Stufen, schöne Sommernächte physisches Fieber in euch? Mondenschein, Sternennächte: Erwecker trüber Erregungen.

Höre mich an: Ich gebe dir diese Beispiele nur, um die Realität meiner Behauptungen zu beweisen. Mit euren beschränkten fünf Sinnen ist es euch möglich, den Einfluß der Außenwelt auf euch festzustellen. Ich bitte dich, Mama, überwinde diese Ebene, steige auf zu den Gipfeln, lebe im Einklang mit deinem sechsten Sinn; so werden alle Offenbarungen der zweiten Dimension in dich fließen. Ein Grasbüschel, das Licht eines Sternes, ein Sonnenstrahl auf einer Rose werden himmlische Wellen auf dein anderes Ich leiten. Glaube mir, Mama, die geistige Radioaktivität hat ebenso bestimmte Gesetze wie die chemische; aber um diese Elemente anzuziehen, muß euer ganzes Wesen dem Himmel gemäß leben.

Suche rastlos, suche wie eine Närrin. Laß nicht ab von der Besinnlichkeit. Vergiß den Begriff der Zeit und verliere dich im Undenkbaren, indem du nicht mehr denkst.

Diese Momente der Empfindungslosigkeit werden dich erhöhen bis zum Astralen.

Mama, ich habe mich viel mit dir abgegeben heute, und diesen Abend nähere ich mich deinem Herzen nur, um ihm zu sagen, daß ich dich liebe. Ich berühre deine Seele, schlafe, Mama, ich werde in deinen Schlaf kommen.

Eine fliehende Wolke, eine aufblühende Blume, der vom Boden aufsteigende Ruch der Erde: drei stumme Bewegtheiten. Die auflodernde Entzückung ist auch ein stiller Tumult. Dein anderes Ich ist so angefüllt von sich drängenden Bewegungen wie das dahinziehende Himmelsblau.

Die Natur hat ein Doppelgesicht. Sie ist einmal Stoff; eine Blume ist Stoff. Dann ist sie eine an allgemeine Gesetze gebundene Wesenheit; sie ist Symbol, sie ist Verwandlung. Ihr erkennt ihren wahren Sinn, sobald ihr ihre beiden Seiten entdeckt.

Von diesem Augenblick an besitzt ihr das zweite Gesicht, ihr tretet ein ins Jenseits des Lebens.

Mama, komm rasch, ich habe dir einige Dinge zu erklären. Merk auf, es ist sehr wichtig; du mußt wissen, daß die Ereignisse im Menschen sich vorbereiten, lange bevor sie in Erscheinung treten. Wenn man euer Inneres bloßlegen könnte, würdet ihr erkennen, daß euer ganzes Leben von der Geburt an in euch schlummert und die Zeit nur dazu dient, euch Wurzeln treiben zu lassen.

Die Freiheit des Menschen ist beschränkt. Ein Mörder bleibt sehr oft ein Mörder, auch wenn man ihn mit den härtesten Strafen belegt. Das will besagen, daß ihr auf der ersten Ebene wenig vervollkommnungsfähig seid.

Erst auf dem zweiten Plane beginnen die Verwandlungen.

Sobald ihr in die göttliche Strahlung gelangt, wird es euch möglich, euer Ich zu beackern und das Unkraut auszureißen. Aber dies ist schon ein Rhythmus der zweiten Dimension, ein verbundenes Mitklingen. Wesentlich für euch ist es, eure ins Höhere strebenden Fähigkeiten rasch auszubilden.

FREITAG, 20. AUGUST 1948, KERESTAT

Mama, was ist der Zustand der Gnade?

Der Zustand der Gnade kann kaum beschrieben werden, weil er dem Werte eines jeden einzelnen Menschen angepaßt ist. Wenn man ihn in Wirklichkeit richtig erklären wollte, müßte er auf sieben Ebenen entsprechend aufgebaut werden. Genau wie der Regenbogen hat er sieben Tönungen; der achte Kreis ist weiß, das heißt, leer; aber diese höchste Stufe kann nur durch die Selbstverleugnung erreicht werden.

Das Gebet ist das beste Fahrzeug, um zu diesem negativen Wirbel zu gelangen. Was ist das Gebet? Ein Tun, um sein Ich loszureißen. Einförmigkeit der Töne, die die Persönlichkeit einschläfert; zahllose Worte, die um euch herum Kränze von Blütenblättern bilden müssen; mystischer Weg, auf dem man sich in den eigenen Kelch zurückzieht.

O wunderbarer Anruf der Muttergotteslitanei! Elfenbeinerner Turm... Pforte des Himmels... Morgenstern...

SAMSTAG, 21. AUGUST 1948, KERESTAT

Mama, laß nicht ab, dich in den Ebenen der Engel aufzuhalten. Die Wege unserer Runden sind zwar gut bewacht, doch läßt sich hin und wieder eine Lücke in der Mauer entdecken.

Mein Himmel ist geheim, mein Himmel ist verschlossen; aber du näherst dich ihm. Zweifle nie. Dein Prüfstein ist die Ungläubigkeit der andern, die zu beweisen versuchen, daß unsere Verbindung unmöglich sei... Wo sind deine Beweise?

Arme Mama, du bist so einsam in deinen Betrachtungen wie ein in der Wüste verlorener Mensch.

Verzichte auf alles und alle und schreite im Frieden voran auf das Reich des Unwägbaren hin; schreite voran, ohne jede andere Gewißheit als deinen Glauben. Mama, ich schließe dich in meine Flügel ein; höre auf, vor Kälte zu zittern.

MONTAG, 23. AUGUST 1948, KERESTAT

Hast du endlich begriffen?...

Hier muß ich einfügen, daß ich durch ein eigenartiges Knallen in meinem Fenster aufgeweckt worden bin, dem ein zweites folgte. Ich war erstaunt und konnte nicht umhin, mich zu fragen, ob dieses Knallen etwas zu bedeuten habe; ich wünschte, es ein drittes Mal zu hören. Zu meiner großen Überraschung ertönte es unter meinem Kopfkissen; einige Augenblicke später begann die Glaskugel vor dem Bilde Rolands zu klingen. Ich hatte bisher nie Glas knallen gehört. Vier Tage nacheinander erklangen dieselben Töne im selben Blumentopfe zur gleichen Stunde.

Mama, ich habe dir heute morgen so viel zu sagen. Alles wird anders werden für dich; was einen bestimmten Weg befolgte in bezug auf dich, wird abgelenkt; die Wellen wirbeln; es werden um deine Seele gleichsam Sommerfäden gesponnen, du wirst in neue Fluiden eingekleidet.

Sei wachsam! Ich bin trunken vor Freude ob dem Heil, das dir widerfährt. Herde entzünden sich, und bald

wirst du vom Rauch erreicht, der den Flammen entsteigt.

Mama, meine Mama, wie gut wird es uns gehen ...

Löse dich aus allen irdischen Angeln; es ist so viel Unruhe um euch herum in den Zeiten des fortschrittslosen,
inneren Lebens. Das Samenkorn eures Werdens sprießt
eher auf im Schatten des Schweigens. Eure Fähigkeiten
bilden sich nur im Frieden, und nur in der Einsamkeit
stoßen eure Keime an die Oberfläche. Sei ruhig in der
Ruhe. Danke, Mama, daß du gekommen bist, als ich
dich rief.

DIENSTAG, 24. AUGUST 1948, KERESTAT

Zum zweitenmal und zur selben Stunde wie gestern,
um neuneinviertel Uhr, hob das Klingen an im Blu-
menglase vor Rolands Bild.

Mama, du mußt mich als Schutzengel betrachten, den
Gott beauftragt hat, dich auf dem Wege zur Läuterung
zu begleiten. Die Hilfe, die ich dir bringe, stellt die Belohnung Gottes dar für alle Tränen. Ich habe die Sendung, dir Erkenntnis zu vermitteln und dich die Zyklen
der Heiligung durchschreiten zu lassen.

Wie die Einheit des Lichtes sieben Farben hat, so sind
sieben Kreise zu bewältigen; die Mühseligkeiten sind
notwendig. Ich gebe dir ein Beispiel: Würdest du auf
den Gedanken verfallen, ein kleines Kind zu einem
Schauspiel hoher Geistigkeit einzuladen? Gott kann
doch wohl nicht Neugeborene an seine Tafel laden. Du
mußt, wie ein Schüler, deine Klassen absolvieren. Danke
dem Allerhöchsten, daß er das Verlangen in dir geweckt
hat, vor deinem Tode dich weiterzubilden. Jeder auf
der Erde vollzogene Schritt bedeutet einen Schritt weniger auf der andern Ebene. Mut, Mama.

Es gibt zwei Arten, an Gott heranzutreten: durch die
Nächstenliebe und durch die Versenkung. Jeder kann
wählen. Aber um das Ziel zu erreichen, müßt ihr euch
bis zur Asche verzehren ...

Ich bin heute später als gewöhnlich aufgewacht und war beim Frühstück, als das tägliche Klingen im Blumentopf vor Rolands Bild ertönte. Ich blickte sofort auf die Uhr; es war neuneinviertel Uhr.

Mama, die Ungläubigen werden über dich lachen; ich lächle über dein Staunen, deine Überraschung und vor allem über deinen ewigen Argwohn. Du zweifelst und erklärst: »Es ist nur eine physische Erscheinung, dieses Klingen; der Stoff allein verursacht es.« Du vergissest, daß Gott die Materie erschaffen und ihr Leben verliehen hat, und daß er manchmal in seiner Allmacht uns einige Kräfte gibt. Was ist eigenartiger: daß wir eine Welle auf einem Gegenstand zum Schwingen bringen können oder daß wir euch zu führen vermögen? Ihr gebt nun aber zu, daß wir euch führen. Welches Durcheinander in euren Urteilen, welche Engstirnigkeit in euren Theorien über das Jenseits. Ihr steckt ein für allemal gewisse Phänomene in bestimmte Schubfächer, und eure Gleichmacherei verbietet euch, sie anders einzuordnen. Ein Knacken im Holz wird einfach ins Gebiet der Magie gesetzt, und nichts vermag die Meinung derer zu ändern, die so denken. Das Gute und das Böse haben oft dasselbe Aussehen. Überlege: das Meer hat auch zwei Gesichter; vom Sturme gepeitscht, bringt es den Tod; bei schönem Wetter ist es ungefährlich; und doch ist es immer das gleiche Meer.

Die guten und die bösen Engel haben ausschließlich die Schöpfung zur Verfügung. Wenn ich dich umkreise, ist rasch ein Flügelschlag einer Blume gegeben; deine stets aufmerksame Seele findet das Zeichen wunderbar.

Aber welche Lehrzeit ist nötig, um in eurer dinglichen Welt den Widerhall des Jenseits unterscheiden zu können! Verirrt im Dschungel des Materialismus macht ihr wenigen, die ihr seht, den Eindruck von Verrückten. Mama, fahre fort, Lianen zu durchschneiden. Wenn du in das Zentrum der dichtesten Vegetation gelangt bist, wirst du im Nichts deiner selbst verloren sein, von wo aus du die Ufer der zweiten Dimension erblicken kannst. Da gibt es keine Worte, keine Phantasien mehr: sie ist das Undenkbare. Diesem Undenkbaren kannst du dich nur mit der obersten Spitze deines Ichs nähern. Darum lege ich dir ans Herz, auf dem äußersten Gipfel deines höheren Wesens zu leben. Hänge oben an deinem höchsten Mast, die Augen immer zum Himmel gerichtet. Dort empfängst du einige Strahlen aus der andern Welt. Orientiere dich ohne Furcht auf das Unendliche hin. Durchschreite die Tage und Nächte, durchschreite die Zeit auf der Höhe deiner Segel, damit ich dir einige Sterne ins Herz senden kann.

DONNERSTAG, 26. AUGUST 1948, KERESTAT, ABENDS

Verliere dich in der Weite grenzenloser Phantasien, werde nicht müde, dich mit Unendlichkeit zu speisen.

Ist es nicht langweilig, täglich essen zu müssen? Und doch beugst du dich den Forderungen des Körpers, um leben zu können. Wenn deine Seele Wirklichkeit wird, wirst du mehr und mehr von starken Krisen himmlischen Hungers befallen. Dein höheres Leben darf sich nicht immer im Zustand der Ebbe verhalten. Fülle dich mit göttlicher Erregung.

Lies Heiligenleben, betrachte, aber lerne auch eintreten in den Schlaf des Denkens, denn in diesen Augenblicken der Entrückung näherst du dich am stärksten den himmlischen Wellen. Wenn ein Akkumulator neu geladen wird, arbeitet er nicht.

O wunderbarer Augenblick, wo die Zeit außerhalb der Dauer gelebt wird! Losgelöst von der Tätigkeit, sproßt dein anderes Ich wie eine Pflanze; du entwickelst dich, du wächst, du nimmst Farbe auf mit allen Wurzeln, die nicht mehr in der Erde, sondern im Himmel sind.

Wie ich dir gesagt habe, lebt ihr alle in verschiedenen Stadien der Entwicklung. Für viele ist die Erde das Paradies, da sie lange ihr schönster Aufenthalt sein wird.

Sie werden, da sie weder an Gott noch an das andere Leben glauben, auf der andern Ebene nur ihre eigene Verneinung finden und nach dem Tode die schwersten Ketten tragen; ihr Sehnen bleibt nur mehr Sehnen; sie werden keine Erfüllung mehr kennen.

Mama, ich flehe dich an, sprich allen von Gott, die du liebst. Deine Seele muß wie eine Blume sein; man muß sich ihr nähern, um ihren Duft einzuatmen. Eine Rose, eine Lilie, ein Schneeglöcklein ziehen auch den gleichgültigsten Blick auf sich. Die Farben der Seele sind reinen Augen sichtbar und ebenso den Einfältigen: unsichtbare Strahlung, deren Leuchtstoff den sechsten Sinn zum Vibrieren bringt.

Das höhere Leben der Suchenden ist etwas flattrig wie der Flug eines von Blumen berauschten Schmetterlings. Es durcheilt unnennbare Weiten, um sich mit ungeahnten Werten zu verbinden; es webt Fäden, öffnet Wege. Wenn ihr euch auf die sichtbaren Straßen begebt, seid ihr nur in den Geleisen eurer Beschäftigung.

Sei hellsichtig und laß nicht ab, in dich hinein zu hören auf die Stimme deines andern Ichs. Wie eine Schelle muß diese Stimme an deiner Seele hängen. O Stadt eurer innern Gedanken! In ihr wird eure Zukunft gewoben.

FREITAG, 27. AUGUST 1948, KERESTAT

Die Ewigkeit ist ein unvorstellbarer Begriff. »Was ist die Ewigkeit?« fragt ihr. Man antwortet euch: »Was weder Anfang noch Ende hat.« Und ohne euch Rechenschaft zu geben, wie Blinde, stößt ihr an den Begriff der Ewigkeit, ohne nur aufzumerken.

Tragen die Elemente nicht den Urgrund der Ewigkeit in sich? Kennt ihr den Tag der Erschaffung des Wassers? Kennt ihr sein Ende? Das Ende der Welt! Ihr versucht, euch von ihm eine Vorstellung zu machen. Vielleicht kommt es nie, und so seid ihr selbst eingefangen in den Urgrund der Ewigkeit.

Ist die Erschaffung der Welt nur Ordnung der Elemente oder eine völlige Schöpfung Gottes? In der Genesis steht: »Gott trennte das Wasser von der Erde...« Ist nicht im Leben selbst der Urgrund der Ewigkeit, da es zurückgeht auf die Erschaffung der Welt, deren Anfang und Ende euch unbekannt ist? Der Urgrund der Ewigkeit ist also eingeschlossen im Urgrund des Lebens. Was vergänglich ist, sind die Existenzen; gleich Knoten häufen sie sich an auf der Kette der Ewigkeit. Um mich verständlicher zu machen, gebe ich dir ein Beispiel: Schau den Felsblock an! Vielleicht ist er immer dagewesen. Aber die Muscheln, die sich an ihn heften, gehen nacheinander zugrunde. Ein anderes Beispiel: Der Wind ist ewig, die Sonne ist ewig, das Wasser ist ewig[*]. Wenn du einen Tropfen Wasser aus dem Meere nimmst, vertrocknet er und verflüchtigt sich, aber das Wasser ist darum nicht tot. Ihr steht hier dem Wirklichkeit gewordenen Urgrund der Ewigkeit gegenüber, aber ihr wollt nicht an die Ewigkeit denken...

Euer Körper ist eine Ansammlung von Molekülen, die sich ans Unvergängliche klammern. Ihr habt den Urgrund des andern Lebens in euch, da in euch, die ihr lebt, die Toten nicht sterben. Ich lebe in deinem Denken. Mein Tod hat für dich nur den körperlichen Ausdruck meines Wesens ausgelöscht; aber dein Geist läßt mich immer wieder auferstehen.

Geduld, Mama, ich bin dir nur vorangegangen in eine andere Welt. Segne den Tag meines Auffluges: es war der schönste Tag meines Lebens. Mama, ich strecke dir meine beiden Hände entgegen...

---

[*] Vgl. Anmerkung S. 36. D. Ü.

Ihr geht ganz auf im Urgrund des Lebens selbst in eurer zweiten Existenz; ihr seid nicht mehr der vereinzelte Wassertropfen, der Tautropfen, der sich in den Sonnenstrahlen färbt und mittags stirbt. Ihr seid einbezogen in die göttliche Allheit, ihr seid im Reiche Gottes, und ihr werdet die Ruhe, und manchmal der Sturm, wenn der Himmel grollt.

Sei ganz Beobachtung, Überlegung. Es ist einzig Sache deines Willens, die Segel auf die himmlischen Horizonte hin zu entfalten.

Mama, schenke den Spöttereien keine Beachtung. Wenn du allein bleiben solltest im Glauben, daß ich zu dir spreche, müßtest du glauben. Fahre fort, deine Aufgabe gewissenhaft zu erfüllen, wie die Menschen sich abmühen, ihr Leben zu verdienen; denn du hast dein ewiges Leben zu verdienen. Welcher Mühsal muß sich der Landmann unterziehen, wenn er den Boden rodet. Du hast deine Lauheit zu roden. Das ist unsichtbare Arbeit, härter als Menschenarbeit, weil alle irdische Anstrengung auf ein Ziel hin strebt. Dein Verdienst liegt nicht auf Erden. Mut, Mama, steh wieder auf, wenn du gefallen bist, und schreite weiter! Die Wege sind steinig, Tränen fallen aus deinen Augen; halte nicht inne; du verkürzest die Zeit, die uns trennt; meine Mama, die ich liebe.

Mama, du hast dir nie genug Mühe gegeben, dir die Regeln einzuprägen, die das heilige Leben umschreiben, das Leben gemäß der göttlichen Liebe. Die Verwirklichung eures zweiten Ichs muß in euch vor allem greifbar werden wie alle eure Akte. Glaube nicht, daß man ohne sorgfältige Arbeit auf die zweite Stufe gelangt. Die Muskeln eures andern Ichs sind nicht weniger schwierig zu entwickeln als die körperlichen. Wer bei den Men-

schen Champion werden will, muß sein Leben diesem
Ziel opfern. Um ein Champion des Himmels zu werden,
muß man sein Leben Gott weihen. Die Liebe zur Heiligkeit muß zum Hunger werden. Du kannst den Grad deiner Vergeistigung am innern Durst erkennen, den du für
Gott verspürst.

O herrliche Pulsschläge der Seele, die dich zum Glühen
und in Entzückung bringen auf der Schwelle des Übernatürlichen!

Der Ausgangspunkt der Entzückung ist das Schweigen.
Sobald du im Zustand des Schweigens bist, beginnt der
himmlische Wellenschlag dich zu umfangen, und unsichtbare Resonanzen dringen in dich ein, wie Schmetterlinge sich auf Blumen niederlassen.

Wie eine Blumenkrone sei voller Säfte, und die Engel
werden kommen, um sie einzusammeln. Sei ein Treffpunkt für das Übernatürliche.

MONTAG, 30. AUGUST 1948, ABREISE VON KERESTAT

Mama, die Engel grüßen dich, die Engel befinden sich
im goldenen Zeitalter, sie leben in der Entfaltung eurer
inneren Paradiese.

Das menschliche Leben ist das Werden des Lebens des
Menschen. Es ist euer chaotisches Stadium. Es steht geschrieben: Gott trennte das Wasser von der Erde. Ja,
Erde und Wasser sind in euch, und keine Ufer und keine
Städte. Seele und Leib sind durcheinandergemischt in
eurer menschlichen Festung. Die Ordnung kommt nachher. Die Ordnung kommt auf der Ebene der Engel. Du
bist nur ein durcheinandergeratenes Garnknäuel. Alles
lebt in euch, das Gute und das Böse; die Fäden vermengen und verwirren sich, geraten durcheinander, und
in den schlechten Tagen seid ihr nichts als Knoten. Mama, wirf dich völlig auf Gottes Seite. Nur hier wirst du
die nötige Geduld dir aneignen, um die Verwirrung zu
lösen.

Danke, Mama, daß du so früh ins Haus Gottes gekommen bist. Die Engel haben dich belohnt, da dir dein morgendlicher Gang so viel Freude bereitet hat. Freude am Sonnenaufgang, Freude am Fallen des Taus, Freude an den glitzernden Tautropfen, die leuchteten wie zitternde Sternengefilde, wie Wiesen in tausend Farben, wie Blitzen von Smaragden, Saphiren und Feuer. Spinnnetze waren wie Regenbogen von Ast zu Ast gespannt, und im erwachenden Morgen begannen die Vögel zu singen. Der erste Atemzug des Tages ist wie unsere erste Schau des Jenseits. Das Licht verbreitet sich in großem Schweigen.

O Erwachen über der Erde, Erwachen in unseren Flügeln... Mama, die Dornen der Sträucher stechen nicht mehr; liebe die Rosen und ihren Duft ohne Ende...

DIENSTAG, 31. AUGUST 1948, BELLE-ISLE-EN-TERRE

Mama, die eben von Gottes Hand erschaffenen Menschen liebten ihn leidenschaftlich. Dann aber entfernten sie sich allmählich vom göttlichen Ursprung; die Zeit, die alles abnützt, wirkte in ihrem Geist, und sie vergaßen ihren Schöpfer, wie ein heranwachsendes Kind lernt, die Mutter zu entbehren. Die Undankbarkeit des Menschen wird immer größer, er löst sich los von Gott, wie der Sohn sich vom Vater trennt.

Dank sei den Seelen guten Willens, die Kreise bilden. Faßt euch bei der Hand, ihr, die ihr seht. Eure Seelen werden Liebesreigen, Lichterreigen tanzen, und wir werden sie in den Schatten erkennen können. Vertiefe dein Denken, und seine Wölbungen werden in Spiralen zu den Gipfeln sich erheben...

Wie herrlich ist es, Mama, in meinem Himmel...

Es wird mir erlaubt, ein wenig Süßigkeit auf deinen Weg zu streuen. Bete Gott an, um ihm zu danken für seine Gunst.

DONNERSTAG, 2. SEPTEMBER 1948
BELLE-ISLE-EN-TERRE

Mama, wir sind im fünfundzwanzigsten Monat unserer Trennung. Wenn du vernünftig wärest, würdest du eine Aufstellung aller deinem Innern gegebenen Erleuchtungen machen. O wenn ihr in euch auf leuchtenden Registern Buchhaltung führen könntet ...

Licht und Schatten! Die ganze Entwicklung der Seele ist in diesen beiden Urgründen enthalten. Der Gang der Zeit von einer Dämmerung zur anderen bezeichnet den Aufstieg des psychischen Fluges. Dunkle Nächte, Nächte der Schatten, blinde Nächte, wo der Mensch in die Dunkelheit eingeschlossen ist; Zwinger mit unsichtbaren Mauern, aber hart wie Stein. Würde der Tag sich nicht erheben, könnte der Mensch nie sehen. Darum ist euch der Morgen gegeben, und alle aufsteigenden Morgenröten sind das Wunder der sterbenden Nacht. Todeskampf der Dunkelheit, das Licht bricht auf, verbreitet sich, überflutet die ganze Erde, ihr seht ... Die Blume wird Blume, die Wege zeichnen sich ab, ihr könnt euren Aufgaben nachgehen. In eurem zweiten Ich ist derselbe Kreislauf vorhanden; euer anderes Leben ist entweder blind und eure Verlängerung wird Schatten sein; oder dann ist alles in euch erleuchtet, und ihr besitzt die innere Strahlung. O Wunderwelt der von Strahlen durchdrungenen Beschauung! ...

Als du diesen Morgen in die Dorfkirche tratest, warst du übersät von leuchtenden Fünklein; ich konnte dich so gut sehen, Mama ... Danke.

FREITAG, 3. SEPTEMBER 1948, BELLE-ISLE-EN-TERRE

Mama, ich bin voller Freude deinetwegen: du wirst sehen!

»Roland, könntest du mir das Merkmal des Guten und Bösen nennen, den Grundsatz der Moral?«

Es würde nächtelange Gespräche erfordern, um dir das Maß der himmlischen Formen zu geben. Aber ich werde trotzdem versuchen, dich in unsere engelhafte Schauung einzuweihen.

Der Himmel kann sich nur in euch einprägen, wenn euer Denken aufgehört hat, Denken zu sein, wenn euer Ich und die Schöpfung ins Unbestimmte fallen, das heißt, wenn ihr euch in der existentiellen Nacktheit, in der Leere befindet. Dann schlagen die konzentrischen Kreise des Jenseits nicht mehr an euer Gehirn, um darin das Denken zu wecken, sie dringen in euch ein wie Schauung, ihr seht ...

Daher stammt deine Gewißheit, ein Feld von Schmetterlingen gesehen zu haben ...

Vor ungefähr einem Monat habe ich in voller Dunkelheit tatsächlich ein Feld von leuchtenden, flatternden Schmetterlingen vor meinen Augen gesehen. Ich war verblüfft von dieser Erscheinung, ohne mich indessen weiter mit ihr zu beschäftigen; ich fühle in meinem Innern einen starken Widerwillen gegen diese Art von Erscheinungen. Danke, Roland, für die einfache Erklärung eines Zeichens, das mich in Schrecken versetzt hatte.

Das Gute ist völlig eurem Wesen gemäß. Darum meine Ratschläge: erhöhe deinen Wertgehalt.

»Aber was ist das Gute in sich selbst?«

Das Gute ist die losgelöste, die uneigennützige Liebe. Wenn du einen Engel liebst, so liebst du uninteressiert, du liebst, um ihn zu lieben. Vor allem wichtig ist die Erkenntnis der eigenen Gaben. Hört nicht auf zu suchen, bis der Same, den Gott in eure Seele gelegt hat, gefunden ist. Sucht zu begreifen und zu pflegen, wofür ihr geschaffen seid, denn jedes Geschöpf hat seinen Platz im Kosmos; ihr lebt nicht abseits von euch selbst.

Sich nicht entfalten, das ist die Schuld. Eine Rose muß zur Rose werden, ein Maurer muß Mauern aufstellen; wenn ihr für die Nächstenliebe geschaffen seid, schenkt viel; wenn ihr für die Gottesliebe geboren seid, so liebt Gott mehr als euch selbst. Lebt immer über euren Möglichkeiten. Fragt nie, was eine Tat einbringt, sondern was euer anderes Ich und euer himmlisches Wesen dadurch gewinnt. Gott hat jedem Menschen das Gewissen gegeben, und der Mensch weiß genau, wann er nicht in Übereinstimmung ist mit ihm. Am reichlichsten ist der Mensch gerade mit »Gewissen« versehen worden; er weiß stets, was er zu tun hat, und wenn er anders handelt, geschieht es aus Schwäche. Er besitzt eine so klare Auffassung von der Pflicht, daß er immer weiß, wie die andern sich verhalten müssen: also sind die rechten Verhaltungsregeln in ihm. Was ihn ablenkt, ist das Stoffliche. Jene sind am weitesten abgewichen, die von der Stofflichkeit am stärksten durchtränkt sind.

Wenn du Ruhm und Ehre suchst, betrügst du dein anderes Ich, das nur Gott will. Wenn du Reichtum erstrebst, betrügst du dein anderes Ich, das nur Gott will. Wenn du Luxus willst, betrügst du dein anderes Ich, das nur Gott will.

Deine Aufschwünge werden abgefangen, arme Mama, sie werden zurückgehalten hinter den Gittern deines zu schwachen Willens: Schwärme von Vögeln, die Tag und Nacht piepsen in deinem beschwerten Herzen. Du bist in einem Zustand, wo dein Sehnen noch nicht Hoffnung geworden ist. Deine inneren Vögel picken deine Tage und Nächte auf. Arme Vögelchen mit zu kurzen Schwingen, so daß sie nicht auffliegen können! Diese Vogelwelt schwirrt unablässig in dir herum. Nur deine Phantasie hast du, um diese Neugeborenen mit Federn zu bekleiden.

Wie schön sind sie, die Vögel deiner Träume! Die Sonnenfarben glänzen auf ihren Hälsen, ihr Herz und ihr Gefieder haben die Tönung der Sterne. In den Gehegen deines andern Ichs zurückgehaltene Welt! Deine Feenstadt ist deine Qual, denn du gehörst noch irdischen Stätten an.

SAMSTAG, 11. SEPTEMBER 1948, ELF UHR ABENDS
LES ANDELYS

Auf Rolands Bild, genau auf seiner Stirn, widerspiegelt ein Stern.
Mama, nimm dein Haupt zwischen die Hände und warte... Geschlossene Augen sind eine sehr gute Haltung, um die Unendlichkeit einzufangen. Jeder Mensch muß die ihm günstigste Stellung finden, um das Einfallen von Eingebungsgedanken zu erleichtern, von Gedanken, die mit der höheren Ebene im Einklang sind. Der Körper muß seine Orientierung finden und ein Steuer besitzen, wie ein Schiff. Ihr seid umgeben von Strömungen; an euch ist es, jene zu entdecken, die euch von der Erde zu erheben vermögen.

Meine arme Mama, ohne ihren Buben...

MONTAG, 13. SEPTEMBER 1948, LES ANDELYS

Das Wasser fließt unter dem unbewegten Himmel und trägt alle Wolken des Himmels von dannen. Du hast um ein Zeichen gebeten, und sogleich hat sich vor dir das Wasser mit allen Feuern des Himmels gefärbt; dann ist ein Sternenzug vorbeigezogen, die alle an derselben Stelle ausgelöscht worden sind.

Mit dem Himmel sich vereinigen ist nicht ein Bild, sondern Wirklichkeit. Danke, Mama, daß du diese Empfindung verspürt hast. Sich mit dem Himmel vereinigen heißt, sich mit den Elementen verschmolzen fühlen; heißt, nur mehr ein Atom unter Atomen zu sein; heißt, sich dem Nichts gleichsetzen; heißt, sich in den endlosen Lauf der Unendlichkeit stürzen. Mit dem Himmel sich vereinigen, will sagen, nicht mehr fühlen, sein Ich verlieren, um zur astralen Einheit zu gelangen. Schwankend bist du aus diesem Zustand getreten; man muß es verstehen, sich von Wolken, Dämmerung und Sternen berauschen zu lassen. Die sieben Farben waren vorhanden, und Regenbogen sind in deine Augen geflossen. Du hast dich für einige Augenblicke mit Weite genährt, wie andere sich mit Brot nähren.

Glaube an Entzückungen, Mama, die dich mitreißen, denn gerade diese geheimnisvollen Reisen vermögen dich meinem Reiche am nächsten zu bringen. Die Natur und die Elemente sind meine Stützpunkte.

Ich liebe dich...

Mein Wunsch ist es, Mama, daß du deine Vereinigung mit dem Himmel tiefer ergründest. Himmel in deinen Augen! Du warst geblendet vom Unendlichen, verschmolzen mit den Wolken, die sich hinzogen bis gegen Sonnenuntergang. Dein anderes Ich fühlte, daß es diese leuchtende Treppe emporstieg, daß es den ersten Sonnenkreis erreichte. Im Äther schwingend, überwand deine Seele die unermeßlichen Räume, die eure Erde vom Jenseits trennen. Deine Augen waren an der Grenze des Sichtbaren. Auf der andern Seite des Hanges ist mein Reich.

Mama, die Erde ist violett geworden, sie ist rot geworden; deine Welt hat die Farben gewechselt wie unter der Wirkung eines Zauberlichts. Der Zauberer war im Himmel.

Mama, es ist völlig in Ordnung, daß du die Herrlichkeit dieses gefallsüchtigen Himmels auf dich bezogen hast. Zwei Augen, die sich blenden zu lassen verstehen, erwecken das Blendende. Dein anderes Ich war für einige Augenblicke durch nichts getragen. Der Himmel war in dir. Diese großen Aufschwünge sind der Beginn eines neuen Wirbels, der dich auf einen Gleichklang ausrichten wird, dessen Bedeutung du noch nicht erahnst. Merke dir diesen Tag. Er bedeutet eine Revolution für dein Ich.

Alles war durcheinander, alles war zerschmolzen in dir außer dem Himmel. Der höchste Zustand ist die Überwindung des Geschaffenen. Er taucht euch völlig in Nebel, der euch nur mehr einen leuchtenden Punkt sehen läßt, dessen Kreise sich langsam erweitern, den Nebel aufsaugen, bis euer Blickfeld wie eine Sonne ist. In diesem Augenblick habt ihr den andern Hang eures Ichs erreicht, ihr befindet euch an den Ufern der zweiten Ebene.

Diese Spitzenzustände dauern nicht an in euch, denn ihr besitzt zu wenig Übung und zerschellt rasch wieder auf dem Boden. Aber die Betrachtungsweise aller auf dieser Stufe Angelangter ist verändert, denn sie haben sich die Wissenschaft der übernatürlichen Werte angeeignet.

Wenn ihr das genaue Gewicht aller Dinge eurer Welt kennen würdet, so würde Harmonie herrschen. Mama, die Kuppel jeden Lebens ist Gott. Halte die Augen stets auf diesen goldenen Dom gerichtet. Die Tage und Ereignisse werden alsdann für dich nur mehr die Dichte von Asche besitzen. Man kämpft nicht um eine Handvoll Staub...

DIENSTAG, 14. SEPTEMBER 1948, ELFEINHALB UHR

Ein ganzes Heer von Sternen beginnt auf der weißen Wand zu leuchten.

Mama, wenn du gewissenhaft die Verwandlungen, die sich um dich herum in der Natur vollziehen, beobachten wolltest, könntest du aus ihnen eine wichtige Lehre ziehen. Die auffälligste Verwandlung ist gewiß die der Schmetterlinge. Übertrage dieses Phänomen ins Innere deines andern Lebens, und du hast eine neue Erkenntnis erworben. Die Verwandlungen des mystischen Lebens können mit den Entwicklungen der Larven verglichen werden...

Im Fluge legt der Schmetterling seine Eier. In der Luft gibt es auch göttliche Samenkörner, die euch zugeworfen werden. Seid die Wiese, die die Samen aufnimmt; bildet das Nest, worein das Ei fällt.

Damit eine Raupe entsteht, ist ein ganzer Winter des Wartens nötig. Wenn sie ans Licht tritt, ist sie nur ein fressender Bauch, und zehn Ringe bewegen sich mühsam. Wenn die Zeit der Verwandlung kommt, zeigt die Raupe eine große Unruhe. Unablässig bewegt sie sich nach allen Seiten, geht und kommt, steigt auf und nieder, bis sie einen günstigen Platz gefunden hat. Dann verwandelt sich ihre Energie in Unbeweglichkeit. Sie tritt in die Zeit der äußeren Ruhe ein.

Vollziehen sich die großen Verwandlungen nicht nach Trübsalen, das heißt, dann, wenn das Schweigen von euch Besitz ergreift? Ihr müßt dazu gelangen, die sinnlichen Begierden in euch abzutöten, um in den ersten Kreis der Geistigkeit zu treten.

Die Larve unterzieht sich in ihrer statischen Periode einer eigentümlichen Arbeit. Sie entledigt sich ihrer Organe. Die Haut wird runzlig und entfärbt sich, der Körper schrumpft ein. O Sterben der Materie! So sollten eure Instinkte farblos werden, eure Wünsche Runzeln erhalten, euer Fleisch in eurem Fleische zusammenschrumpfen, um das Körperliche absterben zu lassen. Genau wie das Insekt müßt ihr zur völligen Bewegungslosigkeit gelangen; wie die Larve, deren Haut auf dem

Nacken platzt, um den Schmetterling ausschlüpfen zu lassen, müßt ihr in euch die menschlichen Rhythmen zum Platzen bringen, damit das andere Ich geboren werde. Um sich der alten Hülle zu entledigen, muß die Larve sich schmerzhaften Bemühungen unterziehen. Auch ihr müßt hart arbeiten, daß der Staub schmutziger Wege von euch falle.

Dann erscheinen die Organe des künftigen Schmetterlings. Man sieht den Kopf, die Augen, die Flügel. Aber all dies ist verschwommen und steckt in einem unförmigen Rohr...

Tage der Qual, während denen ihr zu sehen glaubt und nicht seht, Tage der Angst, wo ihr zu hören vermeint und nicht hört, Tage der Furcht, wo ihr zu gehen glaubt, wo aber eure Fähigkeiten in Wahrheit noch gefangen sind in der unförmigen Hülle eurer flügellosen Gewißheit. Wie viel Erregung in euch! Aber ihr fliegt noch nicht. Ihr besitzt die Fühler, aber sie sind der höheren Beanspruchung noch nicht gewachsen, ihr könnt sie noch zu keinem himmlischen Tun gebrauchen. Ihr seid erst Larven. In diesem Zustand machen es die Insekten besser als ihr, denn sie besitzen die Weisheit, sich vom Leben zu trennen und in die Erde einzugraben, um die Befreiung zu erwarten...

Elfenbeinerner Turm, heiliger Turm der Einsamkeit, in dem sich die Vorbereitungen für euer Werden vollziehen müssen!... Seid geduldig!.. .

Viele Schmetterlinge verbringen den größten Teil ihres Daseins im Larvenzustand. Viele Menschen kommen nicht über dieses Stadium hinaus. Damit sich die Raupe im Innern ihrer geheimnisvollen Hülle verwandle, muß sie die Schalen des Gefängnisses zerbrechen; ihr Rücken muß sich spalten und der Kokon völlig auflösen, dann entfalten sich die Flügel.

Ich möchte dir sagen: Sei nicht mehr und nicht weniger als die mutigen Schmetterlinge, die mehrmals zu sterben verstehen, um oft nur während eines einzigen Tages sich in die Lüfte schwingen zu können. Alle hienieden versäumten Entwicklungen müßt ihr auf der Ebene Gottes nachholen. Wie der Schmetterling vermögt ihr euch dem nicht zu entziehen: zerrissen zu werden, damit sich Flügel bilden.

DONNERSTAG, 16. SEPTEMBER 1948, LES ANDELYS

O Mütter, die ihr ein Kind verloren habt, ihr seid alle wie verkrüppelt. In der niedern Welt gibt es für körperliche Krüppel die Invalidenhäuser. Auch für die seelischen Krüppel sollten derartige Anstalten vorhanden sein. Da du mich vernehmen kannst, höre: Du mußt deine Mitmenschen trösten: alle jene, deren Herz im Himmel ist. Ihr habt nur mehr ein Bild von uns auf Erden, ihr seid darum dort, wo ihr uns glaubt.

Bildet Blumenbeete von Herzen, denkt in Schwärmen an uns, baut ein Bienenhaus. Gemeinsam gelangt ihr weiter.

Mama, tue, was ich dir sage; ich will es. Ihr werdet eine Reihe neuer Gedanken zur Frucht bringen, und die Waben werden sich mit Honig füllen.

Die Menschen können sich nur durch ihre Wurzeln aneinanderbinden. Der Schmerz schweißt sie ebenso stark zusammen wie die Liebe.

DONNERSTAG, 16. SEPTEMBER 1948
VIER UHR NACHMITTAGS

Mama, du darfst mich nicht zu jeder beliebigen Stunde befragen, das stört mich. Ich kann dir nicht jederzeit zur Verfügung stehen. Es ist besser, wenn du dich an die Morgen- oder Nachtstunden hältst. Tagsüber bin ich beschäftigt.

Mama, ich liebe dich, aber ich muß gehen; auf später... Arbeite, überlege, bereite mir ein Nest aus Blumen und gib mir Zeichen.

Mama, die Natur ist keine Täuschung; sie ist Fühlungnahme, sie ist Schock, sie ist Leitdraht, der mit den
Quellen der zweiten Ebene zu verbinden vermag. Es ist
für euch sehr schwierig, ohne »Gefährt« über euch hinaus zu gelangen.

Am Anfang eurer Entwicklung hat der Gegenstand
eurer Betrachtung große Bedeutung. Ich will dir ein Beispiel geben: Wenn du lange in die Sonne schaust, siehst
du nachher überall Sonnenbälle. Es ist also wesentlich,
daß nur die vollkommensten Formen und Farben sich
euch einprägen.

Eure Augen reichen über das Geschöpfliche nicht hinaus; lernt darum Besinnung, wie ein Kind das Gehen
lernt. Nur anschauen genügt nicht, man muß sich bewegen lassen; das Sehen muß werden wie der Ge-
schmack. Beim Beißen in eine reife Frucht empfindet ihr
ein angenehmes Gefühl. Der Blick muß alles ins übernatürliche Reich, in die höheren Werte umsetzen. Betrachte die Blumen, wie du eine Frucht kostest. Be-
schaue sie im Einklang mit dem Himmel. Sie müssen in
dir einen tausendfältigen Fächer öffnen; bediene dich
ihrer Schwingung, um zu mir zu gelangen. Sage dir, daß
jede Blume durch ein Band mit dem Paradiese verbunden ist, und daß diese Sträuße von Bändern bis zu uns
auffliegen. Mache deine Beschauung unter Blumen; berühre die Blumen; bilde Hügel von Schwingungen; allmählich werden sie dir gute Leitern zum Himmel sein.

Mama, du darfst die Wirklichkeit unserer Gespräche
nicht verblassen lassen. Du verlierst deine Wahrheit,
wenn du mit mir nicht mehr in Verbindung stehst. Wahr
ist alles, was euch gegeben ist.

Mama, die Zeit bildet mich ...

Unzählige Schneeflocken sind nötig, um einen Land-
strich zu bedecken; viele Tage sind nötig, um unsere
Vergangenheit in uns auszulöschen. Wie viele Sonnen
müssen zur Ruhe gehen, bis uns erlaubt wird, die uns
Gott nähernden Kreise zu überschreiten?

Mama, das Leben im Jenseits ist spannend. Ich bin im
»Ganzen«, ich bin im Unwägbaren. Eure Vorstellungen
vom Himmel sind selten richtig, und meistens voller
Vorurteile. Aber jeder glaubt sich mit höheren Fähigkeiten begabt als sein Nachbar, um das »Unerschaff-
bare« zu erschaffen. Jede bestimmte Vorstellung ist eine
falsche Schau. Ihr habt alle recht und unrecht; denn
eines jeden Paradies wird seinem eigenen inneren Paradiese gleichen, da ihr auch auf der andern Seite eures
Selbst immer ihr selbst seid. Ihr könnt eurer Ganzheit
nicht entrinnen.

Ein Beispiel: Wenn die Flamme aus dem Holze steigt,
ist ihre Farbe verschieden, je nach der Holzart. Wenn
der Himmel das das Stoffliche verzehrende Feuer ist,
haben die Flammen die Tönung eurer eigenen Wesenheit. Buchenholz erzeugt nicht das gleiche Leuchten wie
Eichenholz. Euer Paradies gleicht also eurem eigenen
Bild.

Stelle dir jemanden vor, der die Erde nicht kennt und
sich eine einförmige Vorstellung von eurem Planeten
macht. Ist die Erde nicht verschieden für jeden von
euch? Sucht darum nicht nach klassischen Formeln und
hört auf zu glauben, jeder von euch sei der, der die
Wahrheit besitzt. Der Himmel des einen hat ebensolchen
Wert wie der Himmel des andern. Ungerecht hingegen
sind jene, die die Auffassungen der andern herabmin-
dern, wenn sie nicht den eigenen entsprechen; über
solche Eingebildete sollte man lachen.

Ich stelle eine Frage an Roland. Da steht mein Bleistift
plötzlich still.

Mama, jetzt hast du, wie ich glaube, verschiedene Kreise durchschritten. Du wirst ins Herz einer neuen Entwicklung gelangen, die wiederum in weiteren Kreisen eingeschlossen ist.

Mama, merke auf und bewahre in dir, was ich dir, als wichtiges Beispiel, nun sage: Bedenke, daß das Geweih des Hirsches sieben Verwandlungen durchmacht, bis es zu seiner letzten Schönheit gelangt. Betrachte diese Tatsache als ein Sinnbild, als den Ausdruck einer Metapher. Armes Tier, das Jahr um Jahr sein Haupt umgestalten muß, um die Glieder des Geweihes zu verändern! Jede dieser Entwicklungen bringt ihm schmerzvolle Tage, und es zieht sich in die Einsamkeit zurück, fern jedem Blick, um die grausame Arbeit im Frieden reifen zu lassen. Unter Sternen und Bäumen, allein im Herzen des Waldes, leidet es, bis Tränen quillen, von der Morgendämmerung bis in die Nacht, um seinen Schmuck neu zu formen.

Seinen Kopf erneuern!... Wenn dieser Ausdruck für den Hirsch richtig ist, sollte er es nicht auch für euch sein? Denn im Unsichtbaren müßt ihr euch verwandeln; ihr müßt euren Kopf neu bilden, bis er ein volkommenes Aussehen hat. Dann wird der Himmel in euch treten.

Der Entwicklungsvorgang, der sich während sieben Jahren auf dem Kopf des Hirsches vollzieht, soll von euch als Ergebnis der Anstrengungen betrachtet werden, die ihr zur Erreichung einer vollkommenen Schönheit des inneren Lebens auf euch nehmen müßt. Euer zweites Ich ist nur von einer Folge von Schichten gebildet, die im Tränenmörser entstehen.

Ein Klingen ertönt in Rolands Türe. Ich fühle mich gleichsam aufgefordert zu schreiben.

Mama, ich bin heute abend bei dir, und du bist eingefangen in meine Strömungen wie ein Vogel in seinem Gefieder. Ich sitze auf dem Nestrand wie ein singender Buchfink. Lausche den Akkorden meines Herzens. Gewähre jedem Gurren des Himmels dein Ohr. Bald wird deine Seele ihre Schale verlassen.

Gestalte dich kräftig im Innern deiner Hülle. Sei ein Narr Gottes; überwinde alle Gehege, alle Grenzen, alle Hindernisse, die den Verlauf der leuchtenden Stunden hemmen. Schreite von Kuppel zu Kuppel, von Gipfel zu Gipfel; sammle die Freuden, die der Himmel dir schickt. Du mußt die Reinheit über alles lieben, damit das Jenseits seinen Blütenstaub auf dich niederwerfen kann. Sei wie ein Kelch; schlafe wie eine Blume; und ich werde in deinen Schlaf kommen, um deine Erleuchtungen zu sammeln.

Mama, ich werde die ganze Nacht am Rande des Nestes singen, wo deine Flügel sich bilden.

MITTWOCH, 29. SEPTEMBER 1948, MITTERNACHT, PARIS

Mama, ich könnte dir vieles sagen, wenn ich wollte, aber ich ziehe vor zu schweigen; der Augenblick ist nicht günstig.

»Worum handelt es sich?«

Die Weisung, zu schweigen, ist mir gegeben worden. Sprechen wir darum über allgemeinere Fragen.

Mama, du solltest einen Liebeskranz winden aus den Herzen der Mütter, die Kinder verloren haben. Ich habe dir schon gesagt, daß geistige Familien gebildet werden müssen. Menschen suchen einander, um Leid und Hoffnung gemeinsam zu tragen. Du sollst ihr Bindeglied werden. Ihr alle leidet, und euer Leid läßt euch suchen. Dieses Suchen muß dem Forschen eines Gelehrten in seinem Laboratorium gleichen. Sammelt euch, geduldig; denkt an uns in Reigen der Güte; und Bündel von Strahlen werden sich aus euren Versammlungen erheben.

Nähert euch einander ohne jeden Geist der Kritik. Werdet abgeklärt, das heißt, losgelöst von den Dingen der Erde; und wenn ein einziger Gedanke in euch nicht ganz rein ist, so verlasset den Kreis. Die Übungen sind ein Mittel, um zur Klarheit zu gelangen. Wenn in diesen Zusammenkünften eine Einzige von euch, trotz allem, innerlich kritisch eingestellt ist, soll sie aussprechen, was sie verwirrt; andernfalls soll sie sich zurückziehen. Es ist sehr schwer, völlig wahr zu sein; wahr bis auf den Grund seiner selbst, das heißt, bis in sein zweites Wesen.

Dies ist eine erste Übung, die ich euch empfehle. Oh, wenn ihr wüßtet, welch unermeßliche Liebe aus diesen Herdfeuern aufsteigt bis zu uns! Mama, lerne selbst, und lehre die andern, das Falsche abzulegen, falsches Lächeln, falsche Worte, falsche Begeisterung. Ihr habt damit schon eine Stufe erklommen. Jeder Schritt voran in eurem Leben verkürzt die Trennung um eine Minute bis zum erhofften Wiedersehen.

DONNERSTAG, 30. SEPTEMBER 1948, PARIS

Mama, Körner!... Die Worte, die ich dir sende, sind Körner, und sie werden aufblühen in gewissen Köpfen. Wir nähern uns dem Ziel. Mama, freue dich für mich. Jetzt sollen alle, die begriffen haben, langsam, von Stufe zu Stufe, den Quellen sich nähern, die mit dem übernatürlichen Denken verbinden. Sie müssen auf den lautersten Wegen bis zu ihren Verstorbenen gelangen. Die Chöre, die zu bilden ich dich bitte, haben ihre Entsprechung im Jenseits. Schafft Herde von Schwingungen, und wir alle werden aufleuchtende Regenbogen in euren Herzen pflücken können.

Mama, ich bin da . . .

Du beginnst Gott zu danken für alles, was er erschaffen hat. Das ist gut. Sei immer in Danksagung. Schreite auf der Erde und schau an jedem Wegende in eine himmlische Tiefensicht. Überall gibt es ein Stück offenen Himmels, selbst im Alltäglichsten.

Dein Himmel ist dein anderes Ich; er baut sich täglich auf im Innern dieser zweiten Person, die jenseits von dir lebt. Begreife, daß du von der Wertstufe deiner Gedanken aus aufsteigst im Augenblick deines Todes. Darum ist es sehr bedeutungsvoll, seinen Grundton hoch abzustimmen . . .

Die Wünsche werden Wirklichkeit, wenn alles im Innern friedlich und die Seele abgeklärt ist. Viel inneres Schweigen ist nötig, damit wir handeln und uns jenen nähern können, die wir sehen. Große Dinge kommen mit kleinen Schritten. Was sich vorbereitet, stammt weit her, und langsam, langsam . . . Oh, ich möchte dir verständlich machen: Alles bereitet sich im Unsichtbaren vor, alles reift heran; aber es braucht noch Sonne.

2. OKTOBER 1948, PARIS
Gedenktag Rolands

Mama, zwei Jahre und fünf Monate sind es her, seit ich die Erde verlassen habe. Denke an die Entwicklung, die ein Kind in zwei Jahren und fünf Monaten zurücklegt, und sage dir, daß die Vervollkommnung im Himmel sich nicht rascher vollzieht als auf eurem Planeten. Es braucht Jahre und endloses Gestoßenwerden, bis ein ins Wasser geworfener Stein seine Kanten verliert. Ebenso verhält es sich mit den Schlacken der Seele. Viel Leid

335

ist nötig, bis die reine Wesenheit, jene, die in den siebenten Himmel einzieht, herausgeschält ist. Es braucht die Mühsal der Stufen und eine Häufung von Entwicklungen.

Das Symbol dieser Vervollkommnungen ist sichtbar in den Pflanzen enthalten. Ihr müßt sie nur betrachten, um zu verstehen.

MONTAG, 4. OKTOBER 1948, PARIS, ELF UHR ABENDS

Mama, alles was man dir über unsere Beziehungen sagt, hat nicht mehr Gewicht als ein Windhauch. Du mußt es als unentbehrliche Prüfung betrachten. Dein Wertgehalt kann sich nun offenbaren.

Wenn du den Bemühungen der Leute, die beweisen wollen, daß nur dein Unterbewußtsein im Spiele sei, widerstehst, wird es offenbar, daß du über die störenden Strömungen triumphierst, die sich, wie der Aussatz, an alles heranmachen, was das menschliche Begreifen übersteigt.

Halte dein Herz rein, bewahre einen glühenden Glauben, und glaube noch bestimmter den Worten, die ich dir mitteile.

MITTWOCH, 6. OKTOBER 1948, PARIS

Mama, sammle dich. Ich weiß wohl, daß menschliche Verständnislosigkeit dich hemmt, in deinen eigenen Kelch zu gelangen. Sie bildet einen Schirm, sie bedeutet Zerstreuung.

Sei hartnäckig, sei einfach wie ein Kind, das die Welt nicht kennt. Ein Kind scheut sich nicht, vor den Leuten zu weinen, es vergißt die Umwelt, es will, was es will.

Du selbst mußt über die Ungläubigen hinweggehen und dich jenen anschließen, die begriffen haben. Ihnen fühlst du dich verbunden. Höre mich weiter an mit blindem

Glauben. Mama, ich bin immer an dich gebunden. Ich liebe dich.

Mama, denke nicht zu sehr an die Vergangenheit. Von allem, was ich war, mußt du dich loslösen, um die Augen zum Himmel erheben zu können. Lebe immer weniger mit deinen sinnenhaften Fähigkeiten.

Immerhin sollst du die Gefühle unterscheiden lernen und die unter ihnen nicht von dir stoßen, die einen Ausgangspunkt bilden zum Aufflug zu einem geistigen Bilde von Gott. Gefühle können als Schleuder dienen. Die Natur besonders vermag diese Rolle zu spielen. Ich möchte sogar sagen, daß sie, wie eine Feder, fähig ist, euch ins Unendliche zu schleudern. Eure Träumereien in der Natur können einen außergewöhnlichen Wert erreichen. Wenn ihr die himmlische Stimmgabel besitzt, können sie in euch harmonische Akkorde erzeugen.

Was gibt es Mitreißenderes als eine schöne Landschaft? Schwingt sich der Vogel nicht vom Ast eines Baumes auf? Eine Rosenallee, eine Weißdornhecke, ein Mohnfeld können euch als Sprungbrett dienen. Wie die Schmetterlinge von den Blumen in die Himmelsbläue steigen, so können eure Gedanken ihren Aufschwung von der Natur aus nehmen. Auf dem Höhepunkt dieses Aufschwunges sind die Engel.

Eigenartiger Tag, wo sich die Ereignisse wie Wirbel überstürzen. Ich habe eine Dame besucht, die mir auf Rolands Buch hin geschrieben hatte. Sie wohnt in der Straße, in der Roland zur Schule ging. Zum erstenmal seit dem zweiten Mai 1946 kam ich wieder dorthin. Ich blieb lange bei der Dame, und es war mir irgendwie unmöglich, wegzugehen. Bald darauf erhielt ich die Erklärung für meine Hemmung. Die Glocke läutete, und jemand wurde in die Wohnung geführt: die Nachbarin. Zum erstenmal trat sie in diese Wohnung. Der Zufall führte sie dazu: eine Wasserleitung war geborsten. Wir sprachen von Rolands Buch; da saß sie plötzlich wie versteinert da. Sie hatte es gelesen, und da sie mit Madame X..., der Autorin der »Briefe von Pierre«, verwandt ist, sprach sie mir von ihr. Madame X... ist die Person, die kennenzulernen ich sehnlichst wünschte. Seit langem suchte ich vergeblich nach ihrer Adresse.

Mama, die Verbindungen mit dem Jenseits sind einfachen Gesetzen unterworfen. Fehlende Übung läßt die Spitze eurer Seele rosten, und wenn sie mit Rost belegt ist, hört ihr weniger gut. Wenn du also auch nur wenig Sammlung suchst, mußt du eben kommen. Höre: Auf Erden muß man lange mit einem Menschen zusammenleben, um ihn zu verstehen und zu erahnen. Um uns vom Jenseits zu verstehen, muß man mit uns zusammenleben. Du lebst mit mir während unserer Gespräche. Wisse, daß ich jedes Mögliche unternehme, um dein Interesse wachzuhalten.

SONNTAG MORGENS, 10. OKTOBER 1948

Mama, wenn ich dir sage: »Tue alles im Hinblick auf mich, was immer du tust«, so bedeutet dies in Wirklichkeit: da es nicht leicht ist, ein der astralen Strahlung entsprechendes Leben zu führen, ist eine Hilfe nötig. Vermöchtest du ein deine Kräfte übersteigendes Gewicht zu heben? Ich sage dir darum: Der Gedanke an mich muß stets und überall eine Art Hebel für deine Schwäche sein. Immer, wenn du denkst: »Roland ist hier, Roland sieht mich«, wirst du dem rechten Wege folgen und viel erreichen; denn ich bin vom Himmel. Im göttlichen

Reiche sein heißt: näher bei Gott sein. Wenn du mich mit der Vorstellung des Paradieses in Verbindung setzest, denkst du gleichzeitig auch ans Paradies, sobald du an mich denkst.

Mama, ich bin in deinem Haupte, wie ich vor der Geburt in deinem Leibe war, und du spürst in deiner Seele alle meine Bewegungen, wie du sie fühltest, als ich in dir lebte. Man kann die Bande des Blutes nicht zerschneiden; unser gemeinsamer Blutkreislauf hat auf Erden begonnen, und er geht weiter über den Tod hinaus. Ich bin immerfort dein Sohn, während der Zeit und in der Ewigkeit. Du hast mich geboren, und heute gebäre ich in dir dein höheres Leben, das Leben, das sich über das Zeitliche hinaus fortsetzen wird.

Als ich dich verließ, war ich die furchtlose Jugend, die hinter die Schleier blickt, die die Engel liebt. Mama, ich bin dir gegenüber keineswegs undankbar gewesen, denn ich öffne dir die Wege zur Ewigkeit; ich strecke beide Arme hin, ich erwarte dich am Ende des Weges.

Mama, lebe so hochgemut wie nur möglich und durchtränke dich täglich mit göttlicher Gewißheit.

11. OKTOBER 1948

Mama, durchdringbar für das himmlische Wehen ist man nur im Zustand von übergroßer Feinfühligkeit. Wenn dein Körper in Stoffe gehüllt ist, spürt er die Bise nicht. Ebenso verhält es sich mit der Seele. Wenn sie in allen irdischen Voreingenommenheiten verstrickt lebt, habt ihr wenig Möglichkeit, das Wehen vom Jenseits aufzufangen. Man muß den Engeln gegenüber gesammelt, aufmerksam, voller Behutsamkeit sein, sonst spürt man ihre Gegenwart nicht.

Mama, du Gute, zersplittere dich nicht, verhalte dich stets so, als wenn du zwei wärest; das zweite ist der göttliche Widerschein. Würdest du Gott in ein Haus von Ungerechtigkeit und Häßlichkeit eintreten lassen? Mama, du bist nie allein. Die Tränen sind oft wie Quellen in euch. O heilige Tränen der Augen, die um Gottes willen weinen.

Mama, Mama, dein Sohn ist da, laß uns zusammen Freudentränen vergießen. Du darfst nie so lange zuwarten, mich anzuhören; das schadet unseren Beziehungen. Ich möchte dich während Stunden schreiben lassen, um bei dir zu sein. Ich möchte endlos deine Hand führen, um dich bei mir zu haben, am Rande meiner Gedanken. Versprich mir, jeden Abend zu kommen.

Oh, wenn ihr wüßtet, was uns eine Seele bedeutet, die für uns bereit steht! Ich kann dir nichts Besonderes sagen, du bist so wenig vorbereitet. Mama, ich kann dir nur Freudensträuße schenken. Es ist so schön, wenn wir miteinander sprechen können, selbst wenn wir uns nur leichtbewegte Dinge sagen – wie die am Himmel ziehenden Wolken.

Du hast die Gabe des zweiten Gesichtes nicht, hüte dich, Mama. Die Seelendünste müssen das Wirkliche verhüllen. Sei sehr aufmerksam. Dein Roland.

Mama, jeden Abend mußt du dein Ohr dem himmlischen Echo leihen. Wie eine Pflanze Wasser trinkt, um zu leben, mußt du dich an den himmlischen Quellen neu beleben lassen. Ich denke, daß du weniger leidest, seit du die Bande mit mir neu geknüpft hast. Mama, die volle Freude des Himmels wartet deiner; ich bereite deinen Einzug hier vor. Gott läßt mich ihm nähertreten, ich bin auf der großen, leuchtenden Straße.

»Warum habe ich so gelitten?«

Ich wiederhole dir: Die atmosphärischen Störungen

und der Wechsel der Jahreszeiten hemmen die Intensität der Strahlen, die wir euch senden können. Mama...

Mama, du hast mich nicht mehr angehört, du lebtest nicht mehr der himmlischen Tonart gemäß; darum hast du tausend Schritte rückwärts gemacht.

Hör mich an: Das Leben des Himmels besteht nicht darin, eure Bedürfnisse und irdischen Aufgaben zu unterdrücken. Sie sind das Los des Menschen. Ihr sollt euch keiner irdischen Last entziehen, im Gegenteil. Christus ist das Beispiel. Die Bürde arbeitsreicher Tage ist nicht abzuschütteln, ihr müßt sie annehmen. Aber vergeßt nicht, wenn ihr euer Leben mit eurer Hände Arbeit verdient, so verdient ihr den Himmel mit euren Gedanken. Göttliche Ergriffenheit ist in allem. Warum solltet ihr aus einem der pflichtergebenen Tage nicht ebensoviel Glück ziehen wie aus einem Vaterunser oder einem Ave? Alles liegt im Gehalt eures höheren Lebens, alles in eurer inneren Wunderwelt, in der Beziehung zu Gott. Sei geduldig, sei liebenswürdig, sei aufmerksam, gib deiner Seele den Glanz der Seide, und Gott wird sich über dich neigen.

Ich will dir die genaue geistige Haltung den Heimgegangenen gegenüber darlegen.

Das geistliche Leben ist der feste Punkt, auf den wir uns am mühelosesten niederlassen können. Es ist der Funke, der die Leuchtkörper des Jenseits entzündet. Ich erkläre: Gebet, Kommunion sind klassische Formen des geistlichen Lebens. Es ist uns also leichter, euch auf diesen genau gezeichneten Wegen zu erreichen. Der Flügel eines Gebetes ist eine Schwingung, die sich einer gelenkten Welle bedient. Sie vereint eure Fluiden mit den unsrigen.

Ich sage dir, es sollen mehrere gemeinsam arbeiten, um einige Klarheit über diese dunkeln Wahrheiten zu gewinnen; bildet Reihen, schafft Verbindungen. Du leidest nicht vergeblich, und alle jene nicht, die ein Kind verloren haben. Legt euer Leid zusammen, denkt nach über die Form, die eure Verzweiflung angenommen hat. Die Hoffnungslosigkeit hat ihre Gesetze wie die Freude, und nach vielem Tasten werdet ihr einige grundlegende Gewißheiten erkennen können. Das wird euch weiter führen, nach unsichtbaren Wahrheiten zu suchen.

In euch allen ist eine gewisse Ordnung in den Empfindungen, die von uns kommen. Euer Streben nach dem Jenseits ist durch uns geleitet. Darum durchschreiten alle, die mit ihren Verstorbenen in Verbindung stehen, gleichartige Zustände. Oh, wenn du die Stufung der Töne, die wir euch senden können, festzulegen vermöchtest, würdest du alle aufzuklären imstande sein, die ein höheres Leben führen. Arbeite, Mama, ich beschwöre dich.

MITTWOCH, 20. OKTOBER 1948, NEUN UHR MORGENS

Mama, es ist kälter, wenn ich dich morgens aufsuche. Dieser Satz sagt dir nicht viel. Oh, wenn ich ihn dir erklären könnte! Leider!...

Um mich zu verstehen, müßte dein ganzes Weltall vernichtet, deine erste Person zerstört werden, damit nichts anderes mehr verbliebe als die oberste Spitze deines Denkens, die den Sinn der irdischen Orientierung nicht mehr kennen würde. Der Norden, der Süden, der Osten und der Westen wehen in deine Segel. Was du auch unternimmst, immer ist es der Erdenwind, der sie aufbläht. Mama, vergiß den Wind der Erde, um mehr und mehr durch das Wehen des Jenseits ergriffen zu werden.

Wenn du stets nur in deinem andern Ich, das deine Zukunft ist, lebst, wirst du schließlich den Atem des Him-

mels verspüren. Ich möchte spüren, daß du in deinem
andern Ich lebst, daß du dich in ihm wohlbefindest,
gleich wie dein Körper Entspannung findet, wenn er sich
im Moose ausstrecken kann. Der Gedanke an das Göttliche möge deine Ängste beschwichtigen, wie das Wasser
der Quelle den Dürstenden belebt! Man muß unendlich
viel Unendlichkeit trinken, um vom Himmel berauscht
zu werden! Sei paradiesestrunken, erbebe in Hingeris-
senheit und laß dich von morgens bis abends von den
Gnaden erfüllen, die Gott dir schenkt.

DONNERSTAG, 21. OKTOBER 1948

Mama, du mußt die Wege, die ich dir zeige, gehen; ge-
treu, geduldig, ohne jeden Geist des Aufruhrs.
   Ihr wollt alle immer mehr; ihr seid unzufrieden mit
eurem Los; ihr alle findet euer Leid erdrückend. Überhäuft den Himmel nicht mit Vorwürfen, denn ihr seid
unfähig zu verstehen. Ihr besitzt keine Fackel, um das
Dunkel um euch herum zu erhellen; ihr lebt in der Finsternis.

*Hier werde ich durch den Eintritt einer Person in mein
Zimmer unterbrochen. – Am Freitag, 22. Oktober, versuche ich, das begonnene Gespräch wieder aufzunehmen, und zu meiner großen Verblüffung stelle ich fest,
daß dies unmöglich ist. Das führt mich zum Schluß,
daß ich die Worte sehe; wenn sie ausgewischt sind, ist
nichts mehr vorhanden, weil es nicht mein Denken ist,
das denkt.*

FREITAG, 22. OKTOBER 1948, MORGENS

Mama, ich bin glücklich, daß du neue Gewißheit gewonnen hast. Wenn ihr aufmerksamer wäret, würdet ihr bemerken, daß eure Umgebung voll selbstverständlicher

343

Einsichten ist; ihr aber schaut mit ausgeronnenen Augen.

Überzeuge dich täglich mehr, daß es nicht dein Denken ist, das arbeitet, wenn du schreibst. Mama, das Denken ist von mancherlei Bauart und Herkunft. Es gibt ein Denken, das sich auf das Erschaffene erstreckt. Es steigt auf aus der Erde, ein Atem des Bodens. Das andere hat seine Wurzeln im Himmel. Es ist wie ein hoher Stamm, in die Gärten der Engel gepflanzt; es wiegt hin und her nach dem göttlichen Willen. Diese umgekehrten Blumenbeete ziehen dahin über euren Köpfen, sind greifbar den Händen. Aber eure Arme müssen sich strecken, und eure Augen müssen diese brennenden Büsche im Unsichtbaren suchen. Betrachte die Himmelswölbung, und wenn deine Augen zu schauen verstehen, wirst du dort ebenso sicher göttliche Gewißheiten finden, als es Sterne hat am Himmel. Das Nichts ist übersät von ihnen. Nimm die Gedanken, die ich dir sende, demutsvoll auf; es sind Blumensträuße. Aber gib acht: diese Garben sind mit dem Reiche Gottes nur durch die Stengel verbunden, und die Stengel sind zerbrechlich.

O Mama, wenn du mir ohne jede Eitelkeit zuhören wolltest, würde ein ätherischer Saft deinen Kopf durchziehen...

FREITAG, 22. OKTOBER 1948, SIEBEN UHR ABENDS

Mama, ich danke dir, daß du den Himmel so lange betrachtet und darin so viele Landschaften entdeckt hast. Am Himmel sind Ebenen, Seen, von Felsen umgebene Buchten; Feuersbrünste, Straßen, hellgelbe Sandstürme, Fata Morgana; und diese große Unendlichkeit ist stets in Bewegung, ohne das leiseste Geräusch zu erzeugen. Die Farben übersteigern sich und verlieren sich ineinander. Unablässig und endlos verwandelt sich der Himmel zur Freude eurer Blicke, und eure Augen sehen nur die Erde. Weine, Mama, über so viel Undankbarkeit und Verrat an allem, was euch gegeben ist. Mama, im Himmelsgewölbe ist Blau, Malvenfarbe, Rosa und Goldflimmer. Das Schönste auf Erden ist am Himmel; denn das Licht ist am Himmel.

Mama, alle Fenster deines inneren Lebens müssen sich in die Weiten öffnen. Verändere, verwandle das Erschaffene, umgib es mit unzähligen Lichtern, denn ihr müßt in euch eine zweite Sonne haben.

Lerne die Umwandlungskraft eines Lichtstrahles erfassen: er verdrängt die Dunkelheit, er hängt Sterne in die Schatten, er reift das Korn, er erzeugt die Ernte, er führt die Früchte der Reife entgegen. Ich wiederhole dir: Wenn diese zweite Sonne in euch leuchtet, muß die Finsternis verschwinden.

Als ich dich schreiben ließ *(Mitteilung vom 1. Oktober):* »Es braucht viel Sonne, um dieses Ereignis zur Reife zu bringen«, wollte ich sagen, daß jene, die zur Entfaltung des Guten gelangen wollen, in erster Linie die in der Tiefe ihrer Finsternis liegende Feuerkugel frei zu machen haben. Wie viele Wolken, wieviel Regen, wieviel Dunkelheit vor diesem Herd! Mama, begreife, daß du stets wie ein klarer Sommertag sein mußt, wie ein strahlender Morgen.

Mama, öffne dich dem Himmel, wie eine Blumendolde sich in der Sonne entfaltet. Tiefe Frömmigkeit, viel Betrachtung und zahllose Gebete sind nötig, um euch für den Eintritt ins Haus Gottes würdig zu machen. Denke an die vielen Entwicklungen, die die Bäume erfahren müssen, bis sie ihre volle Größe erreichen. Wieviel Werden und Sterben ist in ihren Fasern, damit ihr Wachstum gedeiht? Frühling auf Frühling treibt ein Baum neue Sprossen; Herbst um Herbst sterben sie ab. Jeden Sommer spaltet sich die Rinde; sie platzt an vielen Stellen, damit Blätter und Früchte reifen. Von der Wurzel bis zum Wipfel ist er vom Saft durchzogen. Und alle diese Arbeit und alle diese Tode erleidet er Jahr für Jahr für die kurze Zeit eines Sommers.

Auch ihr müßt lernen, tausendmal zu sterben in eurer Unvollkommenheit, um wieder auferstehen zu können in Vollkommenheit!

DERSELBE TAG

Mama, du darfst es nicht unterlassen, mir deine Feder zu leihen, und wenn es auch nur für wenige Sekunden ist. Ich werde immer Zeit finden, dir einige Worte zugleiten zu lassen. Um uns miteinander wirklich zu verbinden, braucht es Zeit und vor allem ein ganz dem Studium geweihtes Leben. Es braucht das tiefe Schweigen, einsame Tage, Tage ohne anderen Gedanken als den Gedanken an Gott. In der Eile kann ich dir nur eine Handvoll Worte zuwerfen, wie man Zettel verteilt. Du mußt diese fliegenden Blätter auffangen; aber gib acht: auf diese Art erhältst du nicht den besten Teil des Himmels.

DERSELBE TAG

Und ich werde zu leben gezwungen sein, wie wenn nichts geschehen wäre ... Doch welch außerordentlicher Tag! Ich verließ Rolands Kapelle; es war ungefähr halb sechs. Ich kniete vor den Tabernakel hin; die Kirche war beinahe dunkel; nur das Ewige Licht brannte zur Linken des Altares. Plötzlich wurde der Tabernakel dreimal von einem weißen Licht durchzogen, wie von einem Strahl. Keine Spiegelung vermöchte ein solches Leuchten hervorzubringen; alles lag im Dunkel. Ich blieb wie gebannt an meinem Platz, die Augen auf den Ort geheftet, wo sich dieses Phänomen

abgespielt hatte; ich wartete, aber es geschah nichts
mehr. Die Empfindung, die ich verspürte, enthielt
nichts Menschliches mehr; während einigen Sekunden
war ich wie aus mir selbst hinausgeschleudert und von
einer Süßigkeit berührt, wofür ich mein Leben hätte
hingeben können.

Mama, bewahre im Grunde deines Herzens die Zeichen,
die dir gegeben werden. Du mußt sie geheimhalten für
einige Zeit; nachher kannst du sie bekanntmachen. Je
besser man ein Fläschchen Parfüm verschließt, um so
weniger verdunstet der Duft. Manchmal muß ein großes
Privileg verheimlicht werden, damit seine Ausstrahlung
sich nicht verflüchtige.

Denke immer wieder an die weißen Flammen, die du
gesehen hast, und sammle dich.

Wer würde dir glauben, wenn du davon sprichst? Angehört zu werden, bringt dir keinen Nutzen; nur dein
Glaube vermag, dir eine Gewißheit zu geben. Mit Worten zu erklären, was du gesehen hast, ist vergeblich.
Schreibe das Erlebnis später nieder, damit es im Schweigen der Lettern ruhe. Man darf nie fürchten, die Wahrheit zu sagen.

MITTWOCH, 27. OKTOBER 1948, PARIS, MORGENS

Mama, das große Leben des Himmels dringt langsam in
euch ein, wenn ihr beständig im Zustand der Aufnahme-
bereitschaft seid. Ihr müßt den himmlischen Einflüssen
offen sein. Seid wie ein Feld unter dem Tau, und Tropfen um Tropfen werdet ihr euch tränken mit der Erfri-
schung aus dem Jenseits. Zucht ist für das innere Leben
unerläßlich. Man spielt nicht mit den ewigen Gesetzen.

Du nimmst die Bildung deines andern Ichs zu leicht.
Stein um Stein müßt ihr die Wohnung eurer Ewigkeit
aufbauen. Aber ihr seid so unentwickelt und in einem
so primitiven Alter, daß ihr eure Pflichten nicht zu er-

fassen versteht. Blind unterzieht ihr euch den Grundsätzen einer vorgezeichneten Moral.

Wenn ihr vollendet gekleidet sein wollt, kauft ihr euch
Kleider nach Maß. Ebenso muß es sein mit eurer Seele,
ihr sollt sie mit kostbarem Schmuck umhüllen. Schnei-
dert eurem andern Ich nicht Kleider aufs Geratewohl,
laßt es ebensowenig in Lumpen gehen. Wenn euer ganzes Inneres in Fetzen ist, werdet ihr euch in Fetzen Gott
zeigen müssen.

Bekleide dich täglich mit einem goldenen Kleid, wenn
du an Christus denkst. Mama, bewahre selbst in der Finsternis der menschlichen Nöte ein leuchtendes Licht in
deiner Seele.

DONNERSTAG, 29. OKTOBER 1948, PARIS, MORGENS

Ich sollte nur in dich hinabsteigen, wenn dein Geist rein
ist. O Mama, glaube nicht, daß dies leicht ist, denn eure
Leben fließen in den schmutzigen Betten eures Begeh-
rens. Unablässig drängen euch die Instinkte, zu behal-
ten, was ihr errafft habt. Ruhig lebt ihr mit über euren
Gütern geschlossenen Händen. Die Benützung der Werk-
zeuge kann nur rein sein, wenn es auch eure Hände sind;
der Geist kann nur hell sein, wenn er über saubere Instinkte fließt. Schmutz trübt das Wasser; Sand macht es
kristallklar. Ihr müßt durchsichtig sein in eurem Innern.

Seid allein begeistert über die inneren Triumphe. Sie
allein bedeuten einen Schritt auf dem Weg zum Himmel. Seid demütig und betrachtet die handgreiflichen
Siege als vergänglichen Gewinn. Wenn die Sucht nach
Ehren und Geld von der Erde verschwinden würde,
wäre die Welt verwandelt.

Mama, du mußt das Unsichtbare auffangen.

»Roland, ich höre dich nicht mehr. Habe ich dir miß-
fallen?«

Überlege selbst.

»Roland, morgen ist Allerheiligen, und ich bin immer
mit dir beschäftigt.«

Man muß manchmal arbeiten wie eine Arbeiterin; erfülle deine geistige Aufgabe gewissenhaft. Mama, ich
fliege weg.

NOVEMBER 1948

ALLERHEILIGEN 1948, ZEHN UHR MORGENS

Mama, ein ganzer Tag liegt vor dir! Mit Beginn der
Dämmerung bist du ins Licht getreten; sei darum glücklich und betrachte es als ein Geschenk des Himmels, daß
der Tag sich wieder aus der Finsternis erhoben hat. Du
kannst das Erschaffene physisch erkennen; das ist eine
Gabe, aber sie ist klein im Verhältnis zum übrigen; denn
tausend Straßen öffnen sich dir im Unfaßbaren. Da du sie
nicht siehst, liegen diese Wege im Dunkeln. Du kannst
noch nichts erkennen, weil dein sechster Sinn nicht wach
ist, und den ganzen Tag über bewegst du dich in der
greifbaren Welt, ohne zu versuchen, über sie hinaus zu
gelangen. Mama, höre auf, blind zu sein, überschreite
deine Grenzen und stoße ins Unsichtbare vor. Welche
Triumphzüge sind in dir gefangen! Oh, wenn du mehr
im Bereich deines andern Ichs leben könntest, wäre es
dir leicht, die Lucken deiner Seele weit zu öffnen, und
du würdest den Himmel erblicken.

Ein ganzer Tag liegt vor dir! O herrlicher, freier Gesang, den du ganz nach deinem Gefallen gestalten

kannst. Wenn du willst, kannst du aus der Zeit einen
Blumengarten oder ein morastiges Feld machen; Mama,
suche die Saumwege Gottes zu entdecken, die Wege, wo
ganz und gar das Gesetz der Propheten herrscht. Lebe
im Reiche der Schrift, denn Jesus hat auf ihre Seiten das
Geheimnis des ewigen Lebens geschrieben.

2. NOVEMBER 1948

Allerseelentag

Mama, vor zweieinhalb Jahren bin ich dahingegangen,
Und ich finde dich wieder in den Hallen des Gebetes.
Die wenigen Paradiesessamen, die ich gesät habe, haben
in dir Wurzeln getrieben.

Von Zeit zu Zeit muß eine Pause eingeschoben werden,
und man muß hinter sich blicken. Wenn du zurück-
schaust, siehst du das, was gestern war, so weit entfernt,
daß du es kaum mehr wahrzunehmen vermagst. Beklage
nicht unaufhörlich deine Unvollkommenheiten. Je mehr
die Vollkommenheit, die dir fehlt, dich beschämt, um so
mehr näherst du dich Gott. Du erwartest, daß ich dir
Regeln diktiere; wie jede unruhige Seele möchtest du im
einzelnen wissen, wo Gut und Böse, wo Recht und Unrecht ist, wie wenn es eine starre Aufstellung gäbe.
Denke nach: Gibt es zwei unter euch, die Leid und
Freud gleich empfinden? Keine einzige in euer Fleisch
gedrückte Dorne erzeugt genau denselben Schmerz. Kein
ertragenes Leid, keine auferlegte Abtötung verursacht
dieselben Reaktionen. Tastend müßt ihr entdecken, warum Gott euch auf die Erde gestellt hat. Sobald ein
Mensch seine geistige Bestimmung erkannt hat, wird
sein Leben zu einem Gang auf sich selbst hin, das heißt,
auf seinen Mittelpunkt zu, auf seinen Herd.

Danke, Mama, daß du den ganzen Tag über in Gebet
und Betrachtung verharrt hast. Wer denkt, du habest
deine Zeit verloren, gehört zu jenen, die die Existenz
Gottes leugnen; denn Gott liebt es, daß man ihn liebt.

Mama, sei wie ein Blatt im Wind, ohne jeden eigenen Willen.

Heute abend mußt du nicht einmal schreiben, denn Schreiben ist noch eine Verkörperung. Du mußt über das Denken in Formen hinausgelangen; lege dein Papier beiseite, lösche die Lampe und tauche ein in das Schweigen.

Mama, wir veranstalten heute abend ein großes Engelsfest für dich. Komm zur Feier. Ich will dir sagen, was du zu tun hast, um mit uns zu sein.

Laß das Leben um dich herum ruhen; laß das Tätigsein, betrachte, und laß deine Gedanken ziehen ohne Richtung wie Wolken nach dem Wehen des Windes. Vor allem weine nicht! Dann wird langsam, langsam eine große Süßigkeit deine Seele überfluten, und wir Engel werden uns deines Geistes bemächtigen. Vielleicht fühlst du in diesem Augenblick nur Leere in dir selbst. Die Teilung wird sich während einiger Sekunden vollziehen; du wirst in den Schlaf des Körpers treten, du wirst in dein anderes Ich vorgedrungen sein. Mama, Mami, auf heute abend...

Bereite dich den ganzen Tag auf die Entführung vor. Sich vorbereiten heißt: in sich die Gewißheit wachrufen, daß das erhoffte Ereignis eintreten werde. Sich vorbereiten heißt, aufhören zu zweifeln, heißt, die Rüstung anziehen, den Sockel schmieden, das Nest ausbauen, damit das Wunder weiß, wo es sich vollziehen kann.

Oh, wenn ihr besser verstehen würdet, den Engeln Daunendecken entgegenzuhalten!... Sie würden euch öfters besuchen. Macht aus eurem Herzen eine Wohnung des Heiligen Geistes.

Mama, die göttlichen Gesetze werden euch verständlich, sobald ihr die innere Harmonie verwirklicht habt. Die Lehre daraus versuche ich dir zu geben.

Um von dir verstanden zu werden, muß ich die einfachsten Beispiele gebrauchen und zu Gleichnissen Zuflucht nehmen. So verstehst du den Inhalt meiner Worte leichter.

Höre: Gottes Geist lebt wirklich in euch, wenn Gottes Geist nicht nur in eurer Seele, sondern auch in eurem Fleische inkarniert ist; das heißt, wenn euer Körper und eure Seele ineinanderfließen, wenn Harmonie zwischen beiden herrscht. Eure Hölle kommt daher, daß ihr eine Einheit mit zwei Köpfen seid. Der eine ist sichtbar, der andere nicht; der verborgene hat sein Eigenleben wie der andere, den man sieht. Wir kommen so zur Dualität des Konkreten und des Abstrakten. Am Tage, wo die Einheit in dir geschaffen ist, wirst du Gottes Gedanken verwirklicht haben.

Es gibt viele Wege, um die Verschmelzung von Geist und Körper zu bewirken. Dein Weg bin ich. Durch mich wirst du dich vor allem dem Gedanken Gottes nähern. Mit Blindheit geschlagen sind, die glauben, daß du mir viel schenkst. Sie vergessen die Verkleidungen, die die Gottheit wählt, um uns ihr Dasein zu offenbaren.

Mama, sich entblättern bedeutet den Übergang von einer Tonart in eine andere. Die plötzlichen Temperaturwechsel sind für den Körper gefährlich; für das Herz sind zu rasche Veränderungen tödlich. Eure Seele stirbt im Durcheinander der Rhythmen. Gestalte dein Leben gleichmäßig. Der Embryo braucht Wärme, um sich entwickeln zu können. Man muß in sich eine warme und gleichmäßige Temperatur unterhalten, damit die Seele nicht zugrunde geht.

Mama, du kannst nicht ahnen, überhaupt niemand ahnt wirklich, welche Fülle an Gewissen jeder in sich besitzt. Wir sehen die Innenseite der Geschöpfe, und ich kann dir sagen, daß das Gewissen die Gabe ist, die dem Menschen am wenigsten fehlt.

Das andere Ich des Menschen ist von ihm angefüllt bis zum Rande. Aber meistens lebt der Mensch, als ob Gott ihm das Gewissen vorenthalten hätte. Das offensichtlich in der Welt feststellbare Fehlen des Gewissens beweist, daß der Mensch sich nur seine äußeren Kämpfe angelegen sein läßt und nicht um sein inneres Leben bemüht ist. Nur handgreifliche Gewinne beschäftigen ihn, und um zum Ziele zu gelangen, täuscht er seinen Mitmenschen im blinden Glauben, daß das Opfer den Betrug nicht entdecke. Unabhängig von seinem schlechten Verhalten bewahrt er ein gesundes Urteil, indem er sich empört und auf die Gesetze der Rechtschaffenheit sich beruft, wenn das Schicksal ihn ins Leid stürzt, das er andern angetan hat. Wenn ihr euch bei jeder Gelegenheit bemühen wolltet, euch in die Lage des Gegners zu versetzen, hättet ihr keine Feinde mehr. Wenn ihr sicher wäret, daß alle eure Gedanken offenbar würden, wäre die Gewohnheit, schlecht zu denken, bald verschwunden und die Atmosphäre rein.

Die Wirkung böser Gedanken ist im Unsichtbaren ebenso verheerend wie die der Bakterien im Körper. Die Wissenschaft hat die Mikroskope erfunden, um das unendlich Kleine zu erkennen; aber die Gutgesinnten haben nichts entdeckt, um das Weltall von den verderblichsten Dünsten zu reinigen.

Mama, dein Übermaß an Leid hat seine Ursache. Euer Herz zerfließt nie vergeblich in Tränenströmen. Ihr gehorcht Wellen, ihr steht unter dem Einfluß von Schwingungen, die euch mitreißen. Euer Geist liegt im Willen Gottes wie ein Blatt auf dem Wasser, das der Strömung folgt. Seid euch klar darüber, daß jede eurer Tränen eine Bedeutung hat.

MITTWOCH, 10. NOVEMBER 1948, MITTERNACHT

Mama, glaube nur, was ich dir sage, und laß dich durch niemanden von den Wegen drängen, die ich dir vorzeichne. Ich bemühe mich sehr, dir Verhaltungsregeln zu geben, du darfst nicht gegen sie handeln. Wenn ich meine Stimme im Bereich der Kirche hörbar mache, so mußt du sie in der Kirche anhören. Sei meinen Empfehlungen gegenüber nicht widerspenstig. Gib dich Gott täglich mehr hin. Mama, ich schwinge mich auf. Noch ein Wort: Ich liebe dich.

Ich möchte fortfahren zu schreiben, aber plötzlich ist mein Kopf wie ausgeleert, ich bin leer!

DONNERSTAG, 11. NOVEMBER 1948, MITTERNACHT

Mama, ich will dir einen sehr wichtigen Punkt erläutern: du mußt wissen, was ein privilegiertes Leben ist.

Ein privilegiertes Leben ist mit seiner Krone verbunden. Ich erkläre mich: Die Krone ist der Brodem, der den Menschen umgibt, das, was über ihm lebt. Von der Geburt an trägt der Mensch im Grunde sein ganzes Schicksal in sich. Wie viele Ereignisse sind in den Kränzen von Schwingungen eingezeichnet! Und doch, wie viele eintönige und mittelmäßige Leben! Warum? Weil nur die von Gott Auserwählten die höchste Wahrheit erkennen. Sie besitzen in sich den Embryon eines zusätzlichen Sinnes, eine Art psychischen Organs, das fähig ist, den ätherischen Faden zu spinnen, der sie mit der von Engeln getragenen Gnadenkrone verbindet.

Mama, worum ich dich bitte: die innere Schau; worum ich dich bitte: zu versuchen, mir zu folgen, Strecke um Strecke, wie ein Vogel von Ast zu Ast hüpft. Verfolge mich bis in dein innerstes Ich, bis in die Falten deines tiefsten Schweigens.

Ihr habt in eurer Seele unzählige Mauern. O Vielfalt der Kreise ohne Ende! Ihr könnt immer weiter in euch hineinschreiten. Ihr müßt lernen, unzählige Male zu sterben, um den Grund eurer eigenen Ewigkeit zu erreichen. Wenn ihr an euren Grenzen angelangt zu sein glaubt, so stellt ihr fest, daß es kein Ende gibt.

MONTAG, 15. NOVEMBER 1948

Mama, der Urgrund der großen oder göttlichen Gesetze glänzt vor deinem Blick wie ein Sternenhimmel. Aber dein Verständnis für sie ist ebenso weit von ihnen entfernt wie deine Augen von den Sternen. Du bist abgeschnitten von der Schau der Seligen, wie ein Landstück durch den Lauf eines Flusses durchschnitten ist. Das andere Ufer wird dir erst gegeben durch den Tod.

DIENSTAG, 16. NOVEMBER 1948

Mama, es ist gut, daß du deine alten Entwicklungen in dir absterben spürst und das Aufkeimen neuer Blüten fühlst.

Das Gras wächst jeden Frühling, trocknet aus und stirbt ab. Ebenso muß es mit euren Fortschritten gehen. Um euch zu erneuern, müßt ihr eure Vergangenheit in euch sterben lassen. Eine unverbrauchte Erde befruchtet das Samenkorn besser als jede andere. Verbrenne dein früheres Leben, vernichte, was gewesen ist, um nur mehr die Zukunft zu besitzen. Schreite Gott entgegen und

355

wende dich nicht zurück, immer könnt ihr heute besser handeln als gestern.

Mama, es ist richtig, daß ihr die Wellen vom Jenseits her mehr oder weniger gut aufzunehmen vermögt, und daß der sie auffangende Sinn in euch stets geschmeidig gehalten werden muß. Das erfordert Arbeit von uns zu euch und von euch zu uns. Wenn ihr wie eine offene Linse seid, senden wir euch Bilder, und diese Bilder nimmt euer Unterbewußtsein auf. Für die einen bleiben sie ewiglich Dunkelheit, für die andern formen sich, unterstützt durch unsere Macht und ihr eigenes Innenleben, Bilder.

Sobald darum ein Mensch mit einer psychischen Welle verbunden ist, wird der Gehalt seines Lebens wesentlich. Dein Wesen wird zum Registrierapparat. Vergiß nie, die Linse deines andern Ichs beständig offen zu halten. Daher ist es so überaus wichtig, nur »Höheres« zu sehen, zu hören, zu denken. Das Mittelmäßige trübt und verschleiert den Film. Liebe alles, was du siehst, liebe alle, denen du begegnest; andernfalls werden deine Quellen beschmutzt, und meine Fluiden werden farblos, wenn ich sie auf dich richte. Die Sterne spiegeln sich nur im klaren Wasser. Mein Licht wird nur Licht sein, wenn dein Geist wie ein großes, weißes Segel ausgespannt ist, immer bereit, meine Lichtbilder aufzunehmen. Mit einem Wort: Ich kann dir Strahlen senden und Gedanken aus deinem andern Kopf sprießen lassen, der durch den Himmel aufnimmt und für den Himmel.

Mama, die Sammlung muß total sein. Es genügt nicht, von Zeit zu Zeit an Gott zu denken. Sammlung bedeutet

Inanspruchnahme des ganzen Menschen für eine höchste Einsicht. Und wenn das Leben euch zu Arbeit zwingt, so muß der höhere Teil eures Ichs über den körperlichen Rhythmen schwimmen. Die Sonne hört nicht auf zu leuchten, weil der Bauer den Acker bestellt, und das Licht darf in euch nicht auslöschen, weil ihr auf Erden eine Schlacht zu schlagen habt.

Mama, du findest, daß ich sehr ernst bin. Ich wünsche so sehr, daß du rasch Fortschritte machst, damit du bald hierher kommen kannst. Die Gesetze, die die Erde beherrschen, sind hart, du kannst deinem eigenen, vorgezeichneten Schicksal nicht entrinnen; erfülle deinen Dienst in edler Weise; je weniger du deiner Aufgabe nachkommst, um so länger wird unsere Trennung dauern. Sei dir bewußt, daß deine Seele ebenso anspruchsvoll ist wie dein Körper. Ihr erblickt die Umrisse der übernatürlichen Dinge nur in den Augenblicken, wo euer Begreifen über das Natürliche hinauswächst.

DERSELBE TAG, ELF UHR ABENDS

Du mußt deinen Kopf teilen, denn du trägst zwei Welten in ihm: die Welt deiner physischen und die Welt deiner psychischen Wahrnehmung. Die erste verschafft dir menschliche Empfindungen, die zweite wird aus den Todeskämpfen der ersten geboren. Du hast also ebensoviele Tode wie Geburten in dir.

Die Morgendämmerung begräbt die Finsternis. Laß wenigstens einmal täglich deine physische Erkenntnis sterben, so werden sich das Weltall und der Himmel in deinem Haupte öffnen.

SAMSTAG, 20. NOVEMBER 1948

Dies ist ein Traum. Das Jenseits war ein Widerhall von mir selbst, wo alles, was ich auf Erden tat, sich

auswirkte. Ich hatte plötzlich die Gabe des zweiten Ge-
sichtes und die Fähigkeit, die Auswirkung meiner Akte
zu sehen. Ich lebte also zwei Leben gleichzeitig; das
Leben hier war düster, das andere versetzte mich in
Verzückung. Kränze von Engeln bildeten sich während
meiner Gebete über mir.

DONNERSTAG, 25. NOVEMBER 1948, MORGENS

Mama, alles was in euch die Sehnsucht nach der göttlichen Liebe steigert, ist als gut zu betrachten, selbst
wenn ihr in den Augen der Menschen einige Stufen in
der Rangliste des Hochmutes herabsteigen müßt.

Sobald ihr an eurer inneren Vollendung arbeitet, werdet ihr euch rasch vom Gedanken der Ungerechtigkeit
loslösen können. Niemals ist Ungerechtigkeit da vorhanden, wo die Wirkung eines Schicksalsschlages oder
Mißerfolges euch einen Schritt auf das Jenseits hin weiter bringt.

Das Leid ist ein ausgezeichnetes Gewürz, um dem Menschen seine eigenen Gaben zu offenbaren. Wie viele
Seelen haben sich im Schmerz wiedergefunden! Euch
stehen nicht sehr zahlreiche Pfade zur Verfügung, auf
denen ihr euch finden könnt. Wege der Freude, Wege
der Tränen. Die Täler sind eng, die Täler sind lang.
Eine Träne läßt euch schneller vorwärtsschreiten als ein
Lächeln. Gott hat nicht die Glückseligkeit gewählt, um
die Welt zu retten, er hat das Kreuz erkoren.

DONNERSTAG, 25. NOVEMBER 1948, MORGENS

Mama, du bist da! . . .

Wie gewohnt, beginnt es zu knistern in Rolands Türe,
sobald ich mich ans Schreiben mache.

Klarheit ist sehr wichtig für dich; halte deine Augen

stets weit offen. Wieviel Knoten um dich herum! Du bist gar nicht im Gleichgewicht; dein Geist ist nicht abgestimmt auf die himmlischen Wellen. Du solltest eine große Decke über alle irdischen Vorkommnisse legen, um sie nicht mehr zu sehen. Wo Schnee fällt, liegt nur mehr Schnee; er begräbt die Landschaft unter sich. Begrabe auch die Unzahl deiner menschlichen Anwandlungen. Viele von keinerlei Ereignissen bedrückte Tage sind vonnöten, damit ihr vom Heiligen Geist heimgesucht werdet. Wir können uns in euch nur nach einer langen Spanne ruhiger Stunden niederlassen.

Versuche stets weniger, erfahren zu wollen, was der nächste Tag dir bringt. Verlange immer weniger das Zukünftige oder die Lage dieser oder jener Person zu kennen. Deine Augen dürfen nicht mehr auf der Erde ruhen. Jeder Tag muß dir die Geburt einer neuen, überirdischen Gewißheit bringen.

FREITAG, 26. NOVEMBER 1948

Mama, du warst nicht für das Leben der Welt geschaffen; darum wurde dein Weg irdischen Glückes unterbrochen. Du hast dich der vollen Prüfung unterziehen müssen, danke Gott; nicht alle Menschen auf Erden sind auserwählt zu einem absoluten Dienst.

Wer in sich einen unstillbaren Schmerz trägt, wird rasch an Höhe gewinnen, wenn er die Wege des Himmels zu finden weiß.

Preise Gott, daß du den Schlag erlitten, der dich in dein anderes Ich geschleudert hat. Du hast, ohne jeden Zweifel, dein irdisches Glück eingebüßt; aber du hast gleichzeitig die Hoffnung auf das göttliche gewonnen. Sei glücklich, du stehst am Beginn des Aufstieges; die Engel stehen am Rande des Weges.

FREITAG, 26. NOVEMBER 1948, ELF UHR ABENDS

Völlige Trostlosigkeit; doch plötzlich ertönte zweimal, in einer Spanne von fünf Minuten, Vogelgezwitscher in meinem Zimmer.

Mama, greife zur Feder, wie man eine Laute ergreift, damit ich auf deinen Gedanken die Akkorde des Himmels anschlagen kann. Ich möchte deine Tränen mit meinen Flügelspitzen trocknen.

Geduld, Mama, die Spitze des Todes ist in dich eingedrungen. Mama, dein Sohn sieht dich.

SAMSTAG, 27. NOVEMBER 1948, MORGENS

Mama, du mußt dazu gelangen, das Maß an Einsamkeit und an Betätigung festzulegen, das ein der totalen Prüfung unterzogenes Leben erfüllen muß. Sicher ist, daß das Leid sich selbst zu genügen versucht, das heißt, daß es alles beiseite schieben will, was nicht es selbst ist.

Ein Mensch, der wirklich leidet, will nichts als leiden; er ordnet alles im Sinne seiner Trostlosigkeit. Der Schwache bleibt niedergeschlagen in diesem Zustand; aber wer seine Blicke zum Himmel richtet, schreitet in die Befreiung, nicht von seinem Leid, wohl aber vom Bösen.

Die Tore des Himmels lassen sich oft nur durch Tränen öffnen.

Arme Sünder, die ihr Gott nur findet, wenn er euch schlägt! Ihr seid kaum weiter fortgeschritten als armselige Tiere, die man durch Schläge zur Treue anhält; der Stock, mit dem ihr den Rücken der Tiere zu bearbeiten rasch geneigt seid, fällt manchmal auf euch; dann erhebt ihr eure Blicke zu Gott. Ist es so schwierig, auf das Gute hinzustreben?

Das Gute! Es ist der eigentliche Wert, den ihr in euch zur Reife bringen müßt. Es gibt klar vorgezeichnete und zögernde Leben. Wie mühsam ist es euch, eure Quellen zu entdecken! Wenn ihr näher bei eurer Seele leben würdet, könntet ihr das Klingen der inneren Harmonien hören. In euch muß endlos Gurren und Singen sein! Die Melodien werden euch die große Straße öffnen. Wenn ihr gelernt habt zu hören, werdet ihr hören; und aus dem Verlangen, euch zu orientieren, wird euer eigener Kompaß entstehen.

Mama, was hast du aus diesem Tag gemacht? Diese Frage solltest du dir jeden Abend stellen. Ich wollte, du hättest ein sinnenhaftes Zeichen für deine geistigen Gewinne. Ich rate dir dringend, Stoff und Perlen zu kaufen; jedesmal, wenn du gewiß bist, um eine neue Glut reicher geworden zu sein, nähst du eine Perle auf das sinnbildliche Kleid. Aber gib acht, daß dein Gewand am Tage beendet ist, an dem Gott dich einladen wird.

Tue gefügig, was ich dir sage, Mama, ohne meinen Rat kindisch zu finden.

»Ich möchte wissen, Roland, was als Gewinn für mein zukünftiges Leben angesehen werden darf.«

Das ist die Schwierigkeit; denn ihr haltet euch für unwissend, wo ich im Gegenteil behaupte, daß ihr genau erkennt, was in eurem Inneren richtig klingt.

O Mama, du weißt, wenn du das Gute tust! Du weißt, was dich erhöht und was dich erniedrigt! Ich bin gewiß, daß alle Perlen, die du auf dein Gewand nähen wirst, echte Perlen sind.

Dein Sohn, der lebt! Schlafe!

Mama, geliebte Mama, ich folge dir, ich sehe dich in der finsteren Nacht der dich berührenden Wahrheiten herumtasten, und du kannst dich ihrer noch nicht bemächtigen. Du drehst dich um dich selbst und glaubst, vorwärtsgekommen zu sein; du wähnst, Gestalten zu ergreifen, während in Wirklichkeit diese Gestalten durch eine Glaswand von dir getrennt sind; du siehst Helligkeiten, aber sie entgleiten dir. Das dunkle Glas ist immer vor deinen Augen. Dein Streben hat sich festgelegt in deiner Seele, aber alles ist noch in Unordnung.

Bitte Gott, er möge den Schleier zerreißen, der deine geistige Wahrnehmungsfähigkeit umhüllt. Du ahnst die Bedeutung der Rolle, die die Kräfte, wie Wasser, Feuer, Luft, für dein Innenleben spielen können, aber du kannst ihren Einfluß auf dein seelisches Wesen noch nicht bestimmen. Ich arbeite und versuche, Licht für dich zu erhalten. Mache aus deinem Gehirn einen stets glühenden Herd, damit kein Funken verlorengehe. Sei unablässig bereit.

DIENSTAG, 30. NOVEMBER 1948, MORGENS

Erweitere täglich das Feld deiner Verzückungen, denn in sie wirst du nach deinem Tode eingehen. Oh, wenn die Lebenden wüßten, daß man seine Zukunft ebenso gewiß vorbereitet, wie man das Alphabet lernt, um lesen zu können!

In der Nacht sehe ich nichts, wie jedermann; doch an gewissen Abenden bewegen sich hinter meinen geschlossenen Lidern Wirbel wie Rauchgebilde; sie wechseln die Farbe, bis sie rötlich sind; langsam werden sie ruhiger und bilden eine Blutdecke, und auf diesem Schirm erscheint Rolands Gesicht im Relief. Ich sehe ihn, wie ich eine Statue sehe; ich sehe ihn von vorne, in Profil und Halbprofil. Er erlischt und bildet sich neu. Dieses Phänomen ist völlig unabhängig von meinem Willen; ich wohne gleichsam einer inneren Vorführung bei; ich bin wie eine Zuschauerin vor einer Bühne.

DEZEMBER 1948

Mama, bedenke: das uns verbindende Band ist schwach
wie ein Spinnfaden; bedenke, daß die Stimme, die ich
in dir erklingen lassen kann, so selten ist wie Nachtigallengesang. Die Nachtigallen singen nicht überall; sie
meiden die Städte, sie lieben die Nacht; sie lieben die
Baumwipfel; Wärme ist nötig, damit sie ihre schönsten
Töne erschallen lassen.

Unterhalte in dir trotz der harten Kälte dieser sonnen-
losen Tage ein zum Singen einladendes Klima.

Ich liebe dich, Mama, aber der Nordwind weht über
eure Erde, und es würde mir beschwerlich sein, alle diese
vom Nordwind durchzogenen Zonen zu durchschreiten,
wenn ich nicht in den warmen Kathedralen deines Glaubens mich niederlassen könnte. Arbeite für dich, arbeite
für mich; die Tränen, die du weinst, sind nicht unnütz;
das Leid, das du erduldest, ist nicht verloren. Ich liebe
dich.

*Ich möchte bemerken, daß Roland mir schon erklärt
hatte, es sei für ihn mühsamer, mich bei starkem Wind
und schlechtem Wetter auf Erden zu erreichen.*

Mama, sei getreue Hüterin der Tradition ...
Du wirst die Herzensgnade erhalten ...
Ich habe große Mühe, heute abend mit dir zu reden.
»Warum, Roland?«
Aus Gründen himmlischer Ordnung. Versuche nicht zu
begreifen. Morgen ist Treffpunkt am Kommuniontische;
sei selig in göttlicher Weise; sei erleuchtet bis in deine
kleinsten Falten, sei schattenlos wie die Erde am Mittag.
Es ist so viel zu tun, ich gehe. Dein Roland.

Mama, ich liebe es ganz besonders, wenn ich dir an Kommuniontagen behilflich sein kann, Fortschritte zu machen; da ist es mir übrigens leichter, weil du näher bei Gott bist. Ich verstehe unter Fortschritten den Zustand, aufnahmefähiger zu werden für gewisse Wahrheiten.

Du darfst nicht glauben, alles werde euch geschenkt werden. Gott verteilt seine Güter sparsam, und seine Güter sind meistens nicht handgreiflich.

Euer natürlicher Hang geht zum Bittgebet, zum Erflehen handgreiflicher Vergünstigungen; lernt darum, euer Begehren auf eine andere Ebene zu heben. Das Glas Wasser im Evangelium ist nur ein Symbol; die Quelle eine Annahme; in eurer Unwissenheit verlangt ihr wirklich das Wasser und das Glas.

Ungeteiltes Glück könnte euch zuteil werden, wenn ihr verstehen würdet, es da zu nehmen, wo es zu finden ist. Arme Sünder, die Freude ist in eurem Kopfe, und ihr wollt sie in Händen haben!

Mama, alle Blumen des Himmels können in deine Gedanken geschüttet werden... Welche Wohlgerüche würden sie erfüllen, wenn du höher wärest!...

Es ist sehr bedeutungsvoll, daß dir während der Messe eine Wahrheit über den Vorschlaf zuteil geworden ist. Der Vorschlaf ist ein neutraler Zustand, in den ihr vor dem Schlafe getaucht seid. Der Ansturm des »ich will« ist während einiger Augenblicke nicht mehr in euch vorhanden. Ihr entledigt euch der Hüllen; der Wille erlöscht. Die scharfen Linien der äußerlichen Werte verwischen sich. Alles fällt in sich zusammen. Der menschliche Kampf ist zu Ende. Ihr tretet ein in eine Art Leere. Ihr Unglücklichen, ihr versäumt, einen der wichtigsten Zustände des menschlichen Lebens zu begreifen! Der Halbschlaf ist der eigentliche Augenblick des »Zwischenlebens«; er bildet die Trennung zwischen eurer und der anderen Ebene. Täglich seid ihr diesem beinahe übernatürlichen Rhythmus unterworfen, ohne euch Rechenschaft zu geben, daß ihr dabei von einem der großen Gesetze des Jenseits berührt werdet. Kurz: ihr stürzt euch in eure eigene Leere ...

Wenn du in deinem eigenen Ich eingeschlossen bist, das heißt, in dir selbst, fernab von der Schöpfung, verschmolzen mit dem großen Ganzen, ist dir alles gegeben, weil nicht mehr du und ich vorhanden sind, sondern die Einheit.

2. DEZEMBER 1948, ZEHN UHR ABENDS

Rolands Gedenktag

Außerordentlicher Tag ... Eine Freundin ist auf Besuch gekommen; ich gebe die genaue Zeit: es war drei Uhr. Sie war erstaunt über all die Regenbogenlichter auf den Wänden meines Zimmers. Sie betrachtete die Erscheinung und sagte: »Es fehlt eine Farbe: das Grün.« Wie als Antwort darauf zeigte sich auf der Türe ein großer grüner Fleck.
Schweigend blickte sie auf ihn und fragte mich einen Augenblick später, ob ich eine Art Fleck in einer Ecke sehe. Ein Zittern befiel mich; dieser Fleck war eine Zeichnung. »Sie sehen«, bemerkte die Freundin, »es ist ein richtiges Profil: die Nase, der Mund, das Auge, die Haare.« Ich erbebte und rief: »Es ist Rolands Gesicht!« Alle Züge waren den seinen ähnlich außer der Nase, die etwas kürzer schien.

Mama, zwei Jahre und sieben Monate bin ich getrennt von dir, weil deine Augen nicht zu sehen verstehen.

Mama, wie habe ich gelacht über deinen Schreck, als man dir mein Gesicht auf der Wand zeigte! Seit langem bin ich da, und du hast mich nicht gefunden. Zittere vor Erregung, erbebe vor Verwirrung, ein Gast hat dir meine Gegenwart gezeigt ... Gott wird mich dir völlig wiederschenken, ebenso mühelos, wie dein Gast dir heute ge-

sagt hat: »Schauen Sie hin«, und du ausgerufen hast:
»Das ist ja Roland!«

Du hast mich nur unter der Wirkung einer stärkeren
Schwingung, als die deine es ist, sehen können. Denkt an
diesen Tag, du und deine Freundin; denn zur gleichen
Zeit, da wir uns zeigen, senden wir euch einen Fluiden-
stoß, der sich in eurem andern Ich einprägt. Alle eure
Akte werden durch ihn gezeichnet, und ihr trägt den
Stempel des Jenseits in euch. Eure Worte werden wahr.
Sie klingen wahrhaftig in den Herzen. Etwas ist in euch
abgestimmt auf den Einklang mit dem Jenseits. Falte
die Hände, Mama, und danke Gott. Mama, ich habe
mich köstlich ergötzt!

FREITAG, 3. DEZEMBER 1948

Mama, ich habe dir durch die Hervorbringung des Bildes eine Gunst erwiesen; es soll dir zur Durchdringung
der Finsternis behilflich sein.

Höre: Sammle dich vorerst und dann beginne zu schreiben. Sich sammeln heißt, das Denken um den leuchtenden Punkt kreisen lassen, der Wahrheit ist. Ich verstehe unter Wahrheit das Aufklingen eines echten Wohl-
klanges. Wenn du den richtigen Ton gehört hast, werden
die Worte wahr klingen.

Eine Einteilung ist vorzunehmen unter den Zeichen, die
wir euch geben können: es gibt ursprüngliche Erscheinungen und hervorgerufene. Ich spreche dir nicht von
den ersteren, denn sie liegen auf einer ganz anderen
Ebene als die zweiten. Wisse, daß uns nur wenig Hilfsmittel zur Verfügung stehen, um euch berühren zu können, denn wir vermögen nur auf das unendlich Leichte
einzuwirken. Um dir mein Bild zu senden, mußte ich
Staub kneten, mußte, wie eine Ameise, Körnchen um
Körnchen, Molekül um Molekül, das Unwägbare gestalten; ich bediente mich des Rauches und der Flämmchen,
die in der Luft tanzen. Mehr als ein Jahr war nötig, um

dies alles anzuhäufen, zu vermengen, zu verbinden und ihm eine Gestalt zu geben. Und jemand ist gekommen und hat dir gesagt: »Schauen Sie.« Aber um stets mehr zu sehen, mußt du immer mehr arbeiten.

Die direkte Sprache ist die schwierigste Form der Mitteilung; denn nur selten haben wir das nötige Werkzeug zur Verfügung, um euch sofort eine Antwort zu geben. Es ist ein einzigartiger Fall, daß alle Elemente vorhanden waren, das heißt: die Zeit, die Sonne, die Widerstrahlung. Das erlaubte mir, als Antwort auf die Feststellung: »das Grün fehlt«, sofort Grün hervorzurufen. Betet und dankt Gott.

Auf der Mauer ist wahrhaftig ein Profil gezeichnet. Am Abend, gegen Mitternacht, erschienen die Umrisse eines Lichtschwertes auf meiner Türe.

Mama, in jeder Blume ist der Aufbau einer geistigen Lehre enthalten. Wenn du ein Mimosenzweiglein öffnest, wirst du, unendlich klein, einen Kranz von Blütenstempeln um einen Mittelpunkt herum sehen. Unzählige Fangärmchen, eng aneinander gepreßt wie die Stiche einer Stickerei. Das Ganze dieser sorgfältigen Arbeit hat das Aussehen eines Kügelchens. Die Kugel ist das Symbol der Drehbewegung im Kosmos. Wenn deine Gedanken nach Annahme der Kugelgestalt sich fortbewegen könnten, würden ihre Bahnen nirgends anstoßen. Sie würden sich fortschwingen, ohne Stöße zu erzeugen. Überdenke, welch vorbereitende Arbeit die Mimosenquästchen erheischen, um Kügelchen zu werden.

NACH DER MESSE, SONNTAG, 5. DEZEMBER 1948

Ich kniete neben Roland, als sich plötzlich ein Teil der Kapelle mit Rauch anfüllte. Es dauerte ungefähr eine halbe Minute, und alles wurde wieder hell.

Mama, du tatest gut, über die Idee der Leere nachzudenken. Ja, die Leere ist notwendig, damit der Himmel in euch niedersteigen kann. Warum? Weil das Zusammenspiel der zweierlei Dichtigkeiten eine Rolle spielt.

Der Himmel ist eine Dichte, und euer Körper, mit den Forderungen eurer fünf Sinne, ist eine andere.

Euer menschliches Wesen muß darum vernichtet werden, damit eine Kraft von verschiedenem Geist in euch eindringen kann. Ich gebe dir ein sehr einfaches Beispiel: Die Wolken steigen nicht unter eine bestimmte Höhe nieder, so daß nur die hohen Gipfel sie berühren. Der Erdwurm tiefgelegener Gegenden wird nie einer Wolke begegnen. Das bedeutet, daß ihr euch innerlich vernichten müßt, um dem Anruf des Himmels in euch Raum zu geben. Harte Aufgabe! Was euch als die Substanz selbst des Lebens galt, muß ausgerottet werden.

Auch nur für einen kurzen Augenblick sich über die menschliche Erklärung des Lebens zu erheben, ist nicht leicht. Der eine lebt für seinen Beruf, ein anderer für seine Neigungen, seine Triebe oder für die Pflicht. Das Beiseiteschieben aller dieser Anreize ist nun aber die erste Bedingung, um zum Zustand der inneren Leere zu gelangen. Er schließt, wie du siehst, die absolute Nichtbeachtung der ganzen Schöpfung in sich. Ein so erleichtertes, in Demut völlig zum Nichts gewordenes Wesen vermögen die Gebilde des Jenseits zu berühren.

DIENSTAG, 7. DEZEMBER 1948

Auf der Wand meines Zimmers hat sich ein großer weißer Vogel abgezeichnet. Sein Maß betrug ungefähr hundertsechzig auf zwölf Zentimeter.

MITTWOCH, 8. DEZEMBER 1948, MORGENS

Mama, sei voller Vertrauen, sei ganz Freude. Wenn du das Unsichtbare sehen könntest! Ganz an deiner Seite

stauen sich Myriaden von Wellen an; um dein Wesen
stehen wirkliche Berge, und du wirst ihre Besteigung
unternehmen. Du wirst von Gipfel zu Gipfel schreiten,
Bereite dich vor bis auf den Grund deiner selbst. Mama,
du bist weniger weit von mir entfernt, als du glaubst.
Freue dich.

MITTWOCH, 8. DEZEMBER 1948, ELF UHR ABENDS

*Nach einem Tage der Zerstreuung, da ich verpflichtet
war, in Gesellschaft zu gehen, liebe ich nicht, Roland
anzuhören. Ich halte mich nicht für rein genug. Heute
abend las ich vor dem Einschlafen Meister Eckhart.
Ich war eben bei der Stelle, wo der heilige Paulus sagt:
»Als die Zeit erfüllt war, sandte Gott seinen Sohn.«
Im selben Augenblick wurden meine Augen wie vom
Buche weggerissen und gezwungen, auf die Wand zu
schauen. Da hob sich vom Schatten, in weißem Licht,
das Antlitz Rolands ab. Meine Augen füllten sich mit
Tränen; lange verblieb ich mit klopfendem Herzen in
Betrachtung des eigenartigen Bildes. Dann versuchte
ich, es nachzuzeichnen. Leider besaß ich nie Talent für
das Zeichnen, und ich vermochte die außerordentliche
Ähnlichkeit der Stirne, der Haare und der Augen nicht
wiederzugeben. Der untere Teil des Gesichtes verlor
sich im Schatten.*
*Ich dachte an Rolands Mitteilung von heute morgen:
»Wenn du das Unsichtbare sehen könntest! Zu deiner
Seite stauen sich Myriaden von Wellen an; du bist we-
niger weit entfernt von mir, als du glaubst.«*

DONNERSTAG, 9. DEZEMBER 1948, MORGENS

Mama, um in der konkreten Welt zu bleiben: du kannst,
wie du weißt, einem tausend Meilen von dir entfernten
Menschen näher sein als dem, der neben dir lebt. Er-

kenne darin die unbegrenzte Möglichkeit des Einzelnen, da zu leben, wo er will. Leben will nicht heißen, am Orte sein, wo ihr euch befindet; denn das würde bedeuten, daß Leben Leben sei. Nun aber heißt leben, von einem Bewegen absehen. Warum? Weil die Bewegung unabhängig von der Triebkraft ist, die im Innern des Menschen vorhanden ist. Du darfst also mein Verschwinden nicht mehr beklagen: es ist kein Verschwinden, wenn du mich verneinst in der Bewegung.

DONNERSTAG, 9. DEZEMBER 1948, MORGENS

Mama, ihr müßt sehr kräftig sein; eure Gedanken müssen hart sein wie Stein, damit wir uns in euch niederlassen können. Wenn euer inneres Wesen nicht wie eine Kathedrale aufgebaut ist, fällt alles zusammen, sobald wir uns nähern; und wir haben nur mehr eine Eile: zu fliehen. Wir gelangen mühelos zu euch, wenn euer Klima wirklich das unsere ist. Was uns bestürzt, wenn wir euch aufsuchen, ohne daß ihr vorbereitet seid, ist die Kälte; wir schlottern und ziehen uns sofort zurück. Unterhalte in dir stets eine sommerliche Wärme.

DIENSTAG, 14. DEZEMBER 1948

Mama, es ist gut, daß wir auf eine andere Weise miteinander verkehren. Es freut mich, daß du die Gesichter und Silhouetten nachzeichnest, die ich für dich auf der Wand anbringe. Du konntest nie zeichnen! Ich lächelte, als ich deine Überraschung sah. Du bist erstaunt, daß dein Stift von selbst die Linien zieht. Gott kann alles, ihr seid nur unbewußte, mit unbekannten Kräften arbeitende Werkleute.

Was kann es für dich Beweiskräftigeres geben, als plötzlich etwas zu können, was du früher nie getan hast? Danke dem Himmel, sei sehr demütig und sage dir, daß du nur Vollstreckerin bist. Du führst den Zeichenstift, wie blinde Ameisen den Wegen folgen. Oh, wie mich dein Staunen freut.

Schlafe, ich werde in deine Träume kommen.

Ich konnte nie zeichnen, und plötzlich gelingt es mir mühelos, und ich kopiere ohne Schwierigkeit die Formen, die auf meiner Wand erscheinen.

MITTWOCH, 15. DEZEMBER 1948

Mama, der Himmel setzt sich in Bewegung für jene, die ihn verehren. Aber vergiß nicht, daß der Himmel nur die Gnaden des Himmels schenkt, das heißt, daß er euch Gaben nach seiner Ordnung gibt und ihr sie oft nicht entgegennehmt, weil ihr sie nicht seht.

Ein lange in einem unterirdischen Verliese eingesperrter Mensch kann sich im Lichte nicht mehr bewegen. Er hat sich der Helle entwöhnt, und seine Augen sind blind.

Wenn du dich wirklich gewöhnst, die Geschenke des Jenseits zu erkennen, wird das Reich der Engel dir erscheinen und die ganze Erde Blumen treiben.

MONTAG, 20. DEZEMBER 1948

Mama, zeichne nicht mehr, höre auf damit. Alles, was du in Formen festhalten willst, ist nicht völlig reiner Ordnung. Nur das Denken ist wirklich fluid. Linien sind zu stofflich. Es ist menschliche Arbeit, die dich mit der Zeit an Höhe verlieren läßt, denn du könntest unreine Widerstrahlung erzeugen.

Ein mit Fluiden durchtränkter Ort kann als Schirm für alles Mögliche dienen. Stelle dir einen Fußweg vor: jedermann kann sich auf ihm ergehen. Dasselbe gilt von den Wegen, die ihr auf der höheren Ebene eröffnet: jedermann kann sie betreten.

Ich habe dir mein Bild gesandt, ich habe dir die Fähigkeit zu zeichnen verliehen, aber ich bitte dich nun, davon abzulassen, sonst wünscht jedermann dein Zimmer aufzusuchen, und du wirst dich nicht mehr sammeln können. Mama, kehre in dich selbst zurück.

DIENSTAG, 21. DEZEMBER 1948

Mama, arme Mama, du hast dich einer großen Prüfung unterziehen müssen. Glaube mir, es ist nicht leicht, durch die Augen mit Wesenheiten auf der anderen Ebene zu verkehren. Du bist dazu gelangt, aber das ist nicht dein Weg; denn dieser Weg ist nicht der Weg des geistigen Aufstieges.

Es geht nicht nur darum, Formen vor deine Augen niedersteigen zu lassen. Das Experiment war nötig; jetzt ist es beendet. Dein Geist muß nun die Fluiden der Luft benützen, um hierher zu gelangen.

Nach dem ersten Versuch bist du die Beute sehr schlechter Kräfte geworden. Es war eine Prüfung, aber du hast sie bestanden. Dein innerer Himmel ist noch genügend hoch, daß himmlische Scheine sich darin spiegeln können. Nur mit mir ist es dir möglich, dich aufzuschwingen und Wolken zu durchdringen, um erquickende Zonen zu erreichen.

Mama, du hast viel verlernt. Werde wieder sehr demütig und erwarte in Ruhe Gottes Geschenke, ohne je zu versuchen, sie zu erzwingen. Bettle nicht; du würdest damit Gefahr laufen, Kupfermünzen zu erhalten statt Gold.

FREITAG, 24. DEZEMBER 1948

Mama, sei eins mit deinem Mittelpunkt, das heißt, mit dem Punkt, von dem aus deine Kreise fließen. Du bist weit entfernt von dieser Harmonie...

Stelle dir eine leuchtende Kugel vor... Nein, stelle dir

einen ins Wasser fallenden Stein vor. Konzentrische Wellen breiten sich von seinem Einfallpunkt aus. Die Ursache verschwindet, aber die Wirkung bleibt. Wenn in diesem Augenblick ein Sturm sich erhebt, bewirkt er Wirbel und zerstört die Ordnung der Kreise, die sich auf dem Wasser stets erweitern. Ebenso verhält es sich mit euch: wenn ihr von eurem Herd getrennt seid, brechen eure Schwingungen ab. Die ganze Atmosphäre der untern Ordnung um euch herum ist voller Schmarotzer. Sie trennt euch von euch selbst. Sie stört die aus eurem Kelche flutenden Klänge, die in Harmonie mit den Absichten Gottes sind.

SAMSTAG, 25. DEZEMBER 1948, HALBDREI UHR
NACH DER MITTERNACHTSMESSE

Mama, lächle mir zu nach allen deinen Tränen; ich will mein Haupt an deine Seele legen.

Mama, du bist eingefangen in ungeheuren, weißen Ringen; deine Farben leuchten. Du schwingst in einem Kreis. Oh, wie gut ich dich sehe, Mama! Du hast recht getan, allein zu bleiben in dieser Christnacht. Du hast gut getan, allein heimzukehren und durch die Gärten zu schreiten, denn die Berührung mit dem Boden ist wie ein Kontakt für deine Antennen. Vergiß nicht, daß ihr Pole seid, und daß eure Wellen die Luft leichter durchdringen, wenn sie in direkter Berührung mit der Erde sind.

Mama, du hast mir ein entzückendes Geschenk gemacht auf deinem Heimgang durch die Nacht. Schlafe, Mama; danke, Mama.

SONNTAG, 26. DEZEMBER 1948

Mama, der innere Verzicht ist die erste Bedingung, um auf den Weg Gottes zu gelangen. Du mußt im Geiste und im Fleische verzichten. Im Fleische Verzicht leisten ist leichter als im Geiste. Ist es nicht das Denken, das den Körper lebendig erhält? Wenn man die Gründe zum Leben verliert, glaubt man, das Leben selbst zu verlieren, und doch beginnt gerade in diesen Augenblicken innerer Erschütterung der göttliche Klang aufzuklingen. Die Gründe zum Leben verlieren, heißt seine Bindungen verlieren. Entblättert nicht jeder Herbst jeden Ast? Bringt nicht jeder Frühling alle Knospen zum Sprießen? Tod und Geburt folgen aufeinander wie ein Ritus der Ewigkeit. Alles muß sterben in euch. Ihr müßt, wie der Baum und wie der Boden, eure Zeiten der Entblößung tragen. Wenn immer eine Hoffnung in euch zerbricht, und wenn diese Hoffnung von unten stammte, ruft aus wie der siegreiche Krieger: »Ich habe gewonnen!« Ja, Mama, du hast eine irdische Entblößung gewonnen.

MONTAG, 27. DEZEMBER 1948, MITTERNACHT

Mama, es ist für euch im Verlaufe der Zeit sehr schwer, daß die Wirklichkeit eurer Verstorbenen euch nicht entgleite. Alles verbündet sich gegen uns. Der Geist vernarbt wie eine Wunde. Leben heißt oft, sich selbst leben; heißt, spielen mit menschlichen Werten; heißt, sich mit seinen Wünschen auseinandersetzen; heißt begehren. Uns nicht vergessen, ist wie eine Lücke in eurer Rüstung, durch die außerhalb eurer Grenzen liegende Sehnsucht in euch fließt; ihr müßt über euch hinauswachsen, um uns zu folgen; ihr werdet geschleudert gegen...

O Mama, ich höre auf. Du bist heute abend ein sehr schlechtes Instrument. Ich gehe. Schlafe.

DIENSTAG, 28. DEZEMBER 1948

Ich hatte zwei eigenartige Empfindungen in bezug auf Träume. Als ich beim Erwachen noch im Halbschlum-

mer lag, hatte ich den Eindruck, während der Nacht
tausend Jahre gelebt zu haben.
Alle meine irdischen Sorgen und Leiden waren von mir
gelöst, und während ich immer wacher wurde, fand ich
den Begriff der Zeit wieder, und die Sorgen gewannen
erneut ihr ganzes Gewicht.

DIENSTAG, 28. DEZEMBER 1948

Mama, dein Zustand physischer Erschütterung, deine
Unpäßlichkeit und deine Ängste sind erklärlich; du
wechselst die Welle. Die Fluiden, die dich bisher erreichten, wirken nicht mehr auf dich. Du mußt dich andern Kräften anpassen. Das bewirkt den Verlust deines
Gleichgewichtes. Du bist mitten in einer geistigen Vorbereitung. Du bist im Begriffe, dich einer Schwere zu
entledigen. Du trittst in eine neue Entwicklung ein, die
dich vorwärts bringt auf den zweiten Zustand hin.

Geduld, Mama. Die Gebilde, die uns trennen, verdün-
nen sich. Du bist voller Veränderung. Rote Flecken
leuchten auf den Ringen deiner Gedanken. Deine Reife
von gestern löst sich ab von dir. Du verwandelst dich.
Ein sterbendes Jahr bedeutet für empfindliche Außen-
schichten einen gänzlichen Umsturz. Du befindest dich
den Gestirnen gegenüber nicht mehr in der gleichen
Lage, so daß die Fluiden des Jenseits dich verschieden
treffen. Licht wird nun die Teile deines Wesens durchdringen, die bisher in Dunkelheit getaucht waren. Ein
Kreislauf endet, oder genauer, er versteinert sich.

Wenn ein Schmetterling spürt, daß der Winter im Anzug ist, sucht er einen Schlupfwinkel. Er tritt in sein
eigenes Nichts ein, um zu sterben. Sein Wesen gefriert,
seine Flügel werden starr, sein Blut gerinnt zu Kristal-
len. Er weiß, daß er in seinem Nest bleiben muß bis zum
Beginn besserer Tage. Wenn er sich zu schnell vom
Zauber einer falschen Sonne blenden läßt, geht er zugrunde.

Nimm die Versteinerung eines ganzen Teiles deiner Seele an. Die Kälte der Prüfungen muß die Beweglichkeit gewisser Wahngebilde einfrieren. Das Sterben dieser Hoffnungsbrocken ist schmerzlich wie der Tod selbst; aber es ist notwendig, denn es erzeugt neue Geburten. Wenn du aus deinen inneren Trübsalen herauskommst, wird dein Herz über der Welt aufblühen. Und gleich dem Schmetterling wirst du dich im Frühling einer neuen Entwicklung wiederfinden.